いま、「非戦」を掲げる

西谷修対談集

青土社

いま、「非戦」を掲げる　西谷修対談集　目次

いま、「非戦」を掲げる

西谷修対談集

まえがき

ここにまとめたのは、「戦後七〇年」（二〇一五年）を挟んで前後二年間ほどの間に、雑誌『現代思想』、『図書新聞』、『世界』などのために行った主な対談およびインタヴューである。対談はその都度の雑誌の特集テーマに合わせて編集部から提案される。したがって、それはわたし自身のイニシアチヴによるものではなく、わたしの仕事をよく理解してくれる編集者の方々が、とりあげるテーマを議論するひととりとして、適切な対談の相手も選んで場を設定してくれる。だからこの本は、そのように設定された場所と話題に応じて「引き出され」た、あるいは対談にお付き合いいただいた方々に触発されて引き出された、わたしの言葉の集積だということになる。ただ、あらかじめ申し上げておけば、これらの対談が成り立っているのは、お付き合いいただいたお相手の方々のおかげである。わたしはその都度テーマについて精通したすばらしい対談相手に恵まれ、たいへん楽しく刺激的な議論をすることができたと思っている。だからまず、これらの対談で議論のお相手をしていただいた方々に深くお礼申し上げたい。

そのうえで、わたしの対談集として一書にまとめるに際して、ここにある一貫性や軸があるとすれば、まずは「戦後七〇年」という時期であり、そのとき日本は、「破局」の大波が去った後で、その記憶を押し流すかのように、あるいは「未来」の破綻から目を逸らすかのように、もうひとつの破局たる「戦争」へと向かう地滑りの上に立たされているが、そのような状況に向き合い、その実情を解き明かし、それにどう対処できるかについて、非専門家として愚直に考え抜く、ということに尽きるだろう。

その際にベースになっているのは、これまでわたしが「戦争」や「死」との関係について、「人間の生存条件」について、「歴史」や「宗教」と呼ばれるものについて、あるいは「科学」や「経済」について考えてきたことがらである。

全体の構成を説明するために、それぞれの対談のコンテクストを示しておこう。

最初に置したのは河出書房新社刊『戦争思想2015』の冒頭に置かれたインタヴューである。ここでは同社の阿部晴政さんのナビゲートで、わたしの戦争に関する考え方の構えやその概要、そしてそこからの関心の広がりのいくつかについてお話しした。わたしは政治学者でも何のイデオローグでもないが、二〇世紀フランス文学・思想の研究をベースになぜ「戦争」を思考の課題とするようになったのかということの事情にもふれている。そのため、以下の多岐にわたる対談での発言を理解していただくための導入にもなると思う。

次においた伊勢崎賢治さんとの対談は、『現代思想』の地政学特集（二〇一七年八月号）のために行われた。伊勢崎さんは、日本では稀有の、「戦争」の現場（正確には武装解除や平和構築活動）で活動し、その実践から生まれる識知をもとに、いわゆる「安全保障」関連の諸問題について積極的に発言されており、東京外国語大学で同僚だったこともあって、そのお仕事にはつねづね啓発されてきた。この対談は、現代世界の「紛争」状況について、その認識や見透しについて、あるいは日本の関わり方について、わたしの「思弁的」理解を試すきわめて有益な機会だった。

その対談は雑誌の特集テーマと同じく「『非戦』のための地政学」と題されていたが、その「非戦」という表現をめぐって、雑誌『世界』誌上で（二〇一五年九月号）日本のいわゆる「戦後レジーム」の洗い直しを行ったのが、次の田中優子さんとの対談である。「テロとの戦争」以来、戦争と平和の区別が失効してしまった現在、掲げるべきは「平和」ではなく「非戦」だというのが対談内容の主旨だったが、日本史とりわけ「江戸」の研究者で現在は法政大学総長を務めておられる田中さんとは、日本の歴史の要所にふれながら、国家神道や靖国問題そして教育勅語にも関わる、現代日本における「政治と宗教と教育」との特殊な関係についても論じることができた。

一転して次は、中東イスラム地域やシリア内戦そしてウクライナ紛争の検討から、現代世界の戦争の実情と論理を批判的に検討する土佐弘之さんと岡真理さんとの鼎談である。これは、二〇一四年夏にパレスチナのガザ地区でまたも勃発し大量の犠牲者を出した「五〇日戦争」を契機に、この出来事を現代の「テロとの戦争」の原型ないし典型としてその実態に照明をあてるとともに、関連するシリア内戦とイスラム国の状況、それにウクライナ紛争によって浮かび上がる現代世界の「戦争」を、西側メディアのバイアスの問題も含めて、国際政治論議の表層をひきはがしながら、その根本の構造を多角的に論じたものである。イスラエル－パレスチナ問題やアラブ世界における女性問題に精通した岡真理さんからは、ガザでの「戦争」の実情について詳細に説明いただき、また、「安全保障の逆説」や「野生のデモクラシー」で鋭利な現代政治論を展開する国際政治学の土佐弘之さんからは、世界の状況やそれを把握するシャープな理論的視点を提供いただだいた。この鼎談はむしろお二人のお話によって現在の世界の「戦争」状況を解剖するものになっていると思う。

その点では、次の栗田禎子さんとの対談も同様である。この対談は二〇一五年初頭にフランスのパリで諷刺紙シャルリ・エブド社屋襲撃とユダヤ食材スーパー襲撃が同時に起こり、フランスが本格的に「テロとの戦争」と「国内非常事態」に突入してゆくことになった折に、この事件をアラブ・イスラム世界とヨーロッパの事情双方から掘り下げて議論するという趣旨で組まれた。この年の一一月にはサッカー・スタジアムとバタクラン劇場の同時襲撃事件が起こり、翌年七月革命記念日にはニースでトラック暴走殺傷事件が起きる。それら国内「テロ」事件の嚆矢ともなったこの事件をめぐっては、他にも中央大学で臼杵陽さん、酒井啓子さんと議論する機会もあった（三浦信孝さんのアレンジによる）が、この対談ではアフリカ・イスラム世界にも精通しておられる栗田さんに、アラブ・イスラム世界の事情について政治社会状況や宗教問題も含めて、きわめてシャープでかつ包括的な分析を呈示していただき、わたしとしても啓発されるところが多かった。

第三章の二つの対談は、「戦争」のコンテクストとは少し離れて現在の日本を深く規定している三・一一後の状況を背景にして行われたものである。『図書新聞』という媒体の関係で、いずれも、『ツナミの小形而上学』によって日本でも知られるようになったジャン＝ピエール・デュピュイの著作の翻訳出版がきっかけになっている。宗教学者の島薗進さんとは、主として「大災厄」あるいは「破局」後の「宗教的なもの」の意義とその考え方について論じ合い、社会学者の大澤真幸さんとは、「破局」に洗われた世界を背景に、宗教・政治・経済を歴史的局面展開として、そこを貫く社会的存在組成の論理について議論した。

わたし自身は哲学的思考をベースにしているつもりだが、現代の宗教現象を多面的に扱っておられる島薗さんや、社会学の側からアクチュアルな思想的課題に取り組んでいる大澤さんと対話することで、現代の思考が取り組むべき問題のありかをそれぞれ違う側面から共に照らし出すことになっているのではないかと思う。

次の宮本憲一さんとの対談は、二〇一四年秋口に亡くなられた世界的経済学者の宇沢弘文さんの業績を回顧する特集号のために行われた。宇沢さんは数理経済学で業績をあげながら、やがて経済学を「社会に埋め戻す」（カール・ポランニー）方向に転換し、「社会的共通資本」を元にした経済秩序の再編を提言するようになる。その元になった「社会資本」の考えを早くから打ち出したのが宮本憲一さんだった。宮本さんはいわゆる公害問題（現代で言うなら環境問題）の草分けであり、経済システムによる社会編成を地方自治の課題と結びつけて「環境経済学」の分野を作り出した人である。

現在の世界の「発展」の行詰りによって、破綻が明らかになっているにもかかわらず誰も抜け出られない経済原理（効率至上・計量化処理）の絶対化のなかで、経済学的思考が切り捨ててきた社会的生存のための必須の考慮をそこに組み込み直すことが宮本さんの仕事では目指されており、この対談は、宇沢さんの同時代を浮かび上がらせる意味も含めて、宮本さんの業績を経済以外の他分野の人びとにも開くことができれば、という思いからなされた。

次の東琢磨さんとの対談もそれに似ている。東さんは学者ではないが（最初に会ったときはクレオール系の音楽について教えてもらった）、さまざまな経歴を経て生地広島に戻り、そこに生き生活するという立場から広島という「場所」について（同時に歴史・地理的に交錯する他所についても）反省的に、つまり自己照射的に考えを深めている。この対談の趣旨は、核への問いを背景に福島以後の視点からもう一度広島の現在を考えるということだったが、わたしが広島についての思弁を展開するというより、わたしの核に関する考えや人間の生きる場としての都市形成に関する考えを差し出しながら、むしろ東さんに「出戻りのネイティヴ」としての立場から広島を語ってもらうのがねらいだった。

最後に付したのは、フランスの国際哲学コレージュの機関誌『デカルト通り（RUE DESCARTES）』に掲載されたインタヴューである。このコレージュの企画委員をしている西山雄二さんと、ここ数年いっしょに仕事をする機会をもった渡名喜庸哲さんという、二人の若い意欲的な研究者が同誌の「福島後の日本」特集のためにインタヴューの労をとってくれた。専門ということで言えば、ここでお二人の質問に答えて話したようなことがわたしの専門領域である。時事的な出来事を契機になされる対談での発言のベースがどういうところにあるのかを知っていただくために、日本ではまだ発表されていないこのインタヴューをここに採録させてもらうことにした。

ついでにふれさせていただくなら、わたしはジョルジュ・バタイユやモーリス・ブランショ、エマニュエル・レヴィナスなどを中心とした二〇世紀フランス思想の研究者として出発した。いずれも〈世界戦争〉の業火の闇をくぐって、人間の生存の意味や思考とその表現の可能性あるいは不可能性を問い続けた作家・哲学者たちである。そこから当然のように〈死〉にまつわる問いが浮かぶ一方、世界戦争を到達点とした西洋文明とその運動原理としての〈歴史〉、あるいは〈世界史〉の観念、その構成軸としてのキリスト教、そしてユダヤ性と近代西洋の関係、西洋の〈世界化〉運動、その端緒の副産物としてのクレオール、現代世界のコンフリクトの要因とされているイスラーム世界、そしてターニングポイントとなったアメリカの九・一一、また、グローバル化の原理としての経済の動的秩序、西洋的世界編成における宗教・政治・経済の歴史的分節、さらには現在の世界を決定づけた「アメリカという制度空間」、などに目を向けるようになったが、そうして広がってゆく視野をつなぐ方法的視座を与えてくれたのは、ここではほとんど明示的にふれる機会がなかったが、わたしにとってはピエール・ルジャンドルの「ドグマ人類学」である。ただし、ルジャンドルが個々の具体的な問いに対してわたしと同じように考えるかどうかは別の話である。

「ドグマ人類学」の特質をひとことで言えば、主体的なものを造形すると同時にそれ自体が社会性の支えでもある〈制度性〉へのまなざしである。人間を「話す生き物」として捉え、一次的な〈規範性〉である言語を通して形成される〈制度性〉を人間把握の根幹に置く。人間把握ということは「反省的思考」ということである。それは一七世紀以降規範的学となった「科学」とは違うし「科学」にはならない。しかし根本的な、つまりラジカルな思考となり、「学」にもなりうる。そう断定的なことを言っても、ここではそれを詳しく開示することはできない。それに、「科学」になることを拒否するルジャンドルの著作は一般的に言ってたいへんとっつきにくい。それを誰にでも分かるように解説して哲学的思考の更新を試みるのがわたしの務めとも思っているが、怠惰でなかなか思うにまかせない。ただ、その務めも遠からず果たしたいと思っている。

最後に、この本ができたのは、『現代思想』編集部の押川淳さんのご提案によるものである。この間、仕事以外でも国会前の集会などでときどき顔を合わせていた押川さんは、わたしの関わった対談を一冊にまとめることに意義を見出し、面倒な編集の労をとってくれた。記して感謝の意を表したい。また、ここに収めた対談の機会を設定していただいた『図書新聞』の須藤巧さん、『世界』編集部の清宮美稚子さん、堀由貴子さんにもお礼申し上げる。そしてもちろん、対談にお付き合いいただき、収録を快諾いただいた方々にも重ねてお礼を申し上げたい。

「想定外」が到来してしまったということは、「未来」がもう来てしまってすでにここにある、ということである。「未来」はすでにここにある、というのが「災厄の後」の基本の構えであるはずだったが、それはたちまち押し流され、何食わぬ顔で先がないことがわかっている過去の枠組みが押し付けられようとし、それに歯止めがかからない、というのがわれわれの置かれている現在の状況である。だからあらゆる場面で実情を糊塗する「フェイク」が重ねられ、「オルタナ・ファクト」がまかり通っている。その「オルタナ・ファクト」の煙幕を払って、いかにして実相を見るか、そしてそれを足場にするか、そのための努力がこれらの対話を支えている。

I

戦争のなかで

戦争の現在を問う　（インタビュー）

なぜ戦争を論じてきたのか

――西谷さんは一九九二年に『戦争論』を出され、以降、戦争について折りあるごとに問題提起を行なってきました。なぜ戦争論を書こうとしたのでしょうか。

西谷　冷戦の終結時ですが、なぜあの当時に戦争を論じようとしたかというと、まず一九九〇年に『不死のワンダーランド』という本を出したということがあります。これはフランスの二〇世紀思想の一画を扱ったものですが、それを足場に現代世界の諸問題を考えるという姿勢で書きました。テーマを一言で言うと、二〇世紀に人類史上初めて「世界戦争」というものが起こり、世界中が同じ一つの戦争に引き込まれた、逆に言うとその戦争の中で初めて世界が一つになったということですが、このことによって人間の一般的な存在条件が根本的に変わったとすれば、生きる人間の立場から考えてそれはいったいどういうことなのか、ということで、それを「死の不可能性」というアイデアを軸に展開しました。そこで次に、一般的には政治学の派生物、あるいは技術論的な特殊な領域で扱われていた戦争というものを、『不死のワンダーランド』の延長上で、つまり人間の存在条件に絡んだ全体的事象として考えてみようと思い、戦争のようなものの歴史的な展開と、それから人間世界が形成されるうえで戦争がもっていた意味について考えてみたわけです。それがたまたま冷戦の終結と湾岸戦争の時期に遭遇して、現実の試練を受けることになったのですね。

そのときに戦争というものを二重に考えました。一つは哲学的に見て、人間の存在一般に関わる出来事として、もう一つは、ふつう「戦争」と言うと、日常生活の中で誰もが何ごとかを了解するわけですが、そのとき漠然とイメージされる「戦争」と、語るべき「戦争」とは違うのではないか、そのずれを検討してみる。それまでは、そういうことはほとんどなされていなかったのではないかと思ってやってみました。ともかくそれは、戦争をある技術的な領域とみて、あるいはある目的実現のための手段として捉え、戦争をやりたい、あるいは戦争をやるつもりになる立場の人たち、そういう人たちが捉える戦争とは違うものになります。人間にとって「戦争」とは何だったのか、そして今それがどうなっているのかを考えるということは、右翼とか左翼とか、あるいは好戦とか反戦とかとはまったく関係ないことです。ともかく、人類史上、戦争はつきものでした。たとえばプリミティブな状況を考えてみると、どこの地域でも争いは起こり、戦争といったら皆、怖いけれど高揚もしました。血湧き肉躍らせて、そこでは非人間的で獰猛な者たちが活躍し、英雄と讃えられ祀られて、それを祀ることで共同体の基盤が固められる。人間社会はそういうことをやってきたわけです。戦争をするのが善いとか悪いとか、人を殺すのがどうのといった話ではなく、戦争というのはこうだったというところから考えないといけないと思いました。歴史学者や人類学者たちは、昔の集団間の抗争のありさまを想定したり、論理的に復元したりしていますが、それはある意味では現代的な捉え方だけれども、それでも昔のこととして捉えられているわけです。けれども、それが現代の戦争と全然関係がないかと言ったら、そんなことはない。たとえば近代のナショナリズムは古い共同体のあり方と無縁ではないし、それが近代の国民国家体制を支えるようになったとき、その枠組みの中でかつての戦争と人間が持っていた関係、あるいは戦争状況における人間が、どういう形をとって現れるのかといった問題として、ナショナリズムや全体主義が語られてきたわけです。さらに歴史の変転を経て、その状況は今どうなっているのか。それが現代なら、グローバル化と言われるような世界の状況にも規定されるし、とりわけ兵器を作り出す技術的な発展によっても規定されるわけです。そんなふうに大元から捉えられた戦争というものから、それの現代的ヴァージョンとして今の課題を捉えるということが必要になります。

ただ最初に『戦争論』を書いたときには手探りで考え、もう一度思考の方法の歴史的必然も含めて『夜の鼓動にふれる——戦争論講義』（一九九五年）をまとめたとき、自分の中ではかなり明確になったと思います。これは九五年ですが、当時は冷戦が崩壊した後で、ユーゴの瓦壊が始まって、湾岸戦争が起こったあとだったのでそこまでは視野に入れていました。ユーゴ内戦でも湾岸戦争でも、ケースはまったく違いますが、要はそれ以降、戦争が国家間の戦争ではなくなったということが重要です。一方は「インフラ」、他方は「スーパー」ですね。近代の戦争では、少なくとも国家間秩序に合わせる形で、ある法状態があったのですが、それがこれ以後の戦争ではまったく無法化していった。言いかえれば、冷戦が終わったことで戦争がなくなったのではなく、かつて戦争だったものの「腐乱死体」があちこちに散らばるような状況になった。そうしたらその数年後に、つまり二一世紀に入って「テロとの戦争」というものが、起こったというよりも、そういうレジームが敷かれるようになった。そしてそれが「正義の戦争」として世界を股にかけて広げられるにいたった。

私は「テロとの戦争」という規定はごまかしで、これは国家の暴力を無制約化するものだから、こういう枠組みで戦争を認めてはだめだということを言い続けました。ブッシュが「これは戦争だ！」と言ったその一週間後に私は、「これは戦争ではない！」という主張を書いて雑誌『世界』に発表しました。そこでいちばん言いたかったのは、「テロリスト」という観念を政治学などで使ってはだめだということです。そういう用語を使うと、あらゆる論理が道筋を壊されてしまい、権力の横暴や専横を許すことになるということです。しかし、メディアから何から普通に使われるようになっていって、挙げ句の果てが今日の事態です。そこでイスラム国のようなモンスターができてしまっただけでなく、世界中のあちこちに「戦乱」が広がっていきました。シリアは収拾がつかないほど混乱しているし、イラクもそのようです。ウクライナの内戦でも、双方が相手のことを「テロリスト」と呼んで自分たちの破壊や暴力を正当化している。イラク政府軍が米軍その他の支援を受けてイスラム国を攻撃しているとか、失地を回復しているとか言っていて、正規の軍隊がならず者の極悪集団を追い払っているように伝えられているけれども、まさにそのイラク政府軍がやはり滅茶苦茶なことをやっている。暴力に歯止めがなくなって、どっちもどっちやりたい放題の殺し合いという状況になっているわけですね。アラブ地域はあちこちで本格的に内戦状態になっていて、それがアフリカから中央アジアの辺りまで広がって、なおかついろんなところに結び目ができていく。この事態は簡単に「世界内戦」とか言ってすませられない。そんなことを言っても、何も理解したことにならないという異様な状況になってきています。

――そこから戦争を捉えるのには新たな視点が必要になってきますね。

西谷　戦争というものの内実を、ただ国際社会の力関係の図式で見ていっても、駆け引きの解釈とどっちが悪いという比較考量とかに終わってしまうでしょう。そういう分析も必要でしょうがそれだけではなく、人間社会がこれによってどうなるのか、あるいは人間はどういうふうにして戦争と関わるのか、それをどう制御してきたか、といったことをきちんと考えないと、実際起こっていることの意味がわからなくなってしまいます。だからときどき依頼されて戦争の話をするとき、特に若い人たちに話をするときにまず言うのは、戦争というのは基本的にはどういうものか、ということです。それは、行為の目的のようにして意図してできるものではない、行為の対象にはならないのだということです。戦争をするとかしないとか、戦争ができる国とか、そういう言い方がよくされますが、戦争を「する」ことができきるのは、つまり戦争の主体は、基本的に国家のような集団なんですね。ただ、その集団を動かしていると思っている連中は戦争をするのだと決め、机上で作戦とかを操作することもできるし、頭でいろいろ空想することもできる。けれども普通の人びとにとっては、戦争はあるときに「起きて」しまって、起きたときにはもう飲み込まれるしかないということです。そして動員されたり、爆撃されたりするわけです。それが一つ、つまり、私たちは基本的に、戦争に関しては主体にはなりえない。飲み込まれて引きずられ、生存を撹乱されるだけです。特に近代以降の社会では、全面的に巻き込まれて、そこから逃れられないということです。

もう一つは、戦争は個に対する集団の圧倒的勝利の時であるということです。戦争が起こったら個人の自由なんてもはやない。自分がその戦争に賛成だろうが反対だろうが関係ない。反対していても弾は飛んでくるし空襲はある。隣の人や友達が「敵」だと言われたら、それは「敵」になり、殺さなくてはいけない。それは人がどの政治集団というか国家に属しているかによる。その集団がまさに戦争の主体であり、我々はその成員・構成要素にすぎず、個人の自由は完全にそこに吸い取られるわけです。ですから戦争は個に対する集団の、ありていに言えば、個人に対する国家の圧倒的優位の時です。だから、国際情勢の中でこの戦争に正義があるかないかとか、どう正当化されるかとかいった問題以前に、こういう状況とどう付き合うかという話なんです。そうすると、戦争の見え方は初めからかなり変わってくると思います。

国家間戦争から対テロ戦争へ

――イスラム国やウクライナの問題に象徴される現在の戦争はどう考えるべきなのでしょうか。

西谷　さきほどユーゴ内戦以来、戦争は国家間戦争ではなくなったと言いましたが、湾岸戦争、そしてさらに九・一一以降は決定的に、戦争が国家間のモデルでは考えられないという事態が進行しています。近代の戦争が国家間戦争だったとすると、当時のラムズフェルド米国防長官がアフガン爆撃のとき「ウェストファリア体制はもう古い」と言ったように、それはもう否定されてしまったんです。今の戦争は基本的には「テロとの戦争」ということになっています。これは、合法性の設定と正当性の設定を全て自分でやる国家や、あるいは世界秩序の盟主が、自分に必要な敵を「あれがテロリストだ」と指弾して徹底的に潰す、つまり自分の認める秩序から除去するためにあらゆる手段を使うという事態ですね。これをよく「非対称的戦争」と呼びますが、この「非対称性」というのは基本的に、国家と非国家集団との戦いだということで言われます。けれども、この「非対称性」は全面的で、「戦争」かどうかも、「敵」が誰かも、大国が一方的に決めます。「敵」と名指された方には、戦争の「当事者」なら当然持つはずの当事者能力さえ認められません。だから「テロリストとは交渉しない」となるわけです。「交渉しない」とは存在を認めないということです。「テロリスト」を名指しできるのは、実際にはアメリカやロシアなどの大国で、いわゆる「同盟国」がその尻馬に乗ります。そしてアメリカが「あれはテロリストだ」と攻撃を始めたら、「テロリスト」はどんなことをしても殲滅すべき敵だということになって、国家の側は何でもしてよいということになります。これはもはや対等な敵同士の戦いではないということです。一方は全ての権利の保持を主張し、他方はその存在の権利を徹底的に否定される。アメリカがこれを規範化しましたが、ロシアもチェチェン問題等でこれを援用し、それ以前からイスラエルはパレスチナに対してずっとこの「正義の戦争」をやっていたと言っています。

実はこれについてカール・シュミットが『パルチザンの理論』の中で、そんなふうにして人類の敵を立ててやる戦争は凄惨な殲滅戦になるから、やるべきではないと言っている。どんなリベラルな思想家よりもむしろ「ワル」だとされているカール・シュミットがそれを言っているんです（彼は自由主義の正義を相対化しますから）。相手を「テロリスト」と名づけると、国家は何でもできることになります。近代の国家は一応、いわゆる暴力を独占しているわけですね。法秩序を保ち、なおかつ外国から独立性を保つためと言って軍事力をもっています。けれどもその暴力は、国内に対しては不法に市民を弾圧してはいけないとか、あるいは外に対しては国際的な法規に従わなければ戦争犯罪として批判される。そういうふうに抑制がかかっている制度であるわけです。けれども相手が「テロリスト」、つまり問答無用の犯罪者だとなると、国家の暴力行使を制約する枠組みが解除されます。「敵」は存在を許してはいけない、殲滅すべき「人類の敵」だから。そういう「敵」を立てると国家の暴力そのまま刑の執行、つまり「正義」だということになってしまいます。謀略あり、一方的爆撃あり、拷問あり、惨殺あり、何でもありです。ただし、これは圧倒的に力の差がないとできない。それも「非対称性」の一面です。たとえば九・一一直後のアフガニスタンの空爆では、二日目にラムズフェルドが、連合軍はアフガニスタンの制空権を掌握したと言うんですね。しかしそもそもタリバンは一機も戦闘機を持っていない。せいぜいロケット砲とかその程度でしょう。制空権とはお笑い草です。つまり装備でも圧倒的に「非対称」なんです。「テロリスト」と呼ばれるのはだいたいはゲリラみたいなもので、兵力も限られているし、装備も大したものはない。それに対して最先端の軍備を持った国家が軍隊を使って攻撃するわけです。そういう意味でもまったく「非対称的」です。これを古典的な戦争に当てはめると、勝利を約束された戦争ということになります。ただ、その戦争にアメリカは失敗するのですが。

ここには、ずれがあります。戦争をする側は、実は古典的な枠組みで戦争を考えている、あるいは考えさせる。しかし実際の状況は古典的な枠組みとはまったく違います。そして敵が無定形で責任主体ではないというのだから、もはや戦争を制約する法はなくなります。戦争法は敵が対等だからこそ成り立つものです。そのことがいちばん露骨にあらわれるのは戦果の発表です。かつてはだいぶ昔の例でいうと、「二百三高地を制圧した」とか「シンガポール陥落」とか「一個師団撃破」とか、そういうものを戦果と呼びました。戦争とは国家が主体でやるいわば陣取りゲームでした。それが人を殺すこと、武器を使って殺したり破壊したりすることのジャスティフィケーションになっていました。ところが今では、アフガニスタンで空爆があったり、EU軍やアメリカ軍が地上作戦をやっていた頃に気がついたのですが、「今週EU軍はタリバンを二百数十名殺害した」という発表になっています。「何人殺害した」というのが公式発表です。最近のイスラム国関係でも、今年になってアメリカの中央軍司令部が、秋の空爆以来すでにイスラム国の戦闘員を六〇〇〇人殺害した、という報告を発表しました。全部で三万人だからだいぶ殺しただろう、というわけです。今日のニュースではシナイ半島で、エジプト軍が「テロリスト」を三十数人殺害したと流れていました。つまり、戦争が人殺し以外の何ものでもないということをこの「戦争」はもはや隠さなくなったのです。

戦争は個に対する集団の圧倒的勝利の時だと先ほど言いましたが、別の言い方をすれば、戦争というのは殺人の禁止が限定的に解除される時期なのです。人類社会が成立するためには殺人の禁止が前提になっています。お互いにむやみに殺していては社会は成り立たない。それがあって人類社会のはずです。ところが戦争は、ある場合は殺すことを強いられるし、推奨さえされます。壊して殺せということ、これが実際に行なわれることであって、戦争とは方向づけられた、ただし味方に向けてはいけないという、「敵」に方向づけられた殺人の解除なのです。だから兵士は皆、ある程度人間ではなくなる。それが戦争なんだけれども、お国のためとかのジャスティフィケーションがあった。ところが、今やそんな粉飾はなくて、戦争が殺人であり、成果は殺数であるということを、軍隊も国家も隠さなくなっている。いわば戦争が剥き出しになっているような状態ですね。これが現在の戦争の特徴です。

軍需産業化

――その状況下でこの国はどこへ行こうとしているのでしょうか。

西谷 「テロとの戦争」を言い出したときから戦争には輪郭がなくなり、そのあおりで今世界中にしだいに戦争が拡散しているという気配があります。その中で日本が軍事化していこうとしているわけですが、まず言っておかなければならないのは、日本で今軍事化を進めようとしている人たちの頭の構造は非常に古く、昔の国家間戦争のイメージしか持っていないんじゃないかということですね。もともとの出発点でずれている。

出発点の要素の一つに、アジアにおける覇権意識といったものがある。明治以降、日本は西洋の設定した世界秩序に取り込まれるときに、みずからも西洋型の植民地帝国になることを目指しました。だから「帝国」を名乗るのですが、そのために西洋諸国と競って朝鮮半島から中国へ進出しようとします。

日清戦争以来日本は約一〇年ごとに戦争をしてきたと言われますが、その戦争はつねに日本が軍隊を大陸に送って、そこを戦場とし、破壊と殺戮を繰り返したわけです。日本が戦場になったのは、最終的に負けるときだけでした。アメリカによる都市爆撃と沖縄戦ですが、そのためか、日本の指導層はアメリカには負けたけれど、自分たちが蹂躙したアジアの方では負けたという自覚を持っていないか、そう認めたがらず、それに対する反省は全然ありません。そのうえ、戦後は冷戦状況もあって、アメリカが日本を必要とし、日米安保体制のもとで日本の過去を不問に付してくれたから、日本の旧指導層は生き延びて、アメリカの懐に飛び込んでアジアを敵視するという、その姿勢を保ち続けることができたのです。もちろん、その姿勢を引き継いだ連中が、中国の台頭を前にして日本を軍事化して対抗しようとしている。もちろん、外交当局には国連常任理事国になるとかのねらいもあるようですが、それも中国の後塵を拝しているからでしょうね。

ところが、実はアメリカが日本に軍事化を要求するのは、日本がこれだけ国力があるのに米軍の手伝いにちっとも貢献しないということがある。冷戦時代もしなかったし、その後のグローバル化の時代にもできなかった。だから湾岸戦争以来、俺たちの下働きをしろということをアメリカは要求している。それができないことが外務・防衛官僚の「屈辱」となっていたと言われていますが、ネックはいうまでもなく憲法九条です。ただ、アメリカの要求は、中国と事を構えろということではないですよね。兵器を買うなら別ですが。そうではなく、地球の裏側まで行ってお前たちの石油を確保してやっているんだから応分に手伝えということで、アラブ中東に兵隊を出せと言っているわけです。東南アジアのこともある。アメリカは全体的には中国と協調したいけれども、ここでは牽制する。日本はそれを買って出ようというわけです。要するに、アメリカはみずからの主導による世界統治の下請け分担を日本に要求しているのだけれども、日本の軍事化を進める連中は、日本自体の軍事強国化をめざしているのであって、そこは初めからずれている。ただ、軍事化はアメリカに従属する形でしかできない。

しかし中国との関係は国家間関係で、いってみれば古典的な関係です。実はそれでは済まない状況になっているんだけれども、日本の指導層が考えているのは覇権争いのような古典的な国家間戦争でしょう。一方、いわゆる「日米同盟」で実際にまず要求されるのは何かというと、「テロとの戦争」なんです。アメリカはもう疲れている。この終わりのない戦争に手をつっこむ。それに乗る日本の首相を得て、アメリカはほくそ笑んでいるでしょう。それなら靖国も大目に見てくれるかもしれない。安倍政権だけではなく、外務・防衛官僚も結局、それだけの代償を払って東アジア対立、つまり中国敵視を維持しようとしているということです。

この行き方は、今のG20とかBRICsとかの動向をみたらとても展望がない。世界はいつまでも冷戦状況ではないわけです。ただ、それだけではない。軍事化の推進だけでもボタンをかけ違えているわけですが、今の政府は日本の経済産業構造にまで毒をまわそうとしています。日本の産業経済がそれでも体力を維持してきたのは、戦後、軍需産業に手を出さなかったからでしょう。これは敗戦国だからこそできた幸運です。軍需産業は文字どおりの麻薬です。手を出したらやめられず、戦争や紛争を求めて政治を毒します。これを止められたのは、敗戦という強制措置のおかげです。戦後の日本はそれを禁じ手にして、軍需産業抜きで経済発展してきた。ところが今の政府はそこに手をつけた。経済成長が飽和してしまって、軍需産業の分野は無限の沃野のように見えるからこれをやりたくてしかたがないわけですね。これはもう始めています。イスラエルに行って大風呂敷を広げたのはそのためでしょう。でもそれをやったらどうなるか。社会の隅々の歯車まで軍事方向に組み込まれていきます。組み込まれれば組み込まれるほど、これは抜け出がたくなる。そのことは戦前の日本や今日のアメリカが証明しています。アメリカがあんな馬鹿な戦争をやらざるをえないのは軍需産業のためでもあるでしょう。多国籍企業がいくらあっても、軍需産業をやめたらアメリカはポシャりますからね。だからアメリカはやめられないわけです。そういう道に入っていってしまう。ただでさえ経済がいちばん大事だとか、皆景気が良くなるのを求めているとか言って、どんな法案も行政措置も、それを口実にして通してしまう。それくらい経済というのは脅し文句になっているわけですが、ここでもそれを使う。軍需が手つかずの成長分野だというわけですね。もちろんそれは根本的に間違っていて、もはや先進国で「成長」なんてありえないということは多くの人はわかっているはずです。「発展」とか「豊かさ」は別の途をたどらなければならない。

軍需産業にはあらゆる技術が関わってきます。防衛庁の外との交渉をやる部門が、しばらく前から研究資金を企業や大学に出し始めました。その領域はあらゆるところに広がっています。直接軍事に関わる領域だけではなくて、もちろんＩＴ分野などはみなそうだし、それから生命科学もそうですね。いまはやりのロボットもみんな軍事に使われる。そういうふうにすべてが軍事に組み込まれていくと、これをやめたら産業や経済や立ち行かなくなるという形で、軍事部門がどんどん増えていくことになります。それは経済の罠です。

もう一つ、技術の罠があります。オバマが大統領になってまず目標にしたのは、「テロとの戦争」を終わりにするということでした。それは結局、アメリカ人の犠牲者が増えれば増えるほど、国内に厭戦ムードが漂っていく。だから戦争を続けると人気を失うことになる。加えて、本当に戦争に対する批判も広がっていくし、だからやめたかった。けれども、一定程度「敵」を潰し続けることである程度の均衡が保てていた状況が、全く手を引いてしまうとまた元の黙阿弥以上の状況になってしまう。それを食い止めるために、兵隊を送らずにやることにしたわけです。アメリカ国内の軍基地で、事務所に通うようにして、いくつかのディスプレイを前にしながら軍人職員がボタンを押して爆撃をする。ドローンですね。それとロボット兵器や無人飛行機をどんどん開発して投入してゆく。そうすると人間的な痛みとか出血とかとは関係なく、戦争が続けられる状況になるでしょう。

これもまったく「非対称的」戦争です。一方は、音楽でも聞きながら自動車教習所のシミュレイターみたいなものの前でボタンを押していればいいわけです。けれどももう一方では、結婚式か何かで集まっていた人たちがバーッとふっ飛ばされて、残りはバケツ一杯の肉片も集まらないといったような惨状が展開されている。それが「非対称性」ですね。そういうことが繰り返されてゆく。オフィスのような基地に通って、そろそろ昼だなと家に帰ってランチをとり、子どもと遊んでちょっと昼寝して、また午後にオフィスに戻って仕事をして夕方には帰宅。そんなふうにやっている中でふと「向こう側はどうなっているのかな」と想像しないわけではなく、するとＰＴＳＤになったりして、そのケアをしてもらうという贅沢なことをやっているわけですよね。

もう一方では、怪しまれて捕まったらアブグレイブのような収容所でしょう。そんな所から九死に一生で生きて出られたら「こいつら、二度と……」みたいな感じで、結局そこは「テロリスト製造所」になるわけです。だからこういう戦争を続ければ続けるほど「テロリスト」が生み出されて、あげくに狂暴化し、それがまたこの戦争を続ける口実になります。その「テロリスト」というのは、恐ろしい機械みたいなものが襲ってきて、人間だろうが何だろうがメチャメチャに破壊するという強烈な暴力、非人間的とかそんな次元ではない暴力の中を生き延びてきているわけです。だから彼らにとっては、並の暴力なんてちゃちなものでしょう。血が出たり腕がちぎれたり、そんなのは日常茶飯、だから彼らは何でもやるし、仁義がないどころではなく、それだけではおさまらない。米軍はすでに空爆でイスラム国戦闘員を六〇〇〇人殺したと言っています。ではその空爆に対してイスラム国は何人の米兵を殺せたのか。一人の米兵も殺せていない。だって爆撃機が落ちたという話は聞かないですから。だからアメリカやその仲間のジャーナリストを捕まえたら、一人を殺すことを一〇〇倍くらいの効果で示してやらないと釣り合いがとれない。そのために残酷な「イメージ」を撒き散らして見せつける。彼らの戦争には、ドローンに対してイメージくらいしか撃つ弾がないということです。我々がよっぽど想像しないとわからない最先端兵器による一方的な壊滅戦、それのもつ暴力性が我々の想像力からすっぽり抜けています。彼らはそれを生身で現場で浴びているわけです。頭がおかしくなるに決まっている。だから「テロリストの残虐さ」というのも、むしろ「テロとの戦争」が引き起こしたものでしょう。あらゆる制約を取っ払って、その無制約な暴力の中で養成されたかれら「テロリスト」は、理不尽で凶暴な暴力なんだけれども、持っている武器はせいぜいカラシニコフかナイフかというところです。どっちが残忍で非人間的かということを考えてみなければいけません。

戦争が今こういう状況になっているときに、今まで人殺しの訓練も受けていない、むしろ災害救助で皆にありがたがられてきた自衛隊をそういう所に送ろうとするというのは、それは大カマキリの前にモンシロチョウを置くようなものだし、それが何の解決になるか、日本にとって何の益になるかということですよね。無駄に死んだ分だけ「国際貢献」できたと言うんだったら、まったくふざけた話でしょう。これは平和主義だとかあるいは善意のどうこうという話ではない。合理的にきちんと考えて、それから日本全体の利益になるということも考えて、無理に憲法を紙くずにして軍隊を送って、死なせて靖国に祀って、それで何かをやったつもりになるというのは、本当にふざけた話でしょう。他にやることはもっともっとあるわけです。今の基本状況はこのようなことだと思います。

――西谷さんはイスラムのことも早い段階から考えてきました。

西谷　死がテーマでしたから、宗教についても考えてきました。とりわけ近代における宗教と政治の関係についてですね。ピエール・ルジャンドルに出会ったのもそのためですが、何人かのイスラム出身のよい友人たちがいて、冷戦後のイスラムの情況について教えてもらいました。『戦争論』では原理主義というのは宗教の亡霊だと書きました。今の事態はよくシーア派とスンニ派とか、イスラムとキリスト教、あるいはユダヤ教の宗教対立だとか解説されますが、むしろ、宗教がもはやかつてのような働きをしなくなって、それ自体が腐ってきて崩壊し、その残骸が武力抗争に活用されているということではないでしょうか。暴力的抗争の堆肥というか、くべる薪のようなものになってしまっている。だから教義がどうのとか宗派が違うからということは、内実や実相よりもむしろ線引きの口実になって、集団間の衝突を先鋭化している。ではそれは宗教の政治化かというと、はたしてこれが政治と言えるのかとも思います。むしろ政治以前の権力どうしの潰し合い、そのための枠組みになってしまっている。だからイスラムの名で語られていますが、実は宗教には還元できないでしょう。

国家間秩序が世界的に広がって、それが戦争に崩れ落ちてはまずいというので、その国家間秩序をまとめようとしたのが国連体制です。冷戦期にはうまく機能しなかったところがあるけれども、その後は一応は国連体制が基準にはなっています。しかしたとえばアフガニスタンなどを典型として、西洋が一五〇年くらい国民国家体制をつくらせようとしてもつくれなかった地域がいろいろある。もともとベースが部族社会で、広域的なまとまりは緩い連合しかなくて、中央集権をやったことがない地域です。それは特にアラブ・イスラム世界、なかでも山岳地帯、たとえばクルドやイラク、ベドウィン地帯などに広がっていて、グローバル化によって国家間秩序が世界に広まることでかえってそれに統括できない地域がいくつもできてきてしまった。グローバル化が進むと、それがある種の臨界状況をつくる。するとそういうところが浮かび上がってくる。そういうところは資源があったりして、先進国にとってはだいたい経済的に重要なんですね。

だからそこをどうやってコントロールするかが、国家間秩序をつくってきた勢力には重要になる。その管理の方法として使われたのが、いわゆる「テロとの戦争」ですね。その管理が自由にできるようにするために「テロリスト」という範疇をつくった。この構図でやったら、「テロとの戦争」は原理的に「正しい」し、いつまでも続けられてそれを「恒常秩序」にできる。そのうえ、やればやるほど「テロリスト」を生むという仕組みをもっていたのですが、そのために無秩序地帯が広がってとうとうコントロールできなくなってきた。

ではどうするかといえば、ごく原則的なところに立ち戻って考えるしかないと思います。空論だと言われるけれども、西側先進国だけに都合のよい国家的枠組みの中になんとしても押さえ込もうというのではなくて、基本的にはまずそれぞれの地域が、そこに住んでいる人たちが住んで生きられる状況をつくっていく。それが基本的で一次的な秩序形成だと思います。どういう暮らし方でもいい、どういう繋がり方をしていてもいい。でもそこに生活していける秩序ができれば、基本的にはその住民たちは戦争を避けるはずです。安定して生活できるような状況になれば、誰も戦争なんて求めない。たとえばペシャワール会の中村哲さんが長らくやっているのは井戸を掘ったり用水路をつくったりすることです。灌漑用水をつくって畑をつくれば、人びとはカラシニコフを捨てる。ここで耕して作物ができて食っていければ、その喜びを味わうことができる。そして爆撃もされなかったら、カラシニコフなんてくれてももう要らないとなるだろう。それは理想的な話にも響くけれども、中村医師たちはそれをやっている。今のイラクにしてもどこにしても、まずとにかく、都市だったら市民秩序、農村や草原、砂漠地帯だったら、そこに部族が生きていけるような秩序をつくる。国際社会が援助すべきはそのことでしょう。

「アラブの春」の潜勢力

——「アラブの春」を高く評価しているのもそれに関連しますか。

西谷 「アラブの春」を見て、私の念頭にあったのはブランショの『明かしえぬ共同体』です。六八年五月でワッと盛り上がったけれど、夏休みが過ぎたら元の木阿弥で何も残らないじゃないかと、六八年なんて虚妄だと誰もが言ったときに、ブランショは一人で、あれが絶対的出来事なのだと言う。後で潮が引くのはあたりまえだと。アラブの春はまったくそういうものだったと思う。エジプトでついにムバラク政権が倒れた日、タハリール広場にいた中学校の先生が大はしゃぎしながら日本人のジャーナリストに、「今日だけは喜ばせてくれ」と言ったという報道がありました。「今日だけは」と強調したというのですね。その人にとってはその日は絶対的解放の瞬間だった。明日になれば何らかの形で秩序が戻ってくる。その秩序はロクでもないかもしれない。それでもこれができる、これが起こったということが、消せない集団的経験として人びとに刻み込まれるわけです。それが「潜勢力」のあかしです。ある意味ではまた起こせばよい。それは大変なことだけれども、そして権力がなくなることはないけれども、これを起こすということ、これが起きるということは否定しがたく、そこに希望がある。

チュニジアで最初に焼身自殺したアブハジという青年がいました。彼は警官に悪しざまに扱われ、そのうえ耐え難い侮辱を受けた。そのために焼身自殺したということが、チュニジア人なら誰でも知っている、小学校で習うエピソードを連想させた。第三次ポエニ戦争でカルタゴが最終的に滅亡するとき、ローマのスキピオの軍に攻められて、ハンニバルの副将だったハスドルバルという優れた武将が討ち死にしたという報が自宅に伝わった。ローマは自分を受け入れて服属する者には寛大だったけれども、最後まで逆らったところには徹底的な殲滅戦をやった。亭主が死んだという報を受けて、ハスドルバルの妻は「もはやこれまで」と意を決する。男たちは殺され、女たちは戦利品になります。だからこの妻は「恥辱よりはむしろ火を」と言って、家に火を放った。これを見て怒ったローマ軍はカルタゴの町に火をつけて跡には塩をまいた。この話はチュニジア人ならみんな小さいころから知っているんだそうです。だからアブハジ青年の行為はすぐにこの記憶に結びついて、誰もが「恥辱よりはむしろ火を！」という標語を思い起こし、こんな恥辱の政府と体制に我々は三〇年も虐げられてきたという反発が広がった。これはフェティ・ベンスラマに教えてもらったことです。エジプトのタハリール広場に集まる民衆の行動で、三〇年間戒厳令のムバラク政権が倒れた。誰も倒れると思っていなかった。それを非武装の民衆が倒したというのは、今後のエジプトの記憶に刻まれます。そういう意味で、そこに人が生きている限り、やっぱり重みを持つわけです。

沖縄というモデル

――西谷さんは沖縄についても発言と行動を続けておられます。この戦争状況の中でどう結びつくのでしょうか。

西谷　沖縄は日本の戦争でつねに前線に立たされてきました。軍事植民地という言い方がありますが、沖縄戦から、戦後の米軍による占領統治、それによってできた米軍基地と日米安保との関係、それが今も続いていて日本の軍事化の中でまた最前線基地がつくられようとしている。私と沖縄地域に関わりができたのは実は別のところからなのですが、これは実際には本土が見ずにすませてきた日本の戦後体制、つまり日米安保体制の基盤にある問題なのですね。

今年は「戦後七〇年」といいますが、沖縄の「戦後七〇年」は、全く違います。本土側の考え方で「日本の一県でしょう」ということではとてもすまない事態が、ここ二〇年でも際立っています。日本政府がそうしてきてしまった。この春、浦添市美術館で琉米修好条約や琉蘭修好条約の原本が展示されました。『琉球・幕末・明治維新・沖縄特別展』というタイトルでした。これはもともと明治の「琉球処分」のときに日本の外務省が没収して所蔵していたものです。ところが今回、タイトルに「幕末・明治」とあるので、外務省もオーケーしたんでしょうが、でもその両側に「琉球」と「沖縄」があるということは、「この間に琉球は消え、沖縄県になった」ということを表示しているわけです。それを際立たせる展示会だった。米軍のための（かどうかわかりませんが）辺野古新基地建設が強行されて、沖縄と日本政府との対立が深まっている今こういうときに、そういう展示会をやるというのはたいへん象徴的なことで、もはや沖縄は日本の植民地でもありえないし、単なる一県ではない。眠っていた分離の活断層が動き出して地鳴りを立てているというふうに考えたほうがよいでしょう。

今までのように、援助資金でなだめて米軍基地を置いたまま、沖縄を日本の安全保障の軸にするというやり方が利かなくなっている。沖縄に本土の政治構造を持ちこんで保革に分断し、基地反対を振興資金で抑え込むというやり方ですね。それが利かなくなって、沖縄は「島ぐるみ」で新たな基地に反対している。「脱基地」が今では経済界も含めて沖縄のコンセンサスです。それが翁長県知事を生んだ。そうすると、沖縄が軍隊を立てての国家間秩序の鬩ぎ合いの前線になるのではなく、あそこから別の関係、しかも非武装の関係をつくってゆくという、そういう可能性を今沖縄は見せているのだと思います。古い頭で戦争を想定しながらやっている連中は、尖閣問題があるから沖縄に海兵隊がいないと困るし、普天間移転のために辺野古に新基地が必要だと主張しています。けれども、辺野古新基地は普天間の代替ではなく、揚陸艇の接岸できる巨大な設備があるし、飛行場だけでなく弾薬庫もある新基地です。その新しい基地は五〇年以上は使うでしょう。だとしたら、沖縄は今後さらに五〇年に渡って、あるいはもっと長く日米の軍事基地になるということです。それはもうやめてくれと言っているわけです。占領下の二七年間好き放題に基地をつくられ、復帰で米軍基地がなくなるかと思ったらそうではなくて、その後も九五年に大きな事件があって、それでやっと日米両政府が動き出したけれども、結局それでも変わらないとなったら、沖縄は未来永劫に基地の島になる。冗談じゃないという話ですよね。ではその基地は本当に「抑止力」や米軍のために必要かというと、米軍は九六年のＳＡＣＯ合意のときに、海兵隊を沖縄に置く必要はないから撤収してもいいと言ったんです。けれども日本政府がいてくれと頼んで、その分、費用は持つし、米軍が断らないような提案をしたんですね。それで辺野古の新基地案が出てきた。

望んでいるのは日本政府であって、米軍はもっと機動的にグァムやハワイから好きなときに出動できるという態勢になったとき、米軍のいない辺野古はどうなるか。「日本軍」最大の基地になるでしょう。でも、軍隊がいるところで住民はもっとも危険にさらされるし、軍隊は絶対に住民を守らないということを、沖縄の人たちは沖縄戦で骨身にしみて知っている。日本軍は沖縄の住民に、お前たちは足手間といだから先に死ねと言った。いざ戦争となったら、仮に小競り合いを想定してみても、いちばん最初にやられるのは基地があるところでしょう。基地があって米軍がいれば抑止力になるか。ボンとミサイルを打ち込めばそれで終わりですから、事実上「抑止力」なんかにはなりません。ただ可能性があるとしたら、米軍が沖縄にいる限り、中国は米軍を攻撃するのは避けるだろう。米軍に死者が出るとアメリカが本格介入してくるから、その程度には抑止力になるかもしれません。日本政府は口が裂けても言わないだろうけど、ひょっとすると深慮遠謀があって、米軍を、あるいはアメリカ人を、「人間の楯」に使いたいのかもしれない。それだったら米軍は役に立つけれども、嘉手納とかいろんなところにもう十分いるから、わざわざ辺野古に来てもらうことはない。

基地は今まで基本的に立地のよいところばかりを占めてきたから、この間、いくらか基地の返還が進んで、そこが再開発されたら、商業施設もできるし経済も活発になる。それが実証されて、むしろ基地は経済の阻害要因でしかないことが十分にわかってきている。援助行政は結局「箱もの」をつくらせてその維持費で逆に財政を圧迫し、地域を援助漬けにしてその土地の経済基盤を脆弱化させることにしかならないということも、この間の経験で十分にわかってきています。だから沖縄は軍事基地に頼らずにいこうとしている。その準備力も充分に進んでいるんですね。それがわかっていないのは日本政府だけで、旧態依然の手口でやろうとするが、もう強硬策しかなくなって、ますます問題を膠着させているという状況でしょう。私は沖縄のいわゆる「独立」を支持するというのではありませんが、しかし中央つまり日本政府との関係は変えないといけないと思う。今はまさに「琉球処分」のそのままの延長であって、政府は「使える領土」ぐらいにしか考えていない。イギリスではスコットランドの独立が問題になっていますが、このグローバル世界の中で、どこでも特別の地域性や歴史的基盤をもつところは、地域的な自立をどうオルガナイズし直すかといった方向で制度をつくり直そうとしています。沖縄は日本にとって、そういうことを考えるいちばんのモデルだと思う。そして結局はそれが日本を、国内的にも国際的にも「戦争はしない」という確かな姿勢に向かわせる道ではないかと思っています。ともかく、戦争は今や何の解決ももたらさず、むしろ世界に破綻と悲惨を広げるだけです。

「非戦」のための地政学

×伊勢崎賢治

伊勢崎賢治（いせざき・けんじ）
一九五七年生まれ。東京外国語大学総合国際学研究院教授。平和構築論。東ティモール、シエラレオネ、アフガニスタンで紛争処理を指揮。著書に『本当の戦争の話をしよう』（朝日出版社）、共著に『主権なき平和国家』（集英社クリエイティブ）など。

再び脚光を浴びる「地政学」

西谷　まず、地政学が注目されるようになった背景を見ておきましょう。地政学はもともと、第二次世界大戦がファシズムvs民主主義勢力の争いと意味づけられたなかで、ファシズムの側がいわゆる生存圏の主張に使ってきたという事情から、敬遠されてきました。その後の冷戦期には、資本主義vs社会主義の図式が国際関係を見る枠組みになっていた。そしてソ連が崩壊し、西側諸国がイスラム世界に焦点を当てるようになったとき、冷戦的な枠組みとは違った葛藤の力学が浮かび上がった。その頃から「国益」という語も使われますが、その相互関係をどう捉えるか、その根拠は?といった課題を扱うのに、広域的な歴史的事情や地理的関係などから考えるのに適した観点として再浮上してきた、ということではないでしょうか。

　マルクス主義的な歴史の見方と資本主義的な見方は、意味づけこそ違え、基本的には経済発展的な捉え方ですが、それだけにとらわれない、地理的条件とか、資源だとか、そこでの国家の、つまりは政治の、いわば生態学的な観点から、広域的な動向を考えてみようといったことでしょうか。言い換えれば、グローバルな空間のなかでの力の配分・配置として国際関係や国際動態を考えようという発想のもとで、地政学が見直されてきたのだと思います。

　例えば、ロシアのふるまいや、その存在自体は、冷戦時代と同じようにはもう論じられません。しかし、アメリカやEUなどがロシアを捉えるときの見方は、冷戦時代と変わりません。自分たちは世界を自由化することでロシアもグローバル市場秩序に統合しようとしているが、ロシアは大国主義路線を継続した冷たい帝国だといったイメージを押し付けることで、NATOによる圧迫を正当化しようとする。けれども、実はそれは違うのではないか。例えば、二〇一四年にロシアがクリミアを編入したのは、単に大国主義的な動きとは言い切れないでしょう。今のような米EUの、つまりは旧西側の圧迫構造があるかぎり、ロシアが全体として自由市場体制に呑み込まれないためには、クリミアは渡せない。クリミアはソ連時代の限定的な事情でウクライナに帰属したわけですが、それこそ地政学的に見て重要だし、ロシア系住民が多いというだけでなく、ロシア立国の歴史的根拠がクリミアにあるとしたら、政治的象徴的な意味でもクリミアは重要です。プーチンはそういう国家意志を表明したということでしょう。

プーチンとトランプは同じような独裁的なタイプの政治家なのかというと、トランプはそう思っているかもしれませんが、プーチンは全然違うのですね。トランプは自分の私的なやり方で権力を使って国家を動かそうとし、自分やその周辺の利害しか考えていないけれど、プーチンはアメリカやヨーロッパがあるなかで、ロシア一国をいかに立ててゆくのかという、いわば国士的な発想があります。トランプがアメリカ国家をプライヴァタイズ――これを民営化とも私物化とも言いますが――しようとしているとすれば、プーチンは逆に自分を国家化しているわけです。ロシアになぜそういう指導者がいるのかというと、政治家たちが私的に争っていてはロシアという国が潰れてしまうという危機感があるからでしょう。冷戦崩壊直後に垣間見られたように、ソ連の解体を「解放」だと思うのは「西側」の見方です。それに、世界秩序の基本構成が成り立つためにはあそこに大きな国がないと駄目だといった発想もあるでしょう。ユーラシア一帯を一元的にまとめていく帝国が一九世紀にでき、それが一つの世界の構成要素になっていた。ロシアのふるまいはそういう観点から見ないと駄目でしょう。

あるいは中国もいつまでも民主化されない全体主義的な国で、世界の不安定の元凶のように言われています。しかし、歴史的に見れば、中国が西洋諸国の食い物にされ、次いで日本も一緒になって入ってボロボロにされたのは、一九世紀末からのわずか一〇〇年くらいの間ですね。それが世界から孤立しながら独力で回復成長し、アメリカを凌ぐ経済大国になった。もうあの国は潰せないでしょう。どんなに経済封鎖してもソ連のように解体することはおそらくない。その中国が現在どう動いているかというと、東アジアで海を通して繋がり、上海条約機構で中国、ロシア、インド、イランといった潜在力のある国々と大きな広域政治経済圏をつくろうとしている。そうなると世界の基本構図がガラっと変わってくるはずですよね。今は経済の要素が強いですが、経済・軍事を含めたグローバルな力関係やその配置がどうなるのかということを、イデオロギーではないかたちでどう考えるかというときに意味を持ってくるのが地政学なのではないでしょうか。

そのときに問題になるのは、純粋に軍事・経済の力学だけではなく、資産や力と言われるもののなかに人や文化や歴史が入るということです。それぞれの地域に国家を超えた歴史の層があったり、文化的な沈殿層のようなものがあったりするといったこともあるでしょう。そういうものが地域の動態にいろいろな役割を演じている。だとすると、冷戦構造以来の見方とはまったく違ったかたちで国際秩序を考えることになる。

現在の一般的な国際世界の把握も、じつは冷戦構造の延長上にあって、勝利した西側陣営の見方というのが基本になっています。だから、民主主義体制とか市場の自由化といったことがその指標になっているけれども、経済や軍事の動向すら、それではもはや捉えきれなくなっている。また国家間関係については、ウェストファリア的主権国家間秩序というのが基本にあって、その原則に従って国家は構想され国家間関係は建前上のことにしても営まれてきたわけですが、この原則も変わってきている。そして国家のあり方が変わると当然ながら戦争のあり方も変わります。
だからこそ、ここでイデオロギー的な枠組みや前提を取り払って、広域的な構造や動態をリアルに考えてみることが重要だと思います。実際、戦争がどうなっているのか、どういう対処が必要なのかということは、現に起こっている具体的な関係に逆に規定され、それぞれの国もそれに従わざるをえない。

伊勢崎　私自身はもともと理科系ですから、国際関係論や国際政治学の学位をとらずにいきなりこの世界に入ってきたので、あるのは実務家的な感覚のみです。ですから、今から言うことが一〇〇パーセント学術的に立証できるかはまだわかりません。しかし、実務家の感覚としては定着していること、もしくは新しい問題意識として芽生えていることをお話しします。実務家が何をよりどころに自分の行動を考えるかということがあります。

一方で、研究者としての私が、現在関わっているのは、大国の地政学的ゲームの狭間で翻弄される「民族自決」の問題です。具体的には、インドとパキスタンの国境にあるカシミールで、民族自決運動の主体はムスリムです。カシミールの運動の歴史を紐解いてみると、六〜七〇年前と今では様相が違う。インド・パキスタンという二つの敵対する核保有国に挟まれ、その通常戦争の主戦場になってきたカシミールですが、民族自決を現代の地政学のなかでどう捉えていくのかは面白いテーマだと思います

もう一つ、身近な観点から言うと、「地政学」はこの頃私の周りで盛んです。「国際地政学研究所」というのがありまして、最近一緒に仕事をさせていただいている柳澤協二さんが理事長をやっています。周りを自衛隊の陸将、海将、空将といった元防衛省幹部が固めています。彼らとのやりとりのなかで、日本の国防の観点から地政学に触れる機会をいただいております。

国際関係の変容

伊勢崎　私は日本の国防を取り巻く地政学の軸が変わりつつあると感じています。それは、実際に国防の中枢にいた、そういう人たちも同じで、かなりの焦燥感がある。彼らは、役職から離れた今、より客観的に、それが見えるのでしょう。今、日本政府を支配しているのは、かつてのソ連や、今の中国、北朝鮮があっち側で、日本がこっち側みたいな、単純な線引きです。先ほど西谷さんもおっしゃったように、今中国が変わりつつあり、ロシアも変わりました。ソ連圏のような「ロシア圏」は存在しない。もちろんクリミアやシリアの問題もありますが、ああいうところは、あくまでバッファー・ステート、緩衝国家です。「圏」ではない。ロシアはロシアとして単体で動いており、一方アメリカとNATOという同盟は、トランプが大統領になってから、変化しつつあります。ドイツのメルケル首相もヤケ気味に「アメリカなしでNATOはやっていく」みたいなことを言っていますね（笑）。一方、NATOは、旧ソ連圏の国々とも「平和のためのパートナーシップ（Partnership for Peace）」というかたちで取り込んでいて、それらは、「互恵性（外交特権のようにお互いに認め合う）」が基本のNATO加盟国と同じ「地位協定」上の特権を与えられています。これを見ると、日米地位協定上の日本は、まさに植民地、従属的な扱いをアメリカにされているのですが。この問題については、後で言及しますね。

西谷　冷戦終結以降その構造だけでなく国家の規範的なあり方も崩れ、戦争のやり方もおかしくなったからこそ――ヨーロッパでは旧ユーゴの瓦解以降溶解してきたわけですが――、そこでどうやってバランスを取り直して安定を考えるのかというのは、イデオロギー抜きでやっていかなければならない。

伊勢崎さんがいつも強調されているのも、イデオロギーを取り払って現場から考えろということですね。現場にあるのはプラグマティックな国際法でしょう。国際法は世界の動態そのものがつくってきたから、これに従わざるをえない。そういうかたちで国際法が浮上するのも今までとは違う状況だと思います。

私の親しい知人で、かつて某グローバル企業でロシア東欧地域の業務を担当していて、今はシンクタンクで上海条約機構によるユーラシア地域の大変容を研究している人がいます。彼がその構想を学問としてどう規定したらよいのかと尋ねるので、「トランス・エリア・スタディーズ」と名づければいいと言いました。これには現在の表層の地勢に加えて歴史軸が入ります。「トランス・エリア」の「トランス」は空間的なだけでなく時間的な「トランス」でもある。だから、それぞれの地域の地理的環境、歴史的条件を広域的に踏まえ、エリアを貫く関係について論じるようなものになるわけです。でも、この構想は実は経済や企業活動の現場の認識から来ている。

伊勢崎さんもNGO活動で現場から入っていますが、戦争状況に対応して何らかの手を打ったりしていく手段としては、そこに機能している、あるいは機能させねばならない国際法を軸にするしかないわけですね。働きかけるのは実際の、具体的な特定の地域でしょうが、だからこそ、一般的な考えの枠組みとは違ったかたちで、動きながらせめぎ合う関係の具体相からの変化というのが見えているのではないかと思います。

伊勢崎　その変化はいろいろな側面で見えるでしょう。見えるものの一つである「条約」の様相が変化しています。特に軍事における地政学上の動向とは、自国の軍を他国に送り軍事拠点をつくるということです。それは大規模な駐留から、友軍のための側面支援までいろいろな形態がありますが。そして、そこに主権国家があった場合、必ず何らかの条約もしくは協定を結ばなくてはいけません。これを「地位協定」と言いますが、後で述べるようにその考え方が戦後七〇年ですごく変わってきています。

もう一つ、目に見えるものとしては、物流などの経済的側面があります。昔は、自分たちの経済ブロックのなかでほとんど全ての物流が完結しており、そのブロックが敵のブロックに対していかに優位性を保つかということが焦点でした。ところが今は、敵のブロックを通してきた〝真っ赤な〟ものが入ってきたりしています。例えばレアメタル。スマホの小型化にはコルタンというレアメタルが必須ですが、ほとんど一〇〇パーセントがアフリカから中国経由で日本に入ってきています。軍事、もしくは観念上のブロックは依然存在するが、経済は縦横無尽に絡み合っている。

これは、一方で、物流の「由来」を見えなくしてしまう。アフリカ由来の物流が、中国に入った時点で、「アフリカ」が見えなくなってしまう。これが、通話性のある同じ経済ブロックのなかであれば「由来」の可視性と、それを「消費者側」が問題視する可能性は少しあったと思うのですが、それが断絶される。これは、主にアフリカの資源国で内戦が深刻化している状況と関係があると思うのです。断絶されたグローバル経済の末端で起きる搾取、そしてそのグリーバンスが爆発、内戦化し、地球規模の人道的危機を引き起こしている側面がある。

こういう状況は、これから近未来、しばらく続くと思いますが、そのなかで日本の立ち位置はどうなるのか。日本は、典型的な緩衝国家です。海で隔てられているとはいえ仮想敵対国が目の前。友好大国は太平洋の向こう側。同じブロックのなかで貴重な隣人の韓国にまでツバを吐いているのですから。大国の地政学に最も翻弄される緩衝国家の特性の上に、友好ブロックから最も孤立したバッファー・ステートなのです。

こういう日本は、かなり無理をして――その無理は後述する世界的に特異な日米地位協定に如実に現れているのですが――アメリカブロックの一員であり続けてきたわけですが、このままで済むのだろうかという問題があります。

柳澤協二さん、加藤朗さんと『新・日米安保同盟論』（二〇一七年）という鼎談本を出しました。そのなかで、将来の日本は、もう経済圏はそうなっているのだから、安全保障でも中国の「圏」に入る、もしくは親和性を強めていくほうが、地政学上の理にかなっているのではないか、という議論をしています。そのときは、「同盟」もしくは「集団防衛」というよりも、米・中の緩やかな緊張関係のなかで、それぞれが「集団安全保障」的なブロックを北東アジア、東南アジアにつくってゆくという。その場合でも、共通の敵というか課題は必要でしょうから、あえて言うと海賊（笑）と、北朝鮮という駄々っ子ですか。北朝鮮も、核不拡散も含めて中国に丸投げして、アメリカは朝鮮半島から手を洗うとか。まあ、北朝鮮という緩衝国家があるから、米中が直接ぶつかるのを防いでいるのですから、中国の主導で朝鮮半島が統一されれば地政学上の安定になるという視点からは一番理にかなっている。そうなれば、日本は、米・中のブロック間の唯一の要として強かに生き延びていけばいいのですから。その場合、一番のネックは、いまだに大国を夢見る日本人のプライドですね。

西谷　プライドの問題といったものは当然出てくるのでしょうが、いろいろな客観条件を考えたとき、中国との関係を根本的に見直すしかないでしょう。プライドの問題は合理的に克服していくしかない。

伊勢崎　地政学上の議論としてちゃんと立証するしかないですね。プライド、つまりナショナリズム、感情の問題ですから、地政学上の冷たい現実から、ビシッと言うしかないですね。

西谷　私は歴史の話をするときも、世界情勢の話をするときも、あるいは今の日本の問題の話をするときも、当然のことですがよく地図を使います。世界のことを論じるときには必ず大西洋を中心にしたものを使い、NATOがどういう広がりかをまず示してから始めます。日本が話題のときには太平洋中心の地図を広げ、「日本の位置が間違っていますね」とか言いながら、「日本の地政学的自覚としては、今はアジア大陸の東辺ではなく、カリフォルニアのすぐわきあたりにあります」みたいに言う（笑）。そしてこの認識が歪んでいないかと問う。そういうことを説得するような、あるいはそういうことが歴史も含めて合理的に納得されるような知的作業の場が必要でしょう。

中国のまなざし方

伊勢崎 中国に関して他にも重要な点は、中国は絶対に「主権が確立した他国の地べたを軍事支配しない」という点です。中国人民解放軍を海外に送っているのは、国連平和維持活動（ＰＫＯ）しかない。中国経済はアフリカを完全に支配をしていますが、かつての植民地支配のようなことは全くしていない。安保理五大国のなかでも唯一、です。中東での英米仏露の行いを見てください。こんなに品行方正な超大国はありません（笑）。

とはいえ、係争中の領土、領海は別の話です。これは係争中の相手とお互い様の話ですから。例えばカシミールなどでは、インドとパキスタンと中国が絡んでいます。ミャンマーの国境もそうです。チベットは、チベットの人々には大変申し訳ないですが、国際法の観点からすると領土問題ではなく、中国〝国内〟の民族自決運動を圧政する中国政府による人権侵害の問題です。

そう考えると、中国は、これだけの経済支配をしている国なのに、軍事的侵攻をしていない。これは、歴史上稀なケースです。中国のこういうところは、客観的に見るべきでしょう。もちろん、これは、くしゃみをしただけで他が風邪をひく超大国として、中国が脅威ではないと言っているのではありません。

西谷　私は基本的には西洋研究者です。ただ、「西洋的観点」や「西洋的な思考方法」を相対化しなければ日本人がそれをやっている意味がないとも思っています。むしろ、西洋を相対化するために西洋の勉強をしてきたわけです。ただしそのとき、やはり具体的に西洋と違うものってどうなっていたのかということを自分なりに探るために、とくに中国古代の研究なんかを参照するんです。とくに国家のでき方、あり方について気がつくことは、西洋近代国家の原型は征服植民国家だということですが、しかし中国では違うんですね。もう二〇〇〇年も前に中国人は帆船を使ってインドやアフリカまで行っている。しかし、植民支配するという進出ではないんですね。かたや西洋諸国は、余所に行くと必ずそこを占領して植民地にします。基本的に植民国家なのです。こうやって世界展開をしていったというのが西洋文明です。中国はそれをやったことがない。

伊勢崎　歴史的にもないですね。今でもやっていません。

西谷　世界中のどこにもチャイナタウンはあるけれど、中国領はない。そういうことを考えると、今は中国にも経済原理としてアメリカ的なものが入っていて、アメリカ流のやり方で経済進出してゆくから大変なことになっているという側面はあると思います。しかしその一方で中国がかつてのフランスやイギリスのような世界帝国をつくるのかといえば、それはありえないでしょう。中国の歴史的なあり方からして。

伊勢崎　中国のやり方に関しては確かにいろいろ批判はあるでしょうし、アフリカ大陸はもう中国のものと言っても過言ではない。私も一〇年以上アフリカにいましたが、私がいた三〇年前のアフリカと今のアフリカは全然違います。中華化されたアフリカになっている。

西谷　赤道以南がですか？

伊勢崎　いえ、どちらかと言うと中央から東のほうです。もちろんソマリアなどの紛争中の国は別ですが、エチオピア、ケニアあたりからタンザニアを含めたずっと下あたりまで、中国の経済支配、もしくは政権の支配と考えたほうがいいと思います。

中国とアフリカは実際には接していませんが、もちろんシーレーンがあります。私が知る限り、中国は一九八〇年代からその支配を強めていて、今年はスリランカ政府が中国企業にスリランカ南部のハンバントタ港の運営権を貸し出すという事態になっています。事実上の軍港です。バングラディシュのチッタゴン港への投資とともに、「海のシルクロード」の完成です。地図を見てください。仇敵のインドを海上で封じ込めています。

さらに陸です。親米の顔を取り繕うパキスタンにとって中国は「歴史的にブレのない一番信頼できる友」であり続けてきました。北はシルクロード＝カラコロムハイウェイから入っていき、ずっと下に下りていく。パキスタンの南端（グワダル港）は、中国の軍港です。すぐ隣はアラビア海です。つまり、アラビアの石油マーケットとアフリカの市場に、シーレーンに頼らなくても繋がるわけです。パキスタンは中国にとって、まさに陸の回廊なのです。そのさらに北は中央アジアを通してカスピ海・紅海までパイプラインを通しています。

こうやって、中国は経済的な圏域を、時間をかけて着実に構築してきましたが、軍事力は使っていない。ただし軍事的な支援はします。武器や訓練、軍事費の提供です。そこがよく欧米の人権団体が問題視するところです。人権侵害で問題のある独裁政権を支援していると。スーダンのバシール大統領などですね。他にも、二五年にわたるスリランカの内戦で急に政府軍が勝ったのは、中国政府のテコ入れによるものです。パキスタンを間に入れたりして。こういうかたちで直接の軍事力を使わずに圏域を拡大してきたのです。非常に平和的な支配ですね。気がついたら、周りがチャイナタウンだらけ、という。ある意味、あっぱれとしか言いようがない。

西谷　すごい話ですね。それが日本からはほとんど見えていない。帝国方式や自由化方式とは違うこの中国のやり方は、それはそれでちゃんと評価しないといけないですね。

伊勢崎　うーん、難しいですけれどね。どういうわけか、日本のナショナリズムという「激情」は、日本が中国に対抗できると思っている。アメリカの消滅を夢見たかつてのアル・カーイダみたいに。僕はこういう原理主義者と呼ばれる人たちと接する機会が多かったのですが、同じ匂いを感じます。

西谷　「ちゃんと評価する」というのは、冷戦以来の頭のこびりつき方でいつまでも中国を排除するのではなく、ということですが。

伊勢崎　中国を排除するなんて、もうできないですよね。日本が世界を相手にする限りは。アメリカの対テロ戦の主戦場のアフガニスタンでも、今では中国がカードを握っています。それは地理的に接していることもあります。中国側は新疆ウイグル自治区です。既にイスラム国が入ってきています。それは中国にとってのイスラムの問題でもあるのです。

アメリカは、二〇〇一年の九・一一以来、アル・カーイダとタリバンに、この地に引きずり込まれて、いまだに軍事的勝利をあげられていないのです。アメリカ建国史上最長の戦争なのです。この深刻さを、親米を気取る日本のナショナリズムが理解していない。勝利が見えないアメリカはオバマ政権のときから、敵の片割れのタリバンとの政治的な和解を模索しているのです。その面々が潜伏しているのがパキスタンです。先ほども言ったように、そのパキスタンの首根っこを握っているのは中国なのです。パキスタンのシリをどう叩くか。アメリカの最大の懸念である対テロ戦の命運を握っているのは中国です。そしてそれをアメリカ自身が知っている。こういうかたちでスーパーパワー同士は連携し、「地球規模」の課題に取り組む。そして、その課題領域が拡大しているのです。冷戦時のようなマインドセットで行くには、もう地球は狭すぎます。

ナショナリズムと民族自決の現在

西谷　そこのところは大変重要な論点だと思います。ところで、先ほどカシミールの研究をしているというお話がありましたが、その状況を教えてください。

伊勢崎　以前のように、国や国連の旗を背負ってしまうと会いたい人にも会えません。今は、一研究者ですので、気兼ねなく〝危険〟な人々にも接触できます（笑）。インド政府がテロリスト扱いをしている、分離独立運動をやっている指導者には、公的な立場では、なかなか会えませんからね。

カシミールを語るには、二つの側面があります。カシミールは印パ戦争の戦場で、過去すべてインドが勝利しています。カシミールは現在そのほとんどをインドが支配しています。軍事境界線が引かれ、それはこの戦争の優劣を表すべく、パキスタンの首都イスラマバードに迫っています。その主戦場は、カシミールのなかでもカシミール渓谷と呼ばれる地域で、ここの民はほとんどがムスリムです。パキスタン側は同じムスリムですから問題はあまりないのですが、問題はインド側です。インドは、歴史的に仇敵のヒンドゥー教徒が多数派ですから問題になるわけです。この軍事境界線で、カシミール・ムスリムは、ずっと分断され続けているわけです。あちらがパキスタン側、こちらがインド側というふうに。

それぞれが独立領として権限を与えられ、独自の憲法もあります。一見優遇されているように見えるけれど、実際には完全なる両国の軍事支配下です。特にインド側は、インド国軍の半分をここに駐留させ、地球上で最も軍事化された地域と言われています。それに対してムスリムはずっと抵抗運動をやっている。「政治的グリーバンス」を源泉とする民族自決運動がずっと続いています。

両国が独立以来、この問題がずっと解決しないのは、ムスリムだからです。単純に国内の政治的グリーバンスの解決ではなく、パキスタンとの戦争がその背景にあり、「イスラム」が関わっているからです。彼らが起こす抵抗は、「イスラム過激派のテロ」になってしまうのです。この状態が六〇年間以上続くとどうなるか。抵抗運動している指導者たちも、インド側とパキスタン側で断絶しているから、一つのカシミール・ムスリムとしての民族自決のロードマップが描けない。その上、世代交代もしています。インドは経済大国になり、パキスタンは世界最貧国の一つで、経済的にも勝負になりません。インド領のカシミール・ムスリムたちも、独立当時にはあったパキスタンへの併合への意欲は揺らぎ始め、パキスタン自体の原理主義化に懸念を持っている。カシミールとしてのアイデンティティが分裂しているのです。インド側、パキスタン側の両方に行ける利点を生かして、現代において最も現実的な「自決」のロードマップづくりをお手伝いしています。軍事境界線の双方にカシミール・ムスリムの大学があるのですが、僕の大学を経由して、この両者を高速のインターネットで、オンラインで結んで、共同研究や授業をやるプロジェクトもやっています。両国の独立後初めての試みなのです。朝、インド当局の治安部隊に石を投げてきて、死にものぐるいで登校してきた女学生たちがスクリーンの向こうにいるんですから、僕の気も引き締まります（笑）。

もう一つの問題は「過激化（radicalization）」です。人々は圧倒的な軍事力によってずっと押さえつけられている。そこで生まれ育ってきた若い世代をどうするのかという問題です。何世代も抵抗運動をやっていて、何にも成果が見えない。むしろひどくなっている。そうすると、政治的闘争に何の未来も見出せないそういう若者たちにイスラム国的なグローバル・ジハードが浸透してしまうのです。政治闘争としてグリーバンスの解決を目的とする民族自決運動が、「教義」に取り込まれていってしまう。これを何とかしないといけない。こういう背景から、「脱過激化（de-radicalization）」と銘打って、両大学と共同研究しているのですが、これ、あまりよくない表現ですよね。国会の前でどんちゃん騒ぎしているだけでテロリストと言われちゃうご時世ですから、「ラディカル」は肩身が狭くなっています（笑）。

西谷　こういった問題でパレスチナのことはそれなりに知られているけれど、カシミールについてはあまり知られていませんね。

伊勢崎　それについては、インドがうまいのです。インドは非暴力で独立を勝ち取り、そのあとは非同盟中立でやってきた言わば「モラルの国」ですから。インド自身が犯しているこれだけの重大な人権侵害が、国連の人権問題の俎上になかなか出てこない。なにせ「スワデシ（独立運動当時の英国製品不買・国産品主義）」の国ですから、外国からの干渉に生理的な拒否がある。私たち外部の者が人権問題として騒げば騒ぐほど、逆にカシミールの活動家が秘密裏に殺されてしまう。殺害しておいて「テロリストになるために国境を越えてパキスタンに潜入した」と言ってしまえばいいからです。ほんと、「テロリスト」、特にムスリムに被せるそれは、「便利」な言葉です。

中国も深く関わったパキスタン、そしてインドという核保有国の間の地政学が激変している。そして、その狭間の「民族自決」も、同時に激変している。そのなかで最も重要な位置を占める「テロリスト」の扱い方を「対テロ戦略」として改めないと、まっとうなラディカルがあちら側に行ってしまう。

西谷　あちらのほうに行かせてしまう状況なわけですね。宗教の要因なども入ってくるから、簡単にはいかないけれど。それにしても、なぜインドはカシミールにこだわるのですか。

伊勢崎　ナショナリズムの問題です。今はナレンドラ・モディ政権で、ヒンドゥー至上主義です。インドの平和を脅かすパキスタン、そして、それに操られた「テロリスト」というナラティブが、ヒンドゥー・ナショナリズムに不可欠だからです。同時に、カシミールというあんな小さな渓谷が、インド国軍を中心とする軍産複合体にとって、そのアイデンティティ、つまり「予算獲り」の言い訳になっているからです。インドがパキスタンと本気で全面戦争をやれば、インドが勝つのは明確です。国力的にも戦力的にも相手にならないのだけれど、国家権力、そしてそのなかの一部の利益共同体がそれを必要としているのです。そして、これは、パキスタンにとっても同じなのです。ナショナリズムの本質は、これに尽きます。

西谷　そういうことだと、やはりナショナリズムを解毒するしかないでしょう。

伊勢崎　できたらいいですけれどね。もう、ナショナリズムを前に立てて、敵を屈服させて、国全体の国益を図るというような単純なマインドセットは、非現実的になっています。今はもう、小さな係争地の領有権を争うことくらいしか発露はないわけです。そして、それは、一部の利益共同体の利益になるが、国益にはならない。

西谷　それが大きな政治的意味を持つようになるのが最悪でしょう。

伊勢崎　実際にそうなってしまっていますね。少数の一部の狂信者の層が票田になることで。低投票率の成熟した民主主義の性でしょうか。そして、脅威、恐怖を弄ぶのが、国家の「政治」の本質でもありますから。

「交戦主体」とは誰か

伊勢崎　おそらく、今後、スーパーパワー同士もしくはそれに与する国家の軍事的な衝突は典型的な緩衝国家もしくは地域でしか起こりえません。同時に、そういう緩衝国家が、スーパーパワー同士が直接的にガチンコする戦場になることはありません。例えばクリミアのように、ロシアが先に進軍したら、アメリカやＮＡＴＯがそこに進軍することは絶対にありえない。直接ドンパチやらずに現地の友軍を支援します。かつてのアフガニスタン、今のシリアがまさにそうですね。空軍力は接触することがあっても、自然と緩やかな「協働体制」が生まれる。これが、これからの地政学的観点による国家の軍事的覇権の発露のシナリオです。

一方で、もう一つの軸が出てきます。それがトランスナショナルな存在です。ウェストファリア的な国家主体の発想とは違ったものが戦争の主体になってきている。それが非国家主体であって、これをどう国際法が扱うかが激変しているのです。

西谷　それに対する国際法はまだ形成途中だということですか？

伊勢崎　いえ、慣習法としての国際法に終わりはありません。特に「war」を律するものについては。たぶん、戦後、国連と国連憲章が誕生して、そして、世界は「内戦」の時代を経て、今また大きな転換期が訪れているのではないでしょうか。

第二次大戦後、植民地支配から解き放たれて数々の独立国が生まれるようになると、同時にあちこちで内戦が起こるようになり、国家間の戦争と同じように甚大な被害を出し始めます。更にそれらは、周辺国を巻き込む、一種の国際紛争の様相を呈してきます。今の南スーダンがまさにそうです。国際法、「紛争当事者（＝交戦主体）が守る交戦のルール」である国際人道法の運用も変わってきて、それまでは紛争の当事者として想定されていたのは「国家」でしたが、内戦の時代を迎え、国家だけではなく、それ〝以下〟のものにも同法を守らせなければならない、という考えになりました。それが、一九七七年のジュネーブ諸条約追加議定書です。

そこでは、ある一定の地域を支配して、指揮命令系統があれば「交戦主体」になる。日本の広域暴力団みたいなものですね。でも、一体誰が「交戦主体」だと認定するのか。そこの主権国家が決めるのか。でも、その主権国家自体が「ならず者国家」みたいなものもあり、勝手に決めさせていいのかという議論にもなります。現在は、運用上、何となく決まっているというか……。国連ＰＫＯの現場でも、国連が「このグループＡが今日から正式に交戦主体だ」と宣言することはまずありません。しかし、「ある程度」の武装主体と「交戦」になったら、そういうふうに扱う。これが現実です。

西谷　それで交戦主体の代表を呼んで交渉するということにもなるのですか。

伊勢崎　そうです。「交戦」を回避するために。そして、もちろん、交戦になってしまったら、そこでの殺傷は、もはや「殺人」ではないわけです。そこで問われるのは国際人道法つまり交戦のルールの違反です。いわゆる戦争犯罪です。

西谷　しかし、「テロとの戦争」ができるのだということにすると、テロリストは交戦主体として認めなくてもいいわけですね。

伊勢崎　そこがまさに問題です。例えば、アメリカがキューバのグアンタナモ収容所でやっていた拷問は、ジュネーブ条約違反です。だから、捕虜ではなく「犯罪人」だとアメリカは言ってきました。犯罪人でも拷問はいけません。だから、アメリカ国外でそれをやっていたのですね。

　この議論で、最もおかしいことを言っているのは日本政府で、日本には自衛隊が国外で対峙する主体に「国家に準ずる組織（国準）」というものがある。例えば、アフガニスタンのタリバンは政権を取ったことがあるから国準だけど、国際テロ組織アル・カーイダは違うだとか。じゃあ、イスラム国は国をつくろうとしたから国準なのか、みたいな。何が何だか、わからなくなってきている。

　国連ＰＫＯの現場でもそれは同じですが、国連側は正規軍の集まりの国際部隊だから間違いなく「交戦主体」ですから、相手が何であろうと国際人道法に則って「交戦」しなければならない、という考えになっています。

　しかも、こういった事態は、一時期はほぼ一国のなかで収まっていましたが、今はトランスナショナル／インターナショナルになっている。一国のなかに収まっていません。

西谷　避けがたいことですね。

伊勢崎　内戦がインターナショナル・コンフリクトになっているのです。これが、慣習法としての国際法の大きな課題です。

　そしてもう一つの大きな課題は、ホームグロウン・テロリズム（自国内テロリズム）の現場です。例えば、フランスでテロ事件が起きると、国家憲兵隊（ジャンダルム）はパリ市内でも検挙しないでその場で犯人を射殺することができる。擬似死刑ですね。非常事態宣言で憲法も「人権」も停止できる。ある意味「交戦」状態です。しかしその状態が過ぎ、あるいは共謀した連中を検挙するとなれば、ちゃんとした警察プロセスによって司法が介入する。それが警察権の行使です。ところが、それをイスラム国がやったとわかると「報復」が始まる。例えば、フランスが実際にやったように、シリアへの空爆です。

それは、開戦法規の一つである「個別的自衛権」の行使です。これは「war」です。

西谷　しかし、それは国内的には「戦争」とは言わないのですね。「テロとの戦争」とは言いますが。パリ市内で襲撃があった場合、「今、フランスはイスラム国と戦争しているのだからここが戦場になったんだ」という意識は普通の人は全然持っていません。

伊勢崎　そうです。しかし、警察権で対処する事件の報復を「war」でやるわけです。

西谷　国は実際の作戦行動を行うときには戦争として行いますし、実際に何か事件が起こったときも準戦争状態になっている。事実、緊急事態を発令したということである意味ではそれに代替されていますが、それでも「フランス国内は今は戦争状況なんだ」というふうには言いません。「戦争状態だ」と言ったほうが、なぜ「テロ」が起こるのかを国民は理解できると思いますが、そこまでするとイスラム国との戦争に関する論議が巻き起こってしまうのでやらない。とにかく「テロとの戦争」には法的ステータスも何もありません。元は比喩的な表現ですが、それを使うことによって緊急事態令が出される状況になる。そして緊急事態は、実は敵が国内にいる「戦争状態」の言い換えなわけです。

伊勢崎　しかも犯人は「フランス人」です。別に敵国の戦闘員が紛れ込んでやったわけではない。自国人が起こしたテロ事件に対して、他国へ戦争で報復している。これは歴史から見ても、結構珍しい状況だと思います。

戦争を統制する

西谷　戦争は国家間で起こるということで双方が主体ですが、テロはそうではない。テロと戦争は全然次元が違う。ところが「テロとの戦争」と言われて、それが基礎タームのようになって事態を短絡させてしまったときから、今度は説明のつかない状況が生まれているということですね。

伊勢崎　人類は、開戦法規と交戦法規を基本にして、戦争を統制してきたわけですが、国連ができて開戦事由が個別的自衛権、集団的自衛権、国連的な集団安全保障の三つになりました。これは一つの転換期です。交戦法規に関してはジュネーブ諸条約も含めて、それを遵守すべき「交戦主体」の定義も変遷してきた。この両方が、今、複雑に過渡期にあるわけです。いわゆる警察権と戦争権の限りない接近。

一方で、易々と開戦法規を破る者が出てきました。トランプでしょう（笑）。

西谷　シリア攻撃ですか。それがアメリカの「自由」というものでしょう（笑）。

伊勢崎　しかし、それまでは、アフガン戦、イラク戦のあのブッシュ政権でも無茶をしながら――状況証拠をでっち上げたりしましたが――国連憲章で定められた開戦事由を説明しようとしてきました。でも、トランプはそれを易々と無視。今年四月のシリアへの空爆です。

西谷　それよりもマイナーな事柄ですが、日本でも安倍政権が、今までなら「これはさすがにできないだろう」ということをどんどんやっています。一番の節目は集団的自衛権行使容認です。あれを閣議決定したら、それをもとに法律もできるということになってしまいます。

伊勢崎　そうですね。日本は〝社会全体〟が開戦法規を理解していない。

安倍首相が会見で出してきた二つのポンチ絵があります。一つは「邦人輸送中の米輸送艦の防護」と題されたもので、朝鮮半島でしょうか、そこで動乱が起き邦人が退去するシナリオですね。子どもを抱いた女性が、なぜか米艦船に乗っている。それが日本近海まで来て第三国に攻撃されたら日本の自衛隊はどうするのかという絵です。米国務省の友人がちょうどこのとき在京の米大使館勤務でしたので、

「なんか、安倍さんが、日米ガイドラインに反して、邦人保護をアメリカの責任にしちゃっているけど、これアメリカ政府は了解しているの？」って聞いたのですね。「まあ騒ぎ立てるのも外交的に何だし、シラーと流すことにしている」、って言っていました（笑）。なんにしろ、日本近海での話ですから、安保法制以前からある周辺事態法で対処でき、何よりこれは「個別的自衛権」の話です。集団的自衛権ではありません。もう一つのポンチ絵が、「駆けつけ警護」と題された国連ＰＫＯの話です。でも、これは明確に「集団安全保障」の話です。こちらも集団的自衛権とは全く関係ありません。集団的自衛権が容認されないと困ると騒いでいるのに、困る事例が、集団的自衛権ではない（笑）。

全く、奇想天外な首相会見だったのですが、最も奇妙だったのは、これに誰も反論しなかったことです。びっくりしました。ホント、日本社会に。

西谷　いろいろ批判は出ていたでしょう。

伊勢崎　私と仲間たちだけです。そこで、護憲や改憲という立場を越えて、これはおかしいと言わなければならない、ということで二〇一四年五月に「国民安保法制懇」を立ち上げました。西谷さんたちが入っている「安全保障関連法に反対する学者の会」を立ち上げるより前の話です。元内閣法制局長官の大森政輔さん、阪田雅裕さん（現在は退会）、小林節さん、伊藤真さん、柳澤協二さん、孫崎享さん、長谷部恭男さん、樋口陽一さんたちとです。

開戦法規を理解しない一国のリーダーは、トランプ大統領の前に、安倍首相がいて、それに異を挟まない日本国民がいたわけです。

西谷　そういうリーダーが出てきたとき、アメリカでは大統領になってしまっているから、国内で権限のある組織がそれを阻止しなければ国のふるまいとして通ってしまう。後になってからアメリカ国家の責任者が「あれはまずかった」と言うことはありえますよね。

伊勢崎　今、中東諸国によるカタール断交が問題になっていて、アルジャジーラの閉鎖なども要求されています。あれはサウジアラビアへの支援ということもあって、トランプが火を点けたのですよね。早速アメリカ国内でも「これはヤバい」となって、国務省と国防総省がまた別の動きをしています。実は、アメリカ軍は既にカタールに大規模な駐留をしているのです。それで鎖国されてしまったらどうするんですか、と（苦笑）。

アメリカでは、奇妙な政権でも、一つの政府として、ある意味でバランスをとっています。その点、日本はどうなのでしょう。今朝（七月一九日）みたいに、稲田防衛大臣が陸自の日報を承認していたことをリークするといったかたちでしか、官邸への是正が発揮されないのは、ちょっと悲しいですね。

西谷　その調査を行っている防衛監察本部も防衛相の直轄でしょう。外部機関ではないわけです。それで日本はすませてしまっている。この間、立憲国家体制としてもあちこち穴がいくらでもある状態が出てきました。

地位協定を考える

伊勢崎　経済圏と軍事圏の交錯。非国家主体のトランスナショナルな浸透。その軍事的拠点となりつつある緩衝国家のグリーバンス。それに対処する集団安全保障の拡大。刑事と戦争の限りない接近。ナショナリズム権益の矮小化等。地政学を取り巻く様相が激変しているなかで、それを律しようとする国際法のジレンマと試行錯誤は、これからも続くのでしょう。国際人道法に新たな条約が積み重なるのか、国連憲章の改正で開戦法規に革命が起きるのか。わかりません。

一方、もう一つ、こういう様相の激変が顕著に現れているものがあります。地政学上の軍事の動きとは、必ず自国軍を他国に進攻、もしくは、その規模にかかわらず駐留させることを意味します。戦後、準平和時になった冷戦、それが終焉した「平和時」の彼の地に駐留させるという状況ですね。その彼の地に「主権国家」があれば、必ず「地位協定」を結ばなければなりません。

冷戦後の、経済圏と軍事圏が交錯した対立構造を緩やかに維持するための「平和時」の同盟の半永久的な維持の必要性。そして、トランスナショナルな非国家主体に対峙するために、戦場になった彼の地において——アフガニスタンやイラクですね——現地政府への補完能力として、これも半永久的な駐留を維持する必要性。この新たな必要性に応じて、アメリカ自身が「地位協定」に対する態度を激変させているのです。

西谷　日本政府はずっと地位協定に手をつけることを嫌がってやらないでしょう。

でも、日米地位協定だけが、その変化から取り残され、前近代的なものに留まっています。

伊勢崎　一番の親米国家であるはずの日本は、このアメリカの変化をまったく見誤っています。アメリカはもはやスーパーパワーとしてふるまい、大手を振って「駐留してやってるんだ」という態度がとれないことは、アメリカ自身が自覚しているのです。だから、ドイツやイタリアという旧敗戦国、そしてフィリピンなどにも、地位協定の「改定」というかたちで、自らの駐留をいかに「安定」させるかを試行錯誤してきたのです。その際、「互恵性」、つまり外交特権のように、同じ駐留特権を相手国にも認めるということが主流になっています。つまり、法的な対等性の確保です。制空権や基地の管理権、環境権に関しては、完全に相手国の主権の下にしないと、駐留は、もう、もたないのです。イラクやアフガニスタンでもそうです。ちなみに、日本に、これらは、全くありません。

西谷　日本では政治の担当者がずっと日米地位協定に触れない方向でやってきました。沖縄返還からしてそうです。日本政府が米軍基地に対する反発を引き受けて抑えるから、ということで米軍もそのほうが都合がいいから返還になったわけでしょう。その後もとにかく日本政府のほうが米軍にいてもらうために、事件があるたびに問題になっても地位協定に手をつけないできた。アメリカのほうはおそらく提案があればいつでも受けざるをえなかったでしょう。

伊勢崎　「他の国ではやっているのに、なんで日本だけが……」と言えるわけですから。日本の外務省がまたすごいのは、他国で普通にやられていることを歪曲して伝えていることです。外務省のホームページを見てください。「……ドイツは、同協定（註：NATO地位協定）に従い、ほとんど全ての米軍人による事件につき第一次裁判権を放棄しています」云々の件は、全部ウソです。さらに、日本の安全保障や外交の専門家と呼ばれる人たちが地位協定をパンドラの箱だとタブー化しているのです。これで、どうやって激動の国際情勢のなかで、日本の国益を安定化させていけるのか、甚だ疑問です。

西谷　そうすると、この路線をとってきた歴代日本政府の姿勢が問題だということですね。全く、それに関しては右も左もありません。

伊勢崎　その通りです。このところは共産党なんかも変わってきましたよね。個人的には共産党に思想を引っ張っていってもらいたいと思っているのですが。政党のなかで一番まともですからね。だけど、実際問題として野党共闘の主体になれるかどうかと言われると、私はわかりません。

西谷　政治構造を組み直さないとだめですね。

オートノミーはいかにしてつくられるか

伊勢崎　私は実務家として海外に長くいましたから、日本のことにあまり興味がなかったのですが、日本に帰ってきて、自衛隊の海外派遣の際の世論の議論の質にびっくりしました。先進国では必ず政府は説明しますよね。というか、そうしないと世論が、メディアが許さない。どの開戦法規を根拠にして送るのか、と。

西谷　あれは国連PKOの枠内でしょうが、政府の役人はそういうことに留意してこなかったということでしょう。

伊勢崎　トランプ政権が、シリアに、開戦法規上説明のしようがないトマホーク攻撃をしたとき、私が「これは問題だ」と発言したら、日本の戦争ジャーナリストと呼ばれる人たちの一部が、「お前はアサドの味方をするのか」と批判してきました（笑）。戦争ジャーナリストが戦争のルールを知らないのはどういうことか……。「この人たちかわいそう」、「こいつが悪人」だけで、戦争が肯定されていってしまう。日本は、まず、戦争ジャーナリズムの「戦争」に対するリテラシーを上げないと。

西谷　ジャーナリストも含めて、軍事的事態を法によって規制するという考えがこの社会には希薄だということはありますね。だからそういう事態の対処能力がないということになります。例えばシリアの件だと、一般的な人道主義だとか民主主義といった観点で受け止めて、「独裁のアサド体制を倒せ」ということが金科玉条になってしまう。じつはそれこそがイデオロギー的な反応なのだと思いますが。ロシアの介入も、「ロシアの大国主義が……」といった話になって、アメリカやＥＵの介入は「自由と民主主義のため」ということであらかじめ正当化されますが、プーチンがアサドを支えなかったら、あの地域周辺はどうなってしまうのかということがなかなか考えられません。

伊勢崎　アサドを認めるわけではないのですが、「エンゲージ（engage）・アサド」しかないのです。これは別に、あの強権政権を容認するということではないのです。でも、リビアを見てください。独裁者を倒した後どうなったか。「力の空白」をめぐって止めどもない内戦が起こりました。イスラム国も入ってきて、混乱を極めている。人権主義を御旗にしての積極的軍事介入を反省するべきときにきていると思います。

西谷　私の考え方の基準は、とにかくそこで人が生活できる状況をつくらなければいけないということです。それが地域のオートノミーの基盤だと思います。もし統治ができない、ガヴァナンスが成り立たない状態にしてしまうと、みんな難民になるしかない。あるいはそこにイスラム国のような勢力が巣食ってしまう。そうしたら解決も何もありません。ヨーロッパも「アサド体制を潰す」とかそんなことを言っていていいのか、という話です。

伊勢崎　確かにアサドは人権的には認めるわけにはいかないけれど、統治そして安定化という視点から考えると、エンゲージするしかない。この冷たい現実をどう示すかが、地政学に課せられた重要な使命だと思います。

西谷　特にシリアではそれがはっきり現れていますね。

ロボット兵器の現在地

伊勢崎　国連PKOでも、同じ葛藤があります。それは、人権主義に支えられた人道的介入の問題です。人道主義。戦場にいる敵・味方を区別なく助ける。国連ができる前からある国際赤十字が源泉だと思いますが、現在の人道的介入は、人権主義をもとに、「かわいそうな人たちが苦しんでいるのが放っておけない」ということで、そこから「保護する責任」と「内政不干渉の原則」の葛藤が始まるわけです。他国を侵略しているわけではない国家に、自国民を苦しめているだけで、果たして国際社会は介入できるのか、という話です。例えば一九九四年のルワンダのジェノサイドを、国連PKOは、見放しました。しかし、もう今は、見放しません。南スーダンを見てください。「住民の保護」の下、駐留を続けています。

現在、国連PKOでは、「先制攻撃」ができる特殊部隊を認めています。つまり、「住民の保護」の使命の下、現場に駆けつけても、既に遅し。住民は殺され、女性は蹂躙されている。じゃあ、悪いやつらが悪いことをする前に「無力化」しなければならない、と。しかし、開戦法規的には、「戦力」はあくまで自衛、つまり、まず攻撃を受けないとその要件は発生しません。唯一、大量破壊兵器の保有が先制攻撃の口実になりますが、これはほとんど、警察権を「戦力」で行使することですよね。そういう時代になっているのです。これは南スーダンやコンゴ民主共和国でのPKOで認められています。「人道的介入」は、ここまで正当化されるまでになった。

トランプのトマホーク攻撃は、ビアンカさんがシリアの子どもたちが蹂躙されている写真を見て「かわいそう」と言ったことが発端だと、まことしやかに報道されていますが、「人道」、「人権」は、「戦争」を先導しつつあります。

加えて、今真剣に議論されているのは、「ロボット」をどう使うのかという話です。このまま技術開発が進むと人物の識別能力や追跡能力が格段に高まるはずですから、悪いやつだけをロボットに殺させるということがありえます。このほうが攻撃の精度も格段に上がるし、一般市民の巻き添え被害・二次被害も抑えられる。実際、国連PKOの現場がより好戦的になるにつれ、国連PKO部隊によるレイプ、買春等も多発し、ホントに国連が頭を抱えているのですが、ロボットだったらやらない、という。

西谷 ロボット兵器を導入するという話は、いわゆる人道的介入を適正化するというのであれば、そういう流れになっていくかもしれません。介入するほうの人的被害も軽減できる。しかしそこに何らかの抑制のロジックを置いておかないといけないのではないでしょうか。それに、ロボットの所有者が例えば戦争請負会社になると、国家マターではなくなってくる。傭兵などはすでにたくさん入っていますね。戦争の機械化と市場化の問題です。それは結局のところ、さまざまなレヴェルで行為の責任主体をなくすということになっていくと思います。その責任主体を残しておかないと混乱に歯止めがなくなります。

伊勢崎 それは、私も同意します。しかし、一方で、もう止められないという現実がある。そういうロボットの機能が「防犯」目的であれば、反対しにくいのです。でも、確実に、その技術が「戦争」に転用される。ドローンも、そうですね。

もう一つ、これは加藤朗先生の受け売りですが、戦争がAIの世界になってくるようです。これは抑止力の考え方と連動しています。敵を分析し、どれだけの抑止力を持つか。すべての交戦の可能性を予測し、計測する。ＡＩに任せたほうが、ナショナリズムという「感情」に左右される安全保障のジレンマを抑制する意味で、よいのではないかという。

西谷　第二次世界大戦中にアメリカでメイシー会議という、サイバネティクスのコンセプトとその応用を検討する学者たちの大会議が開かれました。戦争が終わってから、この一元的科学をいろいろな領域に応用させていくというとき、究極の課題になったのはＡＩの開発です。すばらしい核兵器を発明して、抑止力の考え方により世界戦争も止められる、と。それなのに、こんなものを馬鹿な政治家や、感情・利益に左右される人間に任せておくと誤った使い方をしてあまりにも危険だというので、核兵器の管理をＡＩに任せるという発想が生まれたわけです。人間というのはできの悪い機械で、そんなものに世界の運命は任せられない、だからそれを完璧な合理性にもとづいて制御できるＡＩを開発しようというのが目標でした。しかし、それは突き詰めていくと、世界を運営するために、科学者以外の人間なんか要らないという話になってしまいます。

伊勢崎　ロボットやＡＩに関して議論が山積みです。しかし、実務家から見ればいいことばかりなんですよね……（笑）。だから、止められないのです。

また、先ほど西谷さんがおっしゃったように、戦争は「民営化」が進んでいて、民間軍事会社、傭兵の戦争利用はアメリカがずっと試行錯誤しています。イラクやアフガニスタンに関わったブッシュ政権時に、その「業界」は飛躍的に発展しました。一時期は米正規軍より多いくらいになっていました。そうすると、傭兵が犯した戦争犯罪をどうするのかという話になります。現在、何が戦争犯罪かを定めるのが国際人道法です。しかし、それを裁くのは、国家の義務です。人類は、この前提でやってきた。ところが、傭兵は正規軍ではないから、その国家の軍法の管轄外。法理の空白です。二〇〇七年、イラクで、それが起きてしまいました。米政府に雇われた米国籍の民間軍事会社ブラック・ウォーター社の傭兵が、公務中に民間人を虐殺したという事件が起こりました。日米地位協定下の米軍の過失で日本に裁判権がないように、イラクに裁判権はありません。イラクでは、この民間軍事会社も現地法から訴追免除されていたのです。

これは、イラク国内の反米感情をさらに刺激し、アメリカ国内でも大問題になりました。結局、アメリカは傭兵を裁けるように国内法を変えることを迫られ、ブラック・ウォーター事件では四人が起訴され、一人は終身刑、あとの三人は懲役三〇年という重い刑になり、結審まで七年をかけたのです。

これから戦争の民営化はますます進みます。傭兵じゃありませんが「軍法」がないという意味において同じである自衛隊を持つ我々日本人にとっても切実な問題です。

この事件を契機に、民間軍事会社に対する批判が大きくなって、アメリカでも一時日陰の存在となりました。ところが、ブラック・ウォーター社の主のエリック・プリンスが、トランプ政権になってから、また息を吹き返してきています。テロとの戦いを創始し、全世界をどうにもならないところまで巻き込んだアメリカは、もう自分自身が主戦力として地上正規軍を配備させることは、財政的にも、政治的にも、不可能です。それなら、いっそ、かつての植民地経営のために軍隊も保有した「東インド会社」のように、最近になって確認された地下資源の交易も含めて民間軍事会社にアフガニスタンを任せるという構想のようです。トランプらしいですね。米正規軍を使わず、武装した貿易会社に世界統治をさせる。

西谷　もうそういう段階に入ってしまっているわけですね。

「北朝鮮脅威論」を解体する

伊勢崎　冷戦時代から、核弾頭をいくつ持っているとか、実際は使わない兵器の「帳簿上の戦争」が始まりました。その「帳簿」に国力の優位性を求め、それが外交力になり、世界の経済支配力になるというものです。まあ、一つの幻想に過ぎないのですが、それがあたかも国防の全てを支配するかのように皆が信じ込み、「帳簿」の優劣に一喜一憂する。この幻想が、国家安全保障の土台なのです。日本もまさにこれに乗って自衛隊を拡大してきました。

一方で、この幻想が、ほんとに幻想として露わになってしまうときがあるのですね。三・一一福島第一原発事故です。稼働中の原発は、自らが自らを攻撃する核弾頭と同じであるということが。それも、「電源停止」だけで、それができるという。欧米と違い、地政学的にこれだけ孤立したところに、海岸線沿いに五〇機以上の原発を建てている日本。国家安全保障の土台が、既に崩壊している。

西谷　日本の議論に関して言えば、すごくまずいのは北朝鮮脅威論がベースとなっていることです。これは政治主導の軍事立案です。軍備もこれで誘導しています。しかし、どう考えても北朝鮮は絶滅危惧の小国です。なんとか生き残るために、核開発・ミサイル開発をやっているようなところです。それでアメリカに存続を認めさせる、それしか立つ瀬がないというそれだけの話です。そこでは日本は全然標的にすらなっていません。

北朝鮮で何か事があった場合、まず一番の被害を受けるのは韓国です。何百万の犠牲者が出るのは避けられないし、その後北から何百万人の難民が出てくるでしょう。そのことを考えれば、北朝鮮脅威論をてこに軍事戦略を立てるというのはまったくの騙しでしかないでしょう。

伊勢崎　領土問題はナショナリズムの源泉で、脅威もそうです。国家というまとまりのために脅威が必要であり、それは敵がいなければしょうがない。

西谷　その敵が北朝鮮というのは情けない。そんなことでナショナリズムを煽ろうとする連中が、政権を取ってやることといったら、森友・加計問題で露呈したようなことではないですか。

伊勢崎　そうですね。そういう国家安全保障の幻想を勘定に入れて、新たな地政学のパラダイムをつくっていかないといけませんね。安全保障論は、いわば「脅威のラダー」ですよね。一つの領土紛争が、通常戦争になり、その一番先に核戦争がある。だから、「核の傘が有効」みたいな。これをもとに、防衛産業と国家の一部の集団の利益共同体が栄える。これを一度ガラガラポンし、全部崩す論理をつくらなければなりませんね。それが新たな地政学の挑戦だと思います。

脅威論に関しては、かつて私のアメリカ人の学生がすごく面白い研究をしました。テーマが「北朝鮮の呼応性（responsiveness）」なのです。「北朝鮮は〝ならず者国家〟で、何をしでかすかわからない。無軌道。予測不可能」というのが定説です。でも、本当にそうなのか？と。そこで、核・ミサイル実験などのイベントを含め北朝鮮の指導者の挑発的な言動を過去数十年間、全部洗い出し、個々のイベントの前のアメリカ・韓国を含む国際社会の動向との関係を、定量分析したのです。その結果は？　ほぼ一〇〇パーセント、北朝鮮の行動は、その前の国際社会の行動に呼応していることがわかりました。つまり、北朝鮮に無軌道性はなく、むしろ、我々の行動に呼応していると。これが、学問的に説明できたのです。こういう地道な実証が学問に課せられた使命なのではないかと思っています。

実際に、最近の実験も米韓が合同演習をやっているので、頭にきてやっているだけです。世論は、なかなか、そこを見ないのですよね。

西谷　世界から孤立して、本当に国家存続が唯一の目的であるような国は、とことん考えて周到に行動しないと、いつも綱渡りでしょう。国内も押さえないといけないし。それは錯乱したら終わりですよね。

伊勢崎　「脅威」を多角的に捉える方法論を確立しなければなりません。「中国は、こういう観点から見ると〝それほど〟脅威ではない」と言おうものなら、即「お前は反日か」と言われるようなご時世ですから。

西谷　それでいいのかということです。

伊勢崎　こういう相手とまともにケンカすると、相手はもっと燃え上がる。これがナショナリズムの性質なので、違ったやり方で冷や水をかける方法を見つけなければならない。これは、私が籍を置く平和構築論のチャレンジの一つなのです。地政学となると、とかく「軍事」の話になりますから……。

西谷　冒頭で中国に関して見たように、単に軍事の話ではなく、多角的観点から国家発展といったことを見直してもいいはずですが。

伊勢崎　貿易の話なんかもありますしね。

西谷　一九世紀の終わりだったら、国家発展とかいうことを考えると、避けがたく侵略戦争のような方向になっていきます。資源確保などを含め、戦争を実際にどう遂行できるか、といったことが考えられてきた。いわゆる帝国主義の時代の話ですが、しかし、今は地域的・広域的な協調編成のなかで、どうやって共存していくかというのが課題でしょう。その関係のなかで日本なら日本のオートノミーというものをきちんと追求しなければいけないでしょう。

伊勢崎　今の地位協定がある限り、われわれにオートノミーなんてものはありません。

西谷　その地位協定を変えられるのに変えない。これに手をつけるのが、ともかく最初の課題ですね。

主権の未来

伊勢崎　日米地位協定は、ホント、問題です。地位協定を軸とする日米安保には、「全土基地方式」という考え方が基調になっており、米は日本以外とは、こんなこと絶対やっていません。というか、できません。米軍の全ての受入国には主権があるわけですから、こんなことを考えること自体、外交上〝不謹慎〟です。しかし、アメリカは、それが必要であれば、日本国内どこでも基地がつくれる権利がある。この状態で、日本が独自に領土紛争なんて解決できるわけがありません。係争の相手国から見たら、主権のない相手とどうやって交渉するのですか？

例えば、ノルウェーはソ連が崩壊する前、唯一NATO諸国のなかでソ連と接していた国です。両国の間には北極圏の「バレンツ海」があり、お互い主張する領海にズレがあって四〇年間以上ずっと係争中でした。ここは、冷戦時代からソ連の弾道ミサイル潜水艦配備の要所であるばかりでなく、原油や天然ガス、そして漁業資源が豊富です。ここで二〇一〇年、係争海域をほぼ二等分することで合意に達したのです。

ノルウェーはNATOのメンバーですが、日米地位協定のように「どこにでも基地の提供を求める権利」など認めていません。加えて、ノルウェーでは長年、与野党のコンセンサスとして、自国領内に外国軍隊を駐留させないということが広く対外的にも認知されていました（最近クリミアの一件があり、戦後初めて、小規模ですが米海兵隊を暫定的に入れました。それが今ノルウェーの社会で議論を二分しています）。

ＮＡＴＯの一員でありながら東西両陣営の狭間にある緩衝国家としてのノルウェーが、「自立」する自らのアイデンティティを確立し、そして、それを内外に誇示することで、それを国防の要としてきた試行錯誤なのです。このアイデンティティがなかったら、バレンツ海の係争解決で、ロシアが同意するどころか、二国間の交渉に応じるわけがありません。

西谷　その意味では日本では占領時の関係がずっと隠然と続いています。安保条約を結んだときも、日本はあまり軍事化できないから、代わりに基地をつくっていいという条件になった。それで六〇年安保改定です。その関係を維持するのがじつは自由民主党の役割で、長期安定政権としてずっとこの体制を維持してきたわけです。

伊勢崎　日本は地政学を考える前に、まず「主権」を回復しなければ、地政学の議論に何の意味もありません。それは、いたって簡単なことで、他の米軍の受入国の全てがやっているように、地位協定を「改定」すればいいのです。

西谷　「自衛権」といったとき、憲法に「軍事力」として書き込まなくても事実上交戦状況は起こりうるのだと。だから、それに関する軍事刑法をつくっておかないといけない。活動の法的枠組みもないいま送り出される自衛隊のことも考えて、伊勢崎さんはそのことの緊急性を訴えていますね。

伊勢崎　コスタリカは常備軍を廃止したことで注目を集めましたが、常備軍がなくても国家の「戦力」を認識し、それが国際人道法の違反、つまり「戦争犯罪」を犯すことをしっかり想定する国内法を完備しています。これを参考にすることもできます。

西谷　私は個人的には、「平和主義」という言い方に語弊を感じます。むしろ「非戦」と言ってほしい。

これは世界戦争の帰結として、全世界の要請だと思います。それは、また不穏な世界状況になったから逆戻りして戦争に備えるというのではなく、第二次大戦のあとの世界的要請を継承していかなければ、さらに煮詰まった状況のなかで以前に倍する、あるいは比較にならない大災厄に陥ると考えるからです。軍事テクノロジーがけた違いに発展した状況も踏まえながら、「非戦」をどう貫き広げていけるのか、これは伊勢崎さんも言うように、説得の論法を鍛え、外交を通して武器なき戦いをやっていかないといけないということなのでしょう。

いま、「非戦」を掲げる

——戦後70年 反転された「平和と安全」

×田中優子

田中優子（たなか・ゆうこ）
一九五二年生まれ。法政大学総長。近世比較文化研究／エッセイスト。著書に『江戸の想像力』（筑摩書房）、『近世アジア漂流』（朝日新聞社）、『江戸はネットワーク』（平凡社）、『自由という広場』（法政大学出版局）など。

「安全保障」のための戦争

西谷　田中さんが六月に共同通信に寄稿された論考には大いに共感を抱きました。そこで田中さんは、現在国会で審議中の安全保障関連法案について、「いかにも『平和』で『安全』な法律群に思え」、自衛隊が他国軍を後方支援する恒久法「国際平和支援法案」について「実に平和的な名前ですてきだ。きっと今後、いかなる戦闘に巻き込まれても『平和』『安全』という言葉が飛びかうのであろう」と仰っています。そして、もう「平和」という言葉は使えない、これから「非戦」を、戦わないという意思として掲げようと書かれていました。私も及ばずながら、やはり共同通信配信の「論考2015」で、「『平和憲法』はそれだけでは平和を保証はしない。それを実質化するのは『戦争をしない』つまり『非戦』という姿勢である。この姿勢は戦後七〇年にわたり、平和を望みながら戦争の絶えない世界で独特の存在意義をもってきた」ということを書きました。

というのは、「平和」は棚からぼた餅とは言わないけれど結果として得られる状態であって、つくり出そうとすると、そのために戦争するといった言い方もできる。だからむしろはっきりと「戦争をしないこと＝非戦」を原理として掲げないと、どこも平和にならない。

田中　ありがとうございます。「平和と安全」という言葉がまず手垢にまみれ、その次にカビが生え始めて、ついに意味が引っくり返ってがん細胞のようになったような気がしています。この二つの言葉を使えば何でもできてしまう。核の平和利用もそうです。日本の戦後社会は「平和と安全」という言葉を使いながら、朝鮮戦争における自衛隊の発足から始まって、それとは違うものをつくってきたのではないでしょうか。私たちは油断していたんだなと、今回の「平和安全法制」によって気づかされた。「平和」「安全」はもう使いたくない。使わないほうがいいだろうとさえ思います。

西谷　私は戦争についてずっと考えてきたのですが、人間社会には争いが絶えたことがなく、むしろそれを動力にしていろいろ展開してきたようなところもある。人間社会そのものが、争いの種をつねに含んでいるわけです。

そういう観点から戦争を歴史的に見てみると、九・一一は非常に大きな転機でした。あの事件はある国が攻撃してきたのではない、いわば大規模な犯罪ですが、当時のブッシュ大統領は「これは戦争だ」と言って、軍事力を発動して戦争にしてしまった。この行為は、実は西洋の歴史――日本など非西洋諸国も「近代化」「世界化」で途中からそこに組み込まれてゆくわけですが――における「戦争」の枠組みを決定的に崩したのです。その枠組みとは、基本的には国際法秩序です。

国際法はオランダの法学者グロチウスに始まるとされていますが、彼は最初のヨーロッパ大戦と言われる三〇年戦争の最中、『戦争と平和の法』（一六二五年）と題した本を書きました。国際関係というのは独立国家、主権国家を単位とする国家間秩序で、その主権国家には戦争をする権利がある。ただし、戦争をする時には戦争法にしたがい、平和な時には平時の法にしたがう。そういう二重のルールが国際法だということです。この約束事の中では、この時から戦争、この時から平和というふうに法状態が入れ替わる。当然宣戦布告が必要だし戦争中でも捕虜は殺してはいけないとか民間人を不要に殺さないといったルールがあります。

ところが「テロとの戦争」は、戦争と平和を法状態として分ける区別を取っ払ってしまった。相手は無法なテロリストで、国家対国家ではないから、もう殺すしかないという。誰が宣戦布告したのか。

「これは戦争だ」と言ったときには、既に戦争は起こっているわけで、いつから始まったのか、もはやわからない。
　では「戦争」はどこで終わるのか。テロリストが殲滅されるまで終わらないという。オサマ・ビンラディンの首を取って終わったことにしようとしたけれど、全然終わっていませんね。「テロリストとは交渉しない」ということで、むしろ終わる手掛かりを断っています。そこがこれまでの戦争との決定的な違いです。だから、「テロとの戦争」と言った瞬間から、それは恒常的なレジームになるということです。
　もはや戦争と平和の区別はなく常に戦時で、テロが起これば「あ、戦争中だったんだ」と気づく。こうして「平和」という言葉には意味がなくなり、田中さんも言われるように「安全保障」、セキュリティという言葉が使われ、その安全を保っていくことと戦争を続けることが一致してしまったのです。
田中　戦争と平和が重なる状態がつくり出されているから、安全保障のために戦争しなければという話になるのですね。
西谷　いまの用語で話していくと、そういう論理が成り立ってしまう。「平和」を保つのに一番いいのは戦争の「予防」、つまり先制攻撃だということですね。
田中　今回の安保法案では、まず専守防衛を引っくり返さないと、「平和のための戦争状態」はつくり出せないという論理に支えられているのですね。そしてそれは日本だけではなく、実は世界中がそうなっている。
西谷　アメリカが始めて、いま、ヨーロッパがそれに呑み込まれていて、そこに参加していこうとしているのがいま日本のやっていることだということです。

「国体」というマジック・ワード

田中 七月一二日の東京新聞朝刊に、朝鮮戦争時に朝鮮半島の周辺を掃海した元自衛官の方の記事が出ていました。米軍に忠誠を示すための「どぶさらい」のようだった、当時も日本を守るなんて意識はなかったと。敗戦時の日本が、ある構造にはまって抜け出せなくなり、そのまま「安全保障」が繰り返されながら現在に至っている。いま伺ったようにテロとの戦いという新しい状況においても、日本がはまっている構造は全然変わらずに、いよいよ引っ張り込まれている印象です。

西谷 日本の場合は二つ特有の条件があります。

一つは、戦前の統治者、つまり戦争の責任者たちが「占領統治のお役にたちますぜ」とアメリカにすり寄って、国をアメリカに差し出すことで自分たちの統治権を確保し続けた。その「自発的隷従」があって、アメリカは日本を冷戦の前線に置くために、日本が二〇世紀前半の戦争でいかにアジアを蹂躙してきたかについて、大目に見てくれたわけです。そして日本は自衛隊をつくったり、掃海に出たりしてお役に立とうとしてきた。沖縄をアメリカに差し出すような構造が現在に至るまで続いているのも、結局、統治機構を担う人々が、脱亜入欧的なアジア蔑視を一度も反省していないからでしょう。世界における「テロとの戦争」のレジームとの関係で日本がいかにも倒錯して見えるのはそのせいだと思います。つまり支配層の対米従属とアジア、とりわけ中国の敵視。

田中 実はポツダム宣言によって、戦前の軍部と日本人とははっきり分けられたはずなのです。ポツダム宣言の構造はとても明確で、「四、無分別ナル打算ニ依リ日本帝国ヲ滅亡ノ淵ニ陥レタル我儘ナル軍国主義的助言者ニ依リ日本国カ引続キ統御セラルヘキカ又ハ理性ノ経路ヲ日本国カ履ムヘキカヲ日本国カ決意スヘキ時期ハ到来セリ」、日本政府は無分別な打算で戦争に巻き込んできた軍国主義者たちの指令にこれ以上従うのかやめるのか、と言っている。さらに「六、吾等ハ無責任ナル軍国主義カ世界ヨリ駆逐セラルルニ至ル迄ハ平和、安全及正義ノ新秩序カ生シ得サルコトヲ主張スルモノナルヲ以テ日本国国民ヲ欺瞞シ之ヲシテ世界征服ノ挙ニ出ツルノ過誤ヲ犯サシメタル者ノ権力及勢力ハ永久ニ除去セラレサルヘカラス」、日本国民は軍部の非常に狡猾なやり方で巻き込まれた、とも言っています。日本人と日本国と日本軍を分けて論理構成されているのです。それを受諾したのに、なぜいまだに分けられていないのか。

西谷　だから安倍首相は読んでいないと言うんですよ（笑）。

　憲法学者の佐藤幸治さんが立憲デモクラシーの会主催で日本の立憲主義について講演されたとき、まさにそのことに触れていました。ポツダム宣言は、本文には出てこないけれど、近代日本の民主主義の伝統を引き出そうとしていて、それが「日本国政府ハ日本国国民ノ間ニ於ケル民主主義的傾向ノ復活強化ニ対スル一切ノ障礙ヲ除去スヘシ」という一文の「復活」「強化」という表現に込められていると。

田中　ドイツはあの論理構造をちゃんと受け止めて戦後をつくった。ナチを断罪し過去を謝罪する。そうすることによってしか国民は救われないとわかっているからです。

　なんで日本はそれができないのか。一つの魔術的な言葉として「国体」があるのではないかと思います。由来は天皇制ですから、天皇がいて、軍隊があって、国民と日本国が全部溶けた状態で一緒ですよ、と言っているのが「国体」です。その国体の護持がずっと課題になっていて、天皇機関説対国体という構図がありました。機能を分けて考えよう、それが法の基本だというのに対し、全部一緒というのが国体ですね。

しかし国体論は、実はそれほど古いものでもなければ、日本の伝統でもありません。私は江戸ですが、江戸時代に国体論が主流だったことなど一度もない。幕末近くなって水戸藩から出てきた論理であって、そこには倒幕が視野にあるから尊皇攘夷の構造をつくろうとしたわけです。そういう非常に戦略的な言葉が「国体」となり、明治以降の日本人を統一するかのような言葉になった。しかもそれによって国家神道がつくられます。信仰という問題が入り込んできて、信仰とか天皇への愛という感情的なものも全部一体化していった。

それがいま生きているとは思いたくないですが、安倍政権で発せられる言葉を聞いていると、「国」で全て一体化させられ、分けられていない。「慰安婦」問題もそうです。日本軍がやったことを分析しようとする人たちに対して「自虐」という言葉を投げつけますね。なぜ自分と軍隊とを一体化してしまうのか。もちろん、本質的には、私たち一般の人間もそれぞれの責任を問うていくことが必要です。しかしポツダム宣言の構造を受け入れなければ、「戦後」を生きることはできなかったのです。

西谷　戦争体制時の日本の統治者は国民や国を自分たちの持ち物のように扱いました。要するに統治の対象ですね。自分たちが統治するのは当然だと思っていて、それを天皇制の構造に結びつけていた。天皇制の問題の根幹は、天皇がいること自体ではないでしょう。天皇を置くことで、統治者が自分たちの意図をそこに仮託して、国民に対しては責任を負わない。「これはすべて天皇の意思なのだ」というかたちで自分たちはすり抜ける。それが天皇制のカラクリだと思います。

田中　「国体」は新しい言葉ですが、天皇制への依存と利用は長い歴史を持っている。それでも後醍醐天皇以降だと私は考えていますが、天皇として自分の兵力を持った最後の天皇が後醍醐天皇で、その後は、言わば既に象徴天皇制になっている。武士、将軍たちは自分の兵力を持ち、これを動かして権力を握るために天皇を使います。自分で政治力を使って権力を握ればいいのに。極端な事例が豊臣秀吉で、自分の上に天皇を置いた。それで何をやろうと全て天皇の責任になります。秀吉は朝鮮出兵を断行しますが、それは中国全土、それに当時ポルトガル下にあったインド、スペイン支配下のフィリピンなど東南アジア全体を手中にすれば、当時の非常に経済的に困窮し始めていた日本も安泰になる、という目論見でした。出兵のために秀吉が天皇に約束したのは、朝鮮を攻めて北京の皇帝を追い出すから、そのあとに座ってくれということでした。要するに中国を天皇にあげるから、兵を動かす許可を出してほしいと。結局、秀吉の成したことは国内統一まででしたが。

続く徳川幕府もやはり天皇を利用するわけですが、家康の傍らにいた天海という僧侶は、その方法に反対した。天皇は伊勢に帰っていただかないと、将軍はちゃんとした権力を握れないと提言しています。結局、天皇がいないとやっぱりまとまらないという声に押されてしまうのですが。その徳川も、幕末には天皇によって倒される。

天皇の利用・依存の構図は約五〇〇年続いてきました。ここが変わらない限り日本は変わらないのではないでしょうか。

なぜ靖国参拝をやめられないのか

西谷　近代の大日本帝国は、その天皇という資産をいわばとことん使い潰したということですね。使い潰してもう日本では使えなくなったのを、戦後アメリカが利用したわけでしょう。それで、奇妙なかたちで生きている。

田中　確かに日本国憲法ってアメリカが天皇を使ってつくった憲法という側面がありますね。一条から八条まで。

西谷　天皇制は第二次大戦で極限までいったはずですが、結局アメリカがなぜ天皇を廃位させなかったかというと、天皇が占領統治に使えるとの判断からでしょう。天皇が、これで敗けた、民よ鎮まれと言うと、米軍占領に対する反発もなくなる。だから、アメリカははっきりと天皇を利用したと思います。天皇はアメリカの庇護下に入って、日本の統治層はもう天皇を使えなくなった。

いまの天皇のように平和主義的な民主主義者になってしまうと、引っ張り出して囲んでバンザイを言うぐらいしか国体主義者には使い手がない。でも、以前のように使える天皇制を取り戻したいという思いが日本の支配層にはあって、それが靖国をめぐるアメリカとの齟齬になっている。

田中　アメリカとしては、彼らはもう十分に天皇を使っているから、首相なり閣僚なり、統治者が靖国に行って無用なトラブルは起こすなと言いたいわけですね。

西谷　日本の戦後が本当にあからさまに見えるのが、「封印された原爆報告書」というＮＨＫ広島のドキュメンタリー（二〇一〇年）です。アメリカの公文書館を探して出てきた、広島・長崎の原爆投下直後に大本営医務局が派遣した調査団の報告書です。広島原爆投下二日目の八月八日には、大本営医務局が三〇〇人くらい医師と科学者を集めて調査団を組織して、被爆地の調査を行なっていた。なぜ、迅速で大規模な調査が実施されたのか。それは原爆を投下したアメリカが、投下直後の被害の様子や効果を知りたいだろうと考えたからです。投下直後の調査は日本にしかできないから、それをアメリカに進呈して、少しでもいい心証を得るためだった。

だからこの調査団は、一切治療はしないで、ただ調査だけをした。さらに八月一五日以降は軍務のなくなった医者や科学者も投入できるようになって一三〇〇人規模まで拡大して調べ上げ、九月初めに米軍の調査が入って、一一月までに一万ページの報告書を一挙に英訳してGHQに提出している。

その時の責任者の一人の証言によると、どうしてこういう調査をやったかと問われて、「七三一部隊のこともあるし」、「心証をよくしたかったのでは」と言っていました。

田中 人体実験ですね。

西谷 原爆投下はアメリカがやったのですが、この大本営の調査があって、日米政府による人体実験になったのです。

田中 原爆投下の直後に、もうそのような動きがあったのですか。でも、振り返ってみると、ポツダム宣言は七月二六日には日本に通達されていた。沖縄戦終結のおよそ一カ月後です。激戦の死者は日米両軍と民間人で二〇万を超えていたのに、政府はポツダム宣言を黙殺していた。一人ひとりの人間より、国家や軍に価値が置かれていたわけですが、戦争をまたいでも自らの地位を確保しようというのは、植民地によくある構造ですね。

西谷 まったくそうです。戦後間もない時期は、旧体制内でも、比較的手を汚さなかった吉田茂ら親英米派が政府の実権を握っていた。ところが、朝鮮戦争を契機に冷戦構造が強固になってくると、アメリカ側は日本に再軍備を求める。今度は一部の戦犯を復権させて日本の政治をコントロールしようとしたわけです。A級戦犯被疑者とされながら不起訴に終わり、首相にまでなった岸信介はその最たる例です。

首相として日米安保条約を成立させましたが、再軍備、自主憲法制定を主張した背景には、冷戦下のアメリカの意向を利用しながら旧日本の復活を期す意図があったでしょう。

その意味では面従腹背ですが、その祖父から三代目ともなると、アメリカの懐にいるのが既成事実になって、本当に日本はアメリカの「同盟国」だと思い込んでしまう。もはや敗戦の実感も隷従の自覚もない。彼らにとっては、戦争期の日本がモデルです。国民はみんな「欲しがりません、勝つまでは」と言い、若者たちは爆弾を抱えて敵艦に突っ込み、靖国に行く。そんな「散華《さんげ》」の精神の「美しい国」にしたいと。これは極度に一元的な統治の夢ですが、田中さんが言われた「国体」という言葉でまとめられるわけです。

田中 日本のナショナリズムは、何もかもいっしょくたにした国体しか、概念の拠りどころがないのだと思います。その国体は、五五年体制以来、自民党がずっと時間をかけてつくり続け、ようやく本来の目的にたどりついた。

西谷 そう思います。岸の悲願であり、自民党結党時以来の党是でもある憲法改正が、いよいよ二代を経て目の前まで来たわけですから。最初は屈辱的だったはずの対米隷従は、いまやあたりまえの「日米同盟」になった。でも、そこにある歪みが、歴史認識にかかわる場面で安倍政権とオバマ政権とのフリクションとして浮かび上がるのだと思います。

田中 ただ、完全に隷属しているのなら、アメリカにそれは困ると言われたら、靖国参拝だってやめればいい、と思うのです。それが断念できないというのは一体何なのでしょう。

西谷 たしかに首相やその周辺にとっては、なんで靖国に行けないの？という感じなのかもしれない。でも、アメリカの意向を受けて動きながら、それを自立と思い込んで国民に奉仕を強いるという体制は、靖国がないと成り立たない。靖国があるから、「お国のために死ね」と言えるわけです。それがないと自分たちは統治者たりえない。
ただアメリカは、靖国でまとまるような国、天皇のために「カミカゼ」をやるような国を潰すために、太平洋戦争で何万人もの犠牲を払った。彼らは「神の国」ではなく「自由」の名の下に戦った。その戦没者が眠るのがアーリントン国立墓地です。アーリントンと靖国はまったく異質なのです。

田中 参拝する政治家にとっては、靖国は戦前のような存在でありつづけているということでしょうか。

西谷 自民党の保守派は、それを必死になって保存してきたと思います。といっても、靖国神社自体が、明治近代国家のために比較的最近つくられたものですね。

田中 そうです。前身の東京招魂社は、戊辰戦争で戦死した官軍の戦没者を祭神として祀るためにつくられた。神社とは、そもそも地域を守る産土神や氏神を祀っていて氏子がいますが、靖国神社には氏子がいません。境内に銅像のある大村益次郎は、新政府で軍隊の創設にかかわった人ですね。戦前は陸海軍両省が管理していたように、あの場所は軍隊によってつくられたのです。国家に貢献した人を祀り、軍が権威を高める構造をつくりだすためのもので、神社の様式を利用しているだけだともいえます。

西谷 長い歴史を持つ神社には、朝廷が土地の豪族を制圧したり、一族を根絶やしにしてその生残りを宮司に置いたりするような成り立ちのところが多くありますね。つまり、「化けて出ないでね」と氏神にして祀っている。

田中 御霊信仰ですね。なぜそうした神社が建つかというと、非業の死を遂げた人に対する後ろめたさ、崇りへの恐怖があるからです。たとえば神田明神は平将門を祀っていますが、将門は天皇への反逆者です。反逆者を祀るのが本来の神社であるなら、靖国神社は逆のことをやっているわけです。

西谷　祖国のために死ぬ人間を祀るという点で、靖国はむしろ教会の代替物、それもプロテスタント以降に「国教」化されるナショナリズムの聖殿を模しているように見えます。

田中　日本には、古来からの概念としては「御霊」しかなかったのです。「英霊」という言葉が今日の意味で使われるようになったのも近代以降のことです。「御霊」が「英霊」になって祀る対象が逆になった。だからA級戦犯も平気で祀る。戦後、靖国神社は宗教法人になりました。宗教法人に正式参拝する人は信者と思っていいはずです。それなのに、政治家たちは、必ず「国のために戦って犠牲になった方たちを悼む」と言う。「私は信者だからです」とはなぜか言わない。

西谷　靖国神社に祀られる戦没者は、軍の仕事を戦後に受け継いだ旧厚生省が作った名簿に基づいたものです。国家機関がそれこそ御霊を転化した英霊を活用し続けているのですね。結局、それが温存されている限りは、国体が復活する。

田中　先ほどのお話でいえば、天皇はアメリカに収奪されてしまっている。だから、国体の中心として使えるのは靖国だけなんですね。一方で最近は、天皇が南洋諸島に慰霊に行くと、いわゆる保守ではない人たちからも「天皇も戦争のことを後悔している、平和を願っている」という政治利用の声が上がる。でも、思想やイデオロギーがどうあれ、もういいかげんに天皇依存の精神は捨てたほうがいい。そうしないと、本当の意味で政治の課題としてものを考えたり、反対したり、闘うことができなくなると思うのです。

憲法の価値を実現するものは

西谷　いま若者たちが「自由と民主主義のための緊急行動」を組織したりして、様々な運動が起こっていますね。日本の歴史の中には、田中さんの言われる近代以降の天皇への「依存と利用」とは違う形での政治への関わり方、市民社会のつくり方の萌芽はあったのでしょうか。

田中　いいえ、そういうものが十分に積み上がってこなかったのではないでしょうか。一つは教育の問題ですが、人に迷惑をかけないよう礼儀正しく、同じ目標に向かってがんばりましょう、そうした道徳教育はあっても、市民を育成する方法はほとんど培われてこなかった。一人ひとりが選択する人で、自分でものを考える。そういうものとして自立している人を「市民」と言うわけです。教育の中に、真剣に市民とは何か、どうやってその能力を育てるかが据えられてこなかった。シチズンシップ教育は世界共通の課題でもありますが、いま私が大学でやるべきだと思っていることの一つです。

西谷　西洋の大学教育は、キリスト教的制度と結びついて展開してきました。中世からの伝統がやがて義務教育の延長に組みこまれて、一九世紀以降のネーションステートの時代に、一貫した教育システムになります。国民国家をつくる時に、初等教育や大学教育のあり方について、かなり明確なコンセプトができた。ところが、第二次大戦後、国家間戦争の時代が徐々に終わり、植民地も解消されてゆくと、世界の構造が揺らいでいく。当然そこでの教育の役割も変わります。それぞれの国や地域が、世界とどう関わりを持つかについて模索するわけですが、そのなかで日本はきわめて特殊な位置を占めるようになった。アジアで西洋的転換を果たしたこともそうですが、その果てに戦争を放棄した。今日の話の文脈で言うと、ある日「平和国家」になったというより、むしろ「非戦」を掲げた。そういう国家はいままでなかったはずです。その非戦国家が国際社会の合意によって誕生したことは、じつは第二次大戦以降の世界の大きな、構造的、原理的な変化の現れだったと思うのです。

グローバル化した世界では、その世界史的な必然に従って、教育の役割を根本的に見直していかなければならないわけですが、むしろ日本は、教育を締め上げてネーション教育をやる方向へと逆行しています。

田中　安保法制にしても、安倍政権のかんちがいは、グローバル化が進んでいる、日本を取り巻く安全保障環境が変化している、だから集団的自衛権の行使が必要だという話をしていることです。そこにはあくまで国体としての日本があって、それが一丸となってアメリカに追随しなきゃならないと。あたりまえですが、そもそもグローバル化はアメリカと仲良くすることだけを意味するのではない。世界の様々な国や地域をできるだけ広く視野に入れ、うまくやっていくための外交関係は、非戦のために必要なことで、それがグローバル化です。でも、そこにかんちがいやねじれがあって、国体のままグローバル化しようとしているんですね。“Show the Flag”と言われなくても、日本の存在感を示そう、となるわけです。本来グローバル化現象と、日本の存在感を示すということは関係がありません。

西谷　むしろ、アメリカとの関係を相対化していかなければいけない。ホルムズ海峡に出張っていくという一方、本当に考えているのは中国とどうやって対抗するかということ。いつまでも国家間戦争の古い幻想が抜けていません。

田中　中国はご存知のように巨大な国で、国という単位で考えるより、もっと細やかな付きあい方をしていくことができるはずです。日本は古代から中国のいろいろな地域と時代ごとに付きあってきた経緯があります。中国では確かにナショナリズムが台頭しているかもしれませんが、人口でみればそうでない人のほうが多いのでは、とも思います。
西谷　国家統合のために、統治者の側はナショナリズムという手段に頼らざるを得ないと考えているふしもあります。この一五〇年間、列強に翻弄されてきたけれど、四〇〇〇年の素地をもつ人口一四億の地域が発展しないことなんてあり得ない。それを前提に日本の立場も考えていかないといけない。仰るように、中国を一まとめに考えるのではなく、多元的に関係を結ぶ。それを実践しているのは沖縄ぐらいですね。
田中　翁長知事は沖縄経済の発展をもちろん掲げていますが、新基地建設を突っぱねる背景には、「お金の問題ではない」という思想があると思います。日本国内では、すべてが経済的な利害で決まるとまだまだ思われていますが、沖縄は内発的発展、自力で生きていくことを前提に経済至上主義ではない道を探り始めている。これは新しいモデルかもしれません。
そうした転換が起きているのは、沖縄が国体に巻き込まれていないからです。歴史からして全く異なる。私は、翁長さんが「イデオロギーではなくてアイデンティティ」と仰っているのは、必ずしも民族アイデンティティのことを指すものではないと思っています。慰霊の日の知事演説でとても印象に残ったのは、「私たち沖縄県民が、その目や耳、肌に戦のもたらす悲惨さを鮮明に記憶している」と言われたこと。その身体的な体験が、世代を超えて伝えられ、アイデンティティとして醸成され、それで闘おうとしている。これは民族や地域を超えて非戦につながるアイデンティティです。
西谷　「地方自治」には国の下請けのような響きがあります。自治とはオートノミーですが、本来はリージョナルあるいはローカルなものですね。地域に根差した、具体的なものでしかあり得ない。ある足場に自ら立って、自ら律していくことがオートノミーだとすると、それこそがデモクラシーの源です。ネーションステートに分割してせめぎ合う状況が変貌していく今、オートノミーについて考えなくてはなりません。日本の地方自治は、たとえば県知事がかつては任命制であったようにあまりにも中央集権の出先機関という要素が強かった。でも戦後憲法の柱である国民主権やデモクラシーの基盤は、オートノミーなのです。そして、その憲法の価値を、沖縄はいま実現しつつあるのではないか。

田中　シチズンシップ教育は、個々の人間のオートノミーでもあるし、そこから地域的なオートノミーへとつながっていく。基盤のとらえ直し、国ではない別の基盤の存在を認識し直すということが、新しい出発点になるように思います。

「非戦争化」する戦争

×土佐弘之
　岡　真理

土佐弘之（とさ・ひろゆき）
一九五九年生まれ。神戸大学大学院国際協力研究科教授。政治学。著書に『アナーキカル・ガヴァナンス』（御茶の水書房）、『野生のデモクラシー』（青土社）、『境界と暴力の政治学』（岩波書店）など。

岡　真理（おか・まり）
一九六〇年生まれ。京都大学大学院人間・環境学研究科教授。現代アラブ文学／パレスチナ問題。著書に『記憶／物語』（岩波書店）、『彼女の「正しい」名前とは何か』（青土社）、『棗椰子の木陰で』（青土社）、『アラブ、祈りとしての文学』（みすず書房）など。

ガザから考える

ばと思います。

――　安倍政権が集団的自衛権の容認を閣議決定したことで、「戦争」との距離を再認識せざるを得ない状況が生まれています。そこで本日は、戦争はいまどのような姿を取っているのかということを、お話しいただければと思います。

西谷　最近はウクライナ、イスラム国の勃興といろいろありますが、戦争の現在形を語る上で、やはり七月から八月のイスラエル軍によるパレスチナのガザ侵攻を考えないわけにはいきません。ガザに関しては、第二次インティファーダの起こった二〇〇〇年秋以降、その都度これ以上の最悪はないと思える惨状が、何度も繰り返されてきました。いわば、底が抜けてしまったと思ってもまたその先に、さらに底が踏み抜かれるというような事態が重ねられてきました。

特に二〇〇六年一月にハマースが民主的な選挙で勝利してからは、「テロリスト」を選んだというのでその正当性も否定し、封鎖されたガザに対する人道的支援さえ武力で妨害していく。いまやイスラエルはしたい放題で、「戦争」の極悪化がガザにおいて結実してしまったと言える状況です。ただ、これがはたして「戦争」と呼びうるのかということも、今日の討議の大きなテーマとなるでしょう。しかし、まずは岡さんに今回のガザで何が起きたのか、お話をいただきたいと思います。今回の事態は、いままでの破壊とどのようにつながり、またどのように異なっているのか。

岡　今回の事態を、日本を含む西側諸国は七月八日から八月二六日までの五〇日間にわたる「戦闘」と報じてきましたが、ガザの人々は「五一日間戦争」と呼んでいます。この一日のギャップを、ガザで起きていることを考える上での取っ掛かりにしたいと思います。

ガザの人々にとって、今回の戦争はガザ地区全土にイスラエル空軍が大量の爆撃を行って、ハマースがそれに反撃した七月七日に始まったと認識されているということです。逆に、西側の大手メディアは、イスラエルがハマースの攻撃に対し「自衛権」の行使として「プロテクティヴ・エッジ（防衛の崖）」作戦と名づける軍事攻撃を開始したその日を起点にしています。まず、ハマースによる攻撃があり、それに対しイスラエルが「自衛」の「反撃」をするという構図で事態を見ています。しかし、ハマースがロケット弾で応酬するまで、七日のガザ爆撃に留まらないさまざまな挑発行為をイスラエルは繰り返してきました。前回の停戦（二〇一二年一一月）以来二〇ヶ月間、イスラエルによる散発的空爆は止まることなく、すでにガザの日常と化していました。ですから、量においても質においてもイスラエルが前回の停戦合意を破っているのは明白なのですが、そうしたことが、主流のマスメディアではまったく報道されませんでした。

その上で、今回の事態を何と呼ぶか。西谷さんが言われたように、非常に難しい問題ですね。この「戦争」はあまりにも非対称的な殺戮と破壊であり、国際法的に定義される戦争とはかけ離れたものです。そもそもガザは主権国家でさえないのだから、主権国家間の武力による衝突という意味での戦争には当てはまらないのですが。

西谷　実は根本的な問題なんですね。とりあえずは、ガザの人々をならって五一日間戦争と呼んでおきましょう。

岡　そうですね。この五一日間戦争のあいだ、私はガザの内外から発信される情報を日本語に訳して発信し続けました。何が起きているのかを現在進行形でフォローし続けていたわけですが、それがグローバルかつ歴史的なコンテクストのなかで意味することまでは、考える余裕はありませんでした。

今回ガザで起きたことは、私は、ジェノサイドであると考えています。これまでも、一九八二年にレバノンで起きたサブラ・シャティーラの虐殺や、〇八年から〇九年一月半ばまでにかけて起きた第一次ガザ戦争（イスラエルではキャストレッド作戦と呼ばれる）などは、アクト・オブ・ジェノサイド、つまり「ジェノサイド的行為」と呼ばれました。限りなくジェノサイドには近いけれども、ジェノサイドそのものではないということです。しかし今回の事態について、世界的に著名な人権弁護士であるマイケル・ラトナーが、「ジェノサイド」という言葉の定義に照らしても、明確なジェノサイドであると語っています。イスラエルはこれまでも数々の戦争犯罪や人道に対する罪を犯してきましたが、今回はそれらを超えて、ジェノサイドの罪で裁くべきであると言っています。

ガザに対する侵攻はこの六年間の間に実に三回も起きています。これは六歳足らずの子が――生き延びていればの話ですが――、三度もの「戦争」を経験しているという異常な状況です。ガザの若年人口の比率は非常に高く、一八〇万の人口のうちの半分が未成年者、一四歳未満でも四〇パーセント以上になります。パレスチナ人権センターが八月二六日の停戦時におこなった発表では、死者数が二一六八名でしたが、そのなかの五〇〇名以上が子どもでした。また、ガザの全人口は約一八〇万ですから、二一六八人の死者は、日本の人口比に換算すると一四万人となります。これは広島の原爆で一九四五年の一二月末までに亡くなった犠牲者の数とほぼ同数です。ちなみに、広島型原爆はＴＮＴ火薬に換算すると一三キロトンになりますが、推定では今回の五一日間戦争で使われた弾薬の総量は一八キロトンから二〇キロトンに相当するそうです。

つまり、核兵器こそ使われはしませんでしたが、ガザで起きた事態は広島の繰り返しであり、ホロコーストの繰り返しに他ならないのです。原爆についても、ホロコーストについても、この七〇年間のあいだに世界は「二度と繰り返さない」と誓い続けてきましたが、その誓いをあざ笑うかのように、私たちが繰り返さないと誓ったジェノサイドが繰り返されている。しかも、それをジェノサイドだと私たちが認識できないようなかたちで。

さらに慄然とさせられるのは、この二一世紀型ジェノサイドは劇場型の性格を持っているということです。ナチスはホロコーストを隠蔽しようとしました。集団虐殺や大量殺戮がなされるとき、実行する側はその行為を隠蔽しようとするわけですが、ガザはそうではない。イスラエルはこの侵攻がジェノサイドにはあたらないというイメージ操作を繰り返していますが、実際には皆がこの事態が起きていることを知っています。第一次ガザ戦争から六年が経ち、このかんのSNSの発達によって、ガザの人々が、攻撃が続いているさなかでも殺人の様子を撮影し、Twitter や Facebook などで状況を拡散することができるようになりました。ジェノサイドの犠牲者たちが、世界に向けて事態を伝えているのです。もちろん、そうした実情は主流のマスメディアによっては報道されませんが、事態そのものを隠蔽することはもはや不可能になっているのです。ですから、二一世紀型のジェノサイドは衆人環視のもとで公然とおこなわれている、ということです。しかしながら、このジェノサイドは、世界各地のさまざまなニュースのうちのひとつとして消費されてしまっている。出来事の異常さ、重大さ、深刻さ、衝撃の大きさにもかかわらず、ニュースのアラカルトのひとつとしてしか受けとめられていないという現状があります。

一方で、イスラエル軍内部のジャーゴンでガザ侵攻は「芝刈り」と呼ばれているように、伸びた芝を定期的に刈るように侵攻を繰り返していて、それが六年間に三回という頻度に及んでいる。しかも、回を重ねるごとに残虐化しています。先ほど西谷さんが言われたように、ガザでは最悪が常に更新され続けているのです。何かが起こるたびに、このようなことが起こるなどとは到底信じられないと思うのですが、ところがその次に起こる出来事は常に悪い意味でその思いを裏切り、最悪が更新される。さらに遡れば、二〇〇六年に立法評議会選挙でハマースが勝利してから、ガザに対して限定的封鎖が始まりましたが、この選挙はEUもモニターし、その結果に非常に満足していましたし、カーター元アメリカ大統領も稀に見る民主的な選挙だったと評価したものです。そのような民主的選挙でパレスチナ人の代表としてハマースが選ばれたにもかかわらず、イスラエルとアメリカはテロリストを自分たちの代表として選んだ者たちに対する集団懲罰として、明らかに国際法に反する封鎖を始めました。

ハマースはファタハとの統一政府を作るといった対応で応じますが、それを無にするように、アメリカはガザでクーデターを計画します。七三年にチリのピノチェット将軍を使ってアジェンデ政権に対しておこなったクーデターと同様に、ガザにおけるファタハの治安部門の責任者を抱き込んでハマース転覆をはかろうとした。しかし、ハマースが内戦に勝利し、ガザからファタハを駆逐し、ハマースがガザを統治することになります。西側の報道では「ガザを実効支配するイスラーム原理主義組織ハマース」と、あたかもハマースがガザを占領して違法行為をおこなっているかのような報道をしていますが、実際には、選挙で負けたファタハや任期の切れたアッバース大統領が西岸を実効支配しているのに、そうは言われない。そもそも、西岸もガザも、六七年以来、イスラエルに占領されているわけですが、そうしたことはほとんど語られない。

このように、ガザへの攻撃が起きる以前から、一方的にハマースを悪者にしてその正統性を切り崩すようなかたちで報道がなされてきました。イスラエルの生存権や自衛権については常に喧伝されますが、一方で国際法に反する占領が六七年以来四七年間も続いており、さらにはガザに対しては同じように違法な封鎖が八年間続いていることは伝えられない。不法な占領下、あるいは植民地下にある人々が民族自決のために武力闘争を含めたあらゆる手段を取ることは国際法では正当な抵抗権の行使だということも、まったく語られない。イスラエルはハマースの武装解除を停戦合意の条件に掲げていますが、これは国際的に正当な権利として認められている抵抗権を放棄しろということです。違法な占領と封鎖をやって、それを止めてほしければ正当な抵抗権を放棄しろと。まさにならず者の法外な要求を突きつけているのですが、そうした文脈が報道ではまったく語られませんでした。

溶解する「戦争」

西谷　おっしゃる通り、ソーシャルメディアを通してガザで実際に起きていることについては、かなりの部分を知ることができます。ただ、主要な西側メディアのニュースではそうした実情は報道されません。だから、事態に関心を持ちソーシャルメディアを使うような人々は知っていますが、それは依然として少数に留まっていますよね。むしろ公共化される意識では、イスラエルが正当性を持ち、ハマースの武装闘争は秩序を破壊するテロリストの行為だというイスラエル側の「たてまえ」が生きており、それがパレスチナ問題をとりまく国際秩序というものを支えているのでしょう。さすがにそれも支えがたくなっていますが。

ガザの封鎖がまったく違法であるにしても、いまの国際秩序がそれを容認している限り、事態は動かない。私はかねてから「テロとの戦争」という規定がどれほどの害毒を及ぼしているかを強調してきました。つまり、国家が軍事力行使を問答無用で独占し、他のあらゆる勢力の武力行使からいっさいの合法性と正当性を奪う、というのが「テロとの戦争」の図式です。国家だけが一方的に軍事力を行使できて、秩序を押し付け執行し、維持することが認められるようになる。その秩序がいかに正義や法にもとるものだとしても、この図式があるかぎり、すべての抵抗は「テロ」として制圧の対象になる。こうした論理を、国際社会が認めてしまっているのです。

ですから、各国のマスメディアもこの秩序の側に立って報道し、「テロとの戦争」の図式にあわせてものを言うことになる。国家以外の暴力は絶対的に悪であり、その悪は法によって裁くのではなく、法の外で抹消・抹殺すべき対象にされるのです。この図式をイスラエル国家はあからさまに演じてきたわけです。

先ほどから私が「戦争」とは呼びたくないと言っているのは、戦争とは基本的に——もしこの言葉にきちんとした意味があるとするならば——国家間戦争を意味するものだからです。近代以降、戦争の主体は国家となりました。そして、国家が主体として戦争を遂行する以上、その行為に対しては国家が責任を持たなければなりません。ところが、「テロとの戦争」という規定は、「戦争」だとして一方的な破壊や殺戮を正当化しながら、その責任から国家を免責する道を開いたのです。国家が一方的な権利（安全の権利）を掲げ、危険だとみなした組織を圧倒的な武力で押し潰し、押し潰される側には、国家でないからといって何の権利も認めない。つまり、「法外」に置いて抹消の対象にするのです。それを国家間秩序である国際社会が支持する。そこでは国家に当然問われるはずの責任が顧みられることはありません。

九・一一後のアメリカは、この「テロとの戦争」によって恣意的な武力行使を正当化し、それを世界中の国家が承認した。さらには学者たちもこの構図を追認して戦争をめぐる言説を生産するようになりました。こうしたレジームの変更が、「戦争」を語るうえで問題の根本にあるということです。

岡　二〇〇一年のアフガニスタン空爆から始まった対テロ戦争のモデルとなったのは、イスラエルの対パレスチナ戦略でした。二〇〇〇年に第二次インティファーダが起きて、それに対するイスラエルの過剰な報復は、国際的な非難を浴びながらも、テロリスト撲滅という大義名分のもとでなされましたし、遡れば一九八二年のサブラ・シャティーラの虐殺でも「テロリスト撲滅」が謳われました。ですから、テロリスト撲滅を錦の御旗として一方的殺戮を正当化するというイスラエルの作ったモデルが、二〇〇〇年代に対テロ戦争レジームとして世界に広まり、言わば世界がイスラエル化してしまった。その極点がガザ侵攻であったと言えるでしょう。

自分たちが行使する暴力に対する異議申し立てや抵抗を「テロ」と名づけ抹殺をしていく。ハマースによる武装闘争だけではありません。イスラエルという国家自体がパレスチナに対する民族浄化によってできたこと、レイシズムに基づいた植民地主義的侵略が国家の根幹にあるという事実を抑圧、隠蔽するイスラエルにとっては、「ユダヤ国家」を肯わないパレスチナ人、とりわけ難民たちの存在がもっとも危険なものとなります。イスラエル国家の起源にある暴力、七〇年近く一貫して継続する暴力の証人だからです。ですから、パレスチナ人という存在自体が、武器など持っていなくても、彼らが「パレスチナ人」というアイデンティティを持っている限り、イスラエルにとっては自らの存在の倫理的基盤を脅かす暴力であり、実存的脅威なのです。したがって、イスラエルが抹殺したい「テロ」とは、彼らが喧伝するようなハマースの武装闘争だけではなく、イスラエルという存在の暴力的基盤を証し続けるパレスチナ人という存在そのものでもあるということです。

だとすれば、パレスチナ人が武装しているか非暴力を貫いているかは、イスラエルにとっては関係がない。要は、自らが何を暴力とみなすかが重要なのであり、パレスチナ人たちが侵攻されようと封鎖されようと、いまもガザに留まり続け、イスラエルによる占領を肯定しない、受け入れないということ自体がテロとみなされているのです。ただそれだけではさすがに軍事的に攻撃はできないので、ロケット弾などによってガザの側からかたちだけでも武力行使がなされるよう、ガザに対する空爆を続けて挑発を繰り返してきたわけですね。

西谷　絶対的に暴力を行使できる側にとっては、その権利を脅かす者が「テロリスト」にあたるということですね。

土佐　少し一般的な議論に置き換えるかたちで、お二人の話を論じ直してみたいと思います。現在の国際システムの問題の一つは、領域的な主権は不可侵であるという領土保全原則と、民族自決権の原則とが相反している状態が続いていることにあります。加えて、国民国家形成過程における「他者の排除」というかたちで難民問題が現出してきたということがあります。その最も顕著なあらわれがパレスチナ難民であるわけです。そして、このパレスチナ難民の問題は、ヨーロッパ主権国家体系の矛盾であるユダヤ人問題が球撞きされるかたちで中東に突き刺さったという側面も持っています。

そしてイスラエルによるガザへの「戦争」についても、実はまったく新しい事態ではありません。その「戦争」は、領域侵害正当化型「自衛権」の発動であると同時に、ちょうどアメリカ大陸でヨーロッパからの入植者が先住民を殺戮しながら占領・支配をしていった植民地主義戦争と同じ構図にあると言ってよいと思います。近代ヨーロッパにおいて国民国家体系が作られるなかで、そのダークサイドとして植民地主義戦争、植民地支配があったことはやはり見落とすべきではありません。なぜなら、そこで行なわれたことこそが、戦争ではないが人を殺戮するという行為であったからです。この「戦争とは呼べない戦争」が、一九世紀から二〇世紀にかけて延々とグローバルサウスに対して行なわれてきたわけです。それは第二次大戦後にアメリカによってCounter-Insurgency（対反乱作戦、通称ＣＯＩＮ）と呼ばれるようになりますが、それはマレーシアにおけるマラヤ共産党に対するイギリスによる掃討作戦を範例として、フィリピンでのＣＯＩＮへの関与を経るかたちでベトナム戦争へと継続していきます。そして、特にベトナム戦争ではアメリカは事実上の敗北を喫しました。民族ナショナリズムを核にした頑強な抵抗を前にして、敵味方の判別の困難なゲリラ戦では、圧倒的な火力が必ずしも勝利を保証しないということが明らかになったわけです。

また、ＣＯＩＮと並んで、スモール・ウォーという概念も用いられます。これは、主権国家同士の戦争ではないゲリラとの「戦争」の場合、相手は非正規兵であるので通常の戦時法が適用されないということです。重要なのは、戦時法が適用されない以上、そこでは法の制約が取り外され、例外状態が生まれることになる。ホモ・サケルに対する罪に問われない殺戮が常態化するということです。

そして、こうした状況においてお二人がされたメディアの問題が非常に大きな意味を持つことになります。グローバル・メディアの公共圏が極めてバイアスがかかったかたちで編集されていて、一般人はＳＮＳがガザのなかから発信されていても、ほとんどそれを見ないし、意識することもない。さらにイスラエル軍は、侵略をした土地に対しては、そこを完全にシールドして、メディアをシャットアウトするというやりかたを取ってきましたから、何が起きているか本当にわからないことになる。一方のＳＮＳは信頼性にかけるとか、話が創作されているのではないかという情報操作がされる。そうしたコミュニケーションの非対称性が前提になると、全体として、非常にバイアスのかかった認識が主流となり、例外状態の存在が不可視化されていくわけです。虐殺や侵攻という言葉はあっても、それにリアリティが伴わない状態が作られ、結果的にはイスラエルの主張だけが通ることになってしまうことになる。

西谷　そういうことですね。

岡　イスラエルはメディア戦略に多額の投資をしていて、公共マスメディアだけでなく、SNSのレヴェルも影響下に置いています。SNSでもイスラエルは言説を流布していますから、「SNS＝草の根」対イスラエルという区別も単純にはできないのではないかと思います。

土佐　それと関連させて話を拡げますと、メディア公共圏における非対称性と、マテリアルな部分、つまり武器における非対称性の問題もオーバーラップしています。例えば、イスラエルはドローン（無人攻撃機）を使ったポリティカル・キリング（政治的殺害）を繰り返してきましたが、そのために一般市民にも多くの犠牲者が生まれています。ドローンによる攻撃は、軍事活動の首謀者といった特定の人物だけを標的にしたものだけではなく、疑わしい行動をとっている人物全てを標的にするサイン攻撃（signature strikes）と言われるもの、インフラの徹底的破壊を目的にした病院や学校などの公共施設を標的にするもの、さらにはダブルタップと呼ばれる、第一撃による死傷者を救出に来た人びとを狙って第二撃を加えるものなど、さまざまなかたちで一般市民を意図的に狙うものが、さまざまな形態で行われており、その非人道性はエスカレートしています。四六時中、上空を飛び回るドローンは、一般市民をPTSDなどの精神疾患に追い込んでいることも指摘されています。

そうした状況に対して、例えば人権NGOのヒューマンライツ・ウォッチが「間違いなく間違っている（precisely wrong）」というタイトルのレポートを出し、イスラエルを痛烈に批判しました。興味深いのは、そのレポートに対して、イスラエルがとった対応です。証言が全てパレスチナ側なので信憑性に欠けるとしたうえに、レポート執筆者のなかにナチズムにシンパシーを持つ反ユダヤ主義者がいたと主張したのです。実際に、その執筆者は第二次世界大戦時の遺品コレクション、中でもナチス・ドイツ関連のコレクションを趣味としていたようですが、そのことを理由に彼の分析は信用できないとイスラエルは激しい批判を加え、彼自身は最終的にはヒューマンライツ・ウォッチを辞めざるを得なくなりました(Ed Pilkington, "Human Rights Watch investigator suspended over Nazi memorabilia," The Guardian, 15 September 2009)。これもまた、まさにメディア戦術の成功例で、ドローンを使った一般市民の虐殺という明らかにされた事実自体を否定するのではなく、そのレポートを書いた者が疑わしい人物であるとすることで、イスラエル軍が行った無差別殺戮という重大な人権侵害自体を隠蔽、あるいは相対化していったわけです。これは、部分的瑕疵を突くことで相手の批判全体の信憑性を貶めようとする、従軍慰安婦問題などでも見られる人権侵害を否認する手法の典型例とも言えます。

また、このレポートと同時期に国連から出されたゴールドストーン・レポートもイスラエルのガザ攻撃を人道的に対する罪などにあたるとして厳しく批判しましたが、これについても、ネタニヤフ首相がイスラエルの自衛権を否定する深刻な戦略的脅威と位置づけ攻撃したように、メディア言説の場が第二の戦場として位置づけられていることを忘れてはならないでしょう。

岡　メディア戦略についてもうひとつ例を挙げると、第二次インティファーダのころですが、イーマーン・ハマースという一三歳の女の子がガザで通学途中にイスラエル兵から二〇発近く銃弾を受けて殺されるという事件が起きました。この事件は世界に衝撃を与え、イスラエル政府に抗議を求めるグローバルな運動へと発展したのですが、それに対してイスラエルは、少女は鞄の中に爆弾を持っていて、それを兵士に投げようとしたから正当防衛で射殺したのだという対抗言説をネットに流しました。そうすると、イスラエルを非難しようとしていた人たちも、自分たちで検証することができませんから、どちらかの立場に与することを控えてしまったのです。反省的な思考がある人ほどこの種の罠には陥りやすいのですが、それをうまく利用したわけですね。殺された事実は否定しないけれども、実は裏に隠された理由があったという方法です。人々が「態度保留」にして、イスラエル非難を控えるだけでも、情報戦略は成功です。

安全保障国家と軍事技術革新

岡　今回の攻撃について、それがジェノサイドと規定されるということは述べましたが、殺戮だけでなく破壊の規模も、これまでの二回の攻撃に比べて、比較にならないくらい膨大なものになっています。言わば殺戮のための殺戮、破壊のための破壊が行なわれている。イスラエルはそれをコラテラル・ダメージとして装っていますが、実は、こうした破壊は「ダーヒヤ・ドクトリン」と呼ばれる戦略で、意図的になされていることです。「ダーヒヤ」とはアラビア語で「郊外」を意味します。二〇〇六年にイスラエルがレバノンを空爆した際、ベイルートの南郊外地区を攻撃したときの戦術から採られています。これは、あるターゲットを攻撃する際、ターゲットの規模にまったく釣り合わない、圧倒的な威力・破壊力のある砲撃、爆撃を集中的に行なうという方法です。ロケット弾の発射台を破壊するのに、そこだけピンポイントで爆撃するのではなく、半径五〇〇メートルくらいの規模で瓦礫になるような砲弾、しかも着弾誤差が五〇〇メートルくらいあるような砲弾を集中的に何発も発射し、結果、地区全体が瓦礫の山になります。

地上侵攻では、このダーヒヤ・ドクトリンが大規模に展開されました。ガザに対して日常的に行われている散発的空爆は、ハマースなどの幹部を狙ったもので、まさにコラテラル・ダメージによって市民の犠牲が出るという状況でしたが、今回の地上侵攻においては、街全体を大規模に破壊・殺戮するということ、それ自体が目標になっているかのようでした。

もう一つ、八月上旬に南部のラファで一度に一〇〇人くらいが集団殺戮される攻撃がありました。なぜそのような虐殺がなされたかというと、イスラエルには自軍兵士が生きたまま捕虜になるということをあらゆる手段を使って阻止するという「ハンニバル・ドクトリン」と呼ばれる戦略があるためです。「あらゆる手段」のなかには、その兵士の殺害も含まれます。生きたまま捕虜になり、交渉の際の政治・外交的な切り札として使われるのを阻止するためです。ラファ市街への大規模な殺傷攻撃は、そこで捕虜になったイスラエル人兵士を確実に殺すためになされたのです。

土佐　そのようなドクトリンを使っている国家は多くないでしょうが、ドローンによるポリティカル・キリングの拡大は、世界各地で起こっています。公共メディアで取り上げられる「スマート」爆弾といったレトリックは、ギルティー・フリー（guilty free）にさせる効果、つまり一種の免罪符としての役割が非常に強く、実際、アメリカ国民の八割以上がドローンによる「テロリスト」容疑者に対する攻撃を支持しているという世論調査結果（ワシントンポスト＝ABCニュース）もありますが、実際にはコラテラル・ダメージ以上の確信犯的な超法規的無差別殺人に近いものが確実に行われているわけです。

重要なのは、なぜここまで深刻な事態へと至ったのかということです。オバマ政権誕生時の西谷さんとの対談（「まがいものの夢――アメリカニズムとは何か」『現代思想』二〇〇九年三月号）では、オバマ政権に期待はできないと予想しましたが、幻滅どころかオバマ政権はある意味でブッシュ政権よりも状況が酷くなったとも言えます。つまり、ブッシュ政権のときはグァンタナモ収容所などが存在し、捕まえてきて非合法的に拷問するという、まさに例外状態的な措置がなされていたのですが、オバマはそうした収容所を閉鎖すると公約した。その代わりに採用したのが、ポリティカル・キリング、つまり危険思想に共感するような疑わしい関係者や信奉者を索敵してドローンによって政治的に抹殺するという手法です。オバマ政権になって、「対テロ戦争」の主たる手法が、違法な拘留・拷問から予防的な超法規的殺人へとシフトした、ということです。実際に、ドローンによるポリティカル・キリングの件数はオバマ政権誕生以降、幾何級数的に増えてきています。パキスタンに限っても無人機プレデターによる攻撃件数は、ブッシュ政権期には四〇件程度であったものがオバマ政権になると三〇〇件以上にのぼったという報告もあります。また地域も、アフガニスタン、イエメン、ソマリア、リビア、シリアなど、地理的拡大も止まる気配がありません。地理学者のデレク・グレゴリーも指摘しているように、世界中あらゆる所が事実上の戦争地域となりつつあり、戦争宣言もせずに遠隔操作で非合法的に殺し続けているのです。しかもそのターゲットの絞り込み自体が予防的に行われていますから、記録されている行動パターンなどから疑わしい者を炙り出し、そのデータをディスポジション・マトリクスと呼ばれるデータベースに、そのデータをファイリングして優先順位の高い順に殺していくということが行われているのです（詳細については、Ian G. R. Shaw, "Predator Empire : The Geopolitics of US Drone Warfare" Geopolitics 18, 2013, pp. 536–559）。もちろんその対象にはアメリカ市民も含まれます。二〇一一年、イエメンで、アメリカ国民であるアンワル・アウラキというアル＝カーイダの幹部だけではなく、その一四歳の息子もドローンで超法規的に殺したケースは問題になりました。オバマ政権は、こうした超法規的殺人をなんとか合法なものであると正当化しようとはしていますが、まさに法の宙づり、例外状態であることは明らかで、オバマ政権になって、その状況はより悪化したということが言えます。

この例外状態における疑わしい者の索敵については、いわゆるスノーデン事件によって国家安全保障局（NSA）がやっている令状なしの違法な盗聴捜査・監視活動が問題化されました。そこで明らかになったのは、プリズム・プログラムやマスキュラー・プログラムといったものによって、つまりFacebookのようなSNSを含めて大手情報メディア通信産業に情報提供を求めたり密かにケーブル回線から情報を盗んだりして集めた国内外の膨大な個人情報を解析し、疑わしい容疑者を炙り出していくといったことが恒常的におこなわれていたということです。例外状態がアメリカ国内に陥没するようなかたちで入り込んでしまっているとも言えます。そして、告発したスノーデンは左翼というよりはリバータリアンであったようですが、自らの自由を守るという信条にもとづき告発した結果、身の危険を感じてロシアに実質的に亡命せざるを得なくなったというのは皮肉な結果と言うしかありません。それがセキュリティ・ステート（安全保障国家）化の現段階と言えるでしょう。

一つ指摘したいのは、こうした安全保障国家の拡大・深化の背景には父権主義や男性主義が存在するということです。九・一一から五年後の二〇〇六年に亡くなった政治学者のアイリス・マリオン・ヤングが指摘していたことですが、日増しに強くなる安全保障国家の論理の背後にはマスキュリンな保護者のイメージ、つまり「俺が保護してやるからお前は言うことを聞け」という父権主義があります。そのために、軍事化が留まることなく進行していく。この過程がもっとも顕著だったのは、やはり九・一一以降のアメリカであり、それによって政治的・市民権的自由権が削がれてきました。ご存じのように、いま日本はまさにその路線に追随し、秘密情報保護法などを作って安全保障国家化の環境整備が進められているわけです。もしスノーデンのような行動をとる人が日本で出てきても、逮捕されて刑罰を受けることになってしまう。そして国家が違法な捜査をしていても、誰も内部告発できない。恐ろしい事態が進行していますか。
岡　逮捕される前に殺害されてしまうかもしれない。
土佐　そういうことです。いま進行している安全保障国家化は、多くの反戦運動が前提としている第二次世界大戦型の戦争国家とは違うかたちの戦争国家を目指していますが、しかし状況的にはよく似ているところもあります。戦前も消費主義に明け暮れているうちにアジア太平洋戦争（十五年戦争）にずぶずぶと入ってしまって、気がついたら悲惨な空襲に遭い飢餓に苦しんだというのが一般市民の日常的な感覚だったのでしょうが、戦争を推進する超国家主義に楯突く少数派は徹底的に弾圧されるようになっていった。現状はまさにそれと似たような入り口にいる。長期不況からの脱出を夢見てアベノミクスという小さなバブル現象に浮かれつつ軍需産業でも儲かればよいなどと節操のなさを見せているうちに、セキュリティ・ステートの全面化が着実に推し進められているのが実情でしょう。実際、東大が防衛省との次期航空自衛隊輸送機の技術開発協力を拒んだことを産経新聞が批判的に報道するなど、非常に気持ち悪い感じになってきている。全世界が安全保障に取り憑かれたかたちでイスラエル化していくことで、自分は安全地帯にいると思っているといつの間にか「テロリスト」容疑者として誤って勾留されたり殺されてしまうといったカフカ的不条理に直面することもありえるということです。
岡　主権国家間の戦争においては、敵は国家の外にいましたが、対テロ戦争というレジームでは、敵が自分たちの存在を脅かす内的なものに見出されてきます。ハマースはイスラエル占領下の組織ですから、まさにイスラエルの内部にいるわけです。またガザだけに限らず、今回は西岸でもパレスチナ人に対する官民による徹底的な迫害・弾圧がありましたし、パレスチナ系の市民に対する弾圧はイスラエル各地でいまも続いています。

セキュリティと日本の状況について補足すると、今年の五月にイスラエルのネタニヤフ首相が来日し、安倍首相と「包括的パートナーシップ構築に関する共同声明」を発表しています。「包括的」というところだけを切り出せば文化的なものも含めたよい話のように見えますが、その眼目は軍事とセキュリティです。ガザが定期的に「芝刈り」される大きな要因は、イスラエルが軍事国家であり、軍事産業が基幹産業の一つであることです。一般的にはアメリカから最新式の兵器を供与されている印象が強いのですが、実は電子機器系の武器輸出国でもあります。ですから、ドローンも含め、イスラエルが開発している兵器をガザで実験しているわけですね。ガザ侵攻は言わば「反テロ装備見本市」でもあり、実際に「ガザで実証済み」という兵器は人気が高いとも聞いたことがあります。また武器だけでなく、国内のパレスチナ系市民、あるいは占領地西岸のパレスチナ人に対する監視および管理システムも、セキュリティ・メソッドとして世界に輸出されています。ですから日本がセキュリティと言うとき、このような占領下のパレスチナ人を実験台にしてこれまで何十年の間イスラエルが培ってきた技術を積極的に導入しようとしているということを認識する必要があります。

土佐　過去であればアメリカが日本で二種類の核爆弾を使ったのも同様の意味あいを持つでしょうね。現在では、危険と承知で使い続けるオスプレイもそうですが、多額の予算を投じて作った以上、その兵器を使わなければならないという論理が、そうした行為を後押ししているとも言えます。また、戦争は経済の論理によって浸透していきます。「得になればよい」という話になると、倫理的な歯止めがかからなくなるのです。現在の日本でも武器輸出三原則の見直しがなされていますが、背景には「儲かればよい」という思惑があるわけです。

西谷　日本は潜在的に大変な軍事技術を持っていますから、武器市場への参入ができれば、間違いなく経済規模は拡大します。それを阻害している武器輸出三原則は邪魔なものでしかなかった。

レイシズムの「効用」

土佐　安全保障国家と軍事技術革新の結合が、いま再び進行しているわけですね。そして、そのときに大きな役割をはたす要素として、レイシズムがあるのです。現在新たなかたちで展開している植民地主義的戦争には、新型兵器の実験場という側面と、武器の在庫一掃処理という側面の両方があります。その両方を実現することで、軍産メディア複合体がうまく回るように働いている。しかしこの回転が円滑に行われるためには、敵の非人間化と、それを支えるレイシズムがなければならないということです。

基本的な差別の対象は二つ、イスラームに対する恐怖と、中国・ロシアという従来から異質な東方（非西洋）と位置づけられているチャレンジャーに対する不安です。日本の場合は後者が大きいですね。その不安や恐怖を煽り立てることによって、軍事産業の肥大化や安全保障国家化を促進する。このレイシズムなしで、金儲けの論理だけではうまく回らないのですが、いまはこのレイシズム・軍事産業の肥大化、安全保障国家化という三者が同時に、さらにうまくかみあって進行している。それが危機を深刻なものにしています。さらに、現象的にはイスラム国やドネツク人民共和国の独立戦争という事態も起きている。言わば文明の狭間で、事実上の未承認国家が同時に二つ出てきていて、それが不安をより煽り、事態を進展させているのです。

西谷　今では軍産メディア複合体ですね。しかし、その安全保障国家化が国内の隅々まで進展しているだけでなく、とりわけアメリカの場合は同盟国の隅々まで——ドイツの首相の携帯電話の記録まで

――監視をするようになっていますよね。それで一体、何のセキュリティが目指されているというのでしょうか。

土佐　ひたすら恐怖を膨らませるための虚構という側面が強くなっているのではないでしょうか。恐怖とは実体なきファントム（幻影）で、いくらでも膨らませられる。そこがまさにホッブズ的な支配を強化するための動因となるのです。これは抑止論にも言えることで、例えばしばしば「普天間基地は辺野古に移設すべきだ。なぜなら抑止力が必要だからだ」というロジックのすり替えがなされますが、抑止力とは実態のないファントムにすぎません。つまり、恐怖、脅威、抑止力などはいくらでも膨らませ操作することができますから、政治家にとっては支配強化のための魔法の杖のようになっている。

西谷　現在の情報テクノロジーによってセキュリティを追求していくと、結局はそのセキュリティ自体が一番危険なものになっていく。セキュリティ・システム自体が万人にとってもっとも危険なものになっていくというサイクルに入っているのだろうと思います。そのとき、何が壊れるのか。まだよく見えないのですが、しかしそれはこれからの大きなポイントになるでしょう。

それから、いまの話の流れのなかで一つ気になるのは、日本と世界の傾向を比較すると、おそらくいまの日本はその流れとズレているのではないか、ということです。安全保障国家化、あるいは経済の論理によって政治を動かしていくような状況に適合していくように見えながらも、いまの安倍政権の志向自体は、そうした流れに合致はしていないように思えます。もちろん国家とは官僚機構や経済システムによって顔のないまま動いていく面もありますから、そこでは世界の流れと合致しているのでしょうが、安倍やその周辺が志向する国家像・政策像は、いま安全保障国家化や軍事技術革新によって変化しつつある世界には、実は対応していないのではないかと思えます。

土佐　私は逆に、日本のいまの状況は、世界の流れを率直に反映していると思います。それは、新自由主義に対する不満を排他的な愛国主義に昇華していこうとする流れです。そしてもう一つ、インセキュアな、つまり不安な状態をもたらすものとしての異質な他者に対する寛容度がすごく低くなっているという点です。安倍政権の背後には在特会に代表されるような完全なるレイシズムが存在します。彼らが主張するのは、つまるところ特定の対象は「殺せ」ということですが、それはイスラエルにおけるアラブ系の人間に対する差別とよく似ているのです。

西谷　なるほど。

土佐　私の所属する大学院の研究科にＪ‐ＰＯＰが好きで日本に来たというイスラエルからの留学生がいたのですが、同じ研究科にはパレスチナに同情的なムスリムの留学生が多くいるのにもかかわらず、彼らの前で彼女は平然と、「アラブ人はテロリストである。だから殺して構わない」と言うのです。本当にびっくりしてしまうのですが、事実そういうレイシズムがある。自分が生き残るためには、不安をもたらすアラブ人は全部殺して構わない、ということですね。そして、彼女のような言説が、実は支配的になっているということです。

インセキュアの源の一つは、人間への恐怖です。この世界の動物のなかで一番恐ろしいのは人間であって、特に異質な者に対する恐怖がレイシズムを媒介すると、「いくらでも殺して構わない」という話になってしまう。そういう意味で、在特会が叫んでいる「朝鮮人を殺せ」「出ていけ」という論法と、イスラエルにおいてユダヤ人が言っている「アラブ人を殺せ」という言説は、ある意味でオーバーラップしている。それがまさにセキュリティのロジックが行き着く先でしょう。オバマの「ドローン戦争」の話と一緒ですが、疑わしい者、自分の安全を脅かす者は事前に察知して予防的に殺してしまうことになるのです。完全に映画『マイノリティ・レポート』の世界ですね。犯罪を犯す可能性、自分たちに対して危害を加える可能性があれば、事前に殺してしまうのが一番安全だ、ということです。それが西谷さんが言われた、セキュリティを追求していくと最もインセキュアな世界になっていくというパラドクスの意味だと思います。

岡　私の周囲にもイスラエル人留学生がいるのですが、まったく同じです。アラブ人に対するジェノサイドやレイシズムを公然と肯定して、その問題性にまったく気がつかない。パレスチナ人に対するジェノサイドを煽るようなレイシズム発言は、イスラエル国内では女性議員のアイェレット・シャケドによるものが有名になりましたが――彼女は、パレスチナ人の女はテロリストを胎内で育てるのだから、彼女たちも皆殺しにしなければならないという言葉を自身の Facebook で紹介しました――、彼女は何ら突出した存在ではありません。ネタニヤフ政権も、与党と競合している右翼政党の政治家たちも自らのレイシズム――自分たちがパレスチナ人に対してどれだけ不寛容で、大量殺戮をより大規模に提案できるかということ――を競うように公然と発言している。ホロコースト・サバイバー四〇名とホロコースト犠牲者の子どもや孫など親族三〇〇名がイスラエルの今回の攻撃を批判する声明を出したのですが、それを読んだイスラエルのユダヤ人が Twitter で「ヒトラーは仕事を完遂するべきだった」という投稿をしました。つまり、こんなことを言うユダヤ人はガス室で殺されるべきだったというわけです。ガザに侵攻したイスラエル兵がパレスチナ人の家に「アラブ人を皆ガス室へ」と落書きしたりする。こうなるともう、「中にはそういう人もいる」という話では済まないですよね。イスラエル社会の九五パーセントが、温度差はあれ、今回の攻撃に賛成しているそうです。イスラエル社会全体が、レイシズムをレイシズムと思わず、当たり前のように捉える空気になってしまっているのです。

西谷　レイシズムなどという言葉は批判としては失効しているのですね。
土佐　「それはレイシズムだ」と言って批判すると、その人が袋叩きに遭ってしまうでしょう。
岡　ガザ攻撃に賛同するデモンストレーションで、「アラブ人に死を」と同時に「左翼に死を」とも叫ばれていました。インセキュアになったとき、ユダヤ国家の国民でないパレスチナ人だけでなく、ユダヤ人であっても左翼は非国民として殲滅対象になっていく。
土佐　日本の場合、そこまではいかないけれど、しかし左翼というラベルを貼られた途端にもう「あの人の意見は聞かなくていいよ」となるくらいの水準にはなっていますよね。
岡　イスラエルのありかたは、つねに先取りしているのかもしれないですね。対テロ戦争もそうだし、セキュリティの行き着く果てのような社会の様相もそうだし。土佐さんが言われるように、これからは異質な他者のなかに、思想的な他者も含まれ、それがある種法的な迫害対象になる可能性も出てくる。
土佐　そうした事例は、フィリピンで、前のアロヨ政権時に実際に起こりました。「対テロ戦争」を奇貨とする政府は、法律家やジャーナリスト、人権活動家たちを標的にした超法規的殺人を推し進め、アロヨ大統領の任期中の二〇〇一年からの一〇年間の被害者数は一二〇〇人を越えるとも言われています。また二〇〇七年に成立させた「人間の安全保障法（Human Security Act）」という悪名高い法によって、「テロリスト」と思われる者は令状なしに逮捕することもできるようにもしました。法的な手続きを踏まずに、テロリストであると思われた場合はその場で逮捕し、さらには非合法的な政治的殺人を恒常的におこなっていたということです。こういうことが日本で起きないとは断言できません。むしろ、安全保障国家化が進む現在、その可能性は相対的に高まっていると思います。加えて、そういうことをやると喝采する人がいるという事実から目を背けてはいけないのかもしれません。特に国家中心主義に凝り固まったエリート層は、「これで自分たちの安全な生活が保たれる」、「彼らは秩序を乱しているのだから殺すべきだ」と思い、そうした予防的拘禁や超法規的殺人を支持、推進する傾向が強い。そこにも、階級的なものを軸にした「新しいレイシズム」の影を見ることもできるかと思います。

全面化する戦争

岡　ポリティカル・キリングというまさにヒューマニティを無視した行為がヒューマン・セキュリティ（人間の安全保障）の名の下で行われているというところで思い出したのですが、ディヴィド・ロイドという英文学者が「大量虐殺は自衛ではない」という文章を書いています。大量虐殺が自衛と語られ、不法な令状なしの逮捕が人間の安全保障の名によって行われるこの事態――オーウェルの『1984』的事態――を、イスラエルは「自衛の権利」の名のもとに語り、アメリカも「イスラエルの自衛のための戦争」だとしている欺瞞を批判し、それは大量虐殺だと名指したのです。

彼の発言は、人文学にかかわる研究をしている者であるからこそ、そうした言い換えは許せないのだ、という意図を持っています。ホロコーストについてはさまざまな人文学者が自分の問題として語ってきました。ですから、ガザで起きていることについても、ただ国際政治学、あるいは中東研究者の問題であると捉えるのはおかしいですよね。哲学や文学など、人文学に関わる者たちが考えなければいけない問題であるはずなのに、全然そういうふうには認識されていない。これも問題だと思います。

西谷　戦争をまともに論じていると、残念ながら相手にされなくなるのです。私は以前に『「テロとの戦争」とは何か――九・一一以後の世界』（二〇〇二年）以後、主観的には一番まともなことを言い続けてきたと思っていますが、しかしそれはほとんど無視されたと言ってもいい。私が「テロとの戦争」について書いたことなど、政治学者やジャーナリストから評価されたことなどほとんどないでしょう。しかしそれでも発言を続けていかなければならないと思っているのは、まさに二〇世紀において、世界が戦争のなかで一つになったからです。世界戦争というのは本当に凄いもので、それがなければ現在のようなグローバル化も起きていない。戦争によって、世界のあらゆる場所で、人間の存在状況が連動してしまったわけです。ですから、人間について、つまりヒューマニティやアンソロポスについて考えるときに、戦争という条件を外しては、その根拠自体が見えなくなってしまう。人文学にとっての戦争とは、それくらいに重要なテーマだと思っているのです。

今日の鼎談の一番のテーマでもあり、いま起こっているもっとも大きな問題は、現在の「戦争」を論じようとすると、すぐさま「戦争」としては語れなくなるということです。今日私たちが話しているのは、最先端の武器と戦術を用いた、国家によるもっとも凄惨な破壊と殺戮のことですから、その意味では確かに「戦争」なのですが、それでも、ガザをはじめとして起こっていることは、「戦争」とはもはや呼べない。そのために、ここまでは「テロとの戦争」のレジームや安全保障国家化、そして軍事技術革命といったフレームを使ってきました。それは、突き詰めれば人間は一方で肉片に還元され、他方では恐怖によって自己防衛に走るというような状況が全面化したということです。つまり、「戦争」はこのような事態としてしか語れなくなっているということです。

かつて『夜の鼓動に触れる――戦争論講義』（一九九五年）の最後に、「今や戦争は腐乱死体になっている」と書きました。もはや戦争という枠組み自体が崩れたものとしてしか語れなくて、ある意味では全面化、一般化してしまっていて、そのなかで猛烈な患部が、極所的に生じているという状況だったと思います。その状況はいまでも続いていて、「テロとの戦争」の構造を集約しながら、現在のガザに現実化しています。

また、「戦争」として語ることで、すでにバイアスをかけてしまうということもあります。「イラク戦争」という呼び名は私たちにとっては一般的ですが、この呼称を使っているのは西側諸国やグローバル・メディアだけであって、そうしたメディア上で作られたフレームであることをどれだけの人が認識しているでしょうか。当事者であるイラクの人々は、この十数年間の経験を絶対に「イラク戦争」とは呼んでいないのです。では、イラクの人々は、自分たちの経験を何と呼べばよいのでしょうか。最初のうちは米軍の侵攻と呼んでいたでしょうし、それに対する抵抗はレジスタンスとされていました。ところが、抵抗運動は、西側メディアではすべてテロリズムとされてきたわけです。そうした二重性をくぐりながらでなければ、私たちは現実にたどりつくことができません。

このようなことが、いま戦争を語るときの一般状況ではないでしょうか。そして、この境目となったのは、「テロとの戦争」の規定とその枠組みを全世界が受け入れたときからでしょう。そのときから、「テロとの戦争」が国際秩序の編成原理となってしまった。その原型をイスラエルが作り、アメリカが世界に広めた。それが十数年続いた後に、オバマは「テロとの戦争」を終えようとして、ビン・ラディンを暗殺しましたが、しかし実際には戦争は終わらず、現在のイスラム国のような現象にまでつながっている。こうした流れを踏まえて、今、ガザ以外の場所で起こりつつある戦争について、土佐さんはどのようにお考えになりますか。

土佐　基本的に「テロとの戦争」は〈文明／野蛮〉という世界の分節化を前提にした暴力的な世界統合化という側面を持っているということです。特に注意すべき点は、〈文明／野蛮〉などの優劣関係を前提にした世界の同質化（欧米化）という欲望は、その欲望を妨害する他者（野蛮を表象する者）に対する苛立ちまたは憎悪へと転化するということでしょうか。同質化できない差異は危険の徴であり、そうした異質な他者は物理的に抹殺すべきであるということになる。しかも、「対テロリズムのための国家戦略」（二〇一一）などのアメリカ政府の文書を読むと、アル＝カーイダは単なる殺人者（killers）であるので殺して構わないとしたうえで、その抹殺すべき対象者は関係者（affiliates）から個人的な信奉者（adherents）といったように際限なく拡大する傾向を見せています。一方で、承認の政治においてリスペクトもされず一方的に同化を迫られる側は、西洋化やアメリカナイゼーションに対抗するオルタナティブを希求しながら自閉的アイデンティティ・ポリティクスを展開することになる。その両者が合わせ鏡のようになったかたちで非対称的なグローバル・シビル・ウォーが展開していると捉えることができるかと思います。現在起きているイスラム国、あるいはウクライナからの分離を求めるドネツク人民共和国の紛争などの問題も、その枠で捉えられることができるかと思います。特にドネツク人民共和国に関して言えば、ロシアの政治エリートが自分たちの死活的国益だと思っているウクライナに対して欧米が手を突っ込んでしまったことに原因があり、それに対する反発として起きているわけです。

西谷　手を突っ込んだ側は、ロシアにとってのウクライナの位置づけなど認識していたのでしょうか。

土佐　西側は、そのことを認識しながらもNATOとEUの東方拡大という政治的陣地戦を仕掛けているうちに閾値を超えてしまったということでしょう。それに対してロシアは防御的反応をしたにもかかわらず、それを軍事力による現状変更を目指す攻撃的反応だと決めつけたわけですね。

一方のイスラム国は、より複雑な事情があると思いますが、私が想起するのは、かつてのクメール・ルージュとの相似性です。クメール・ルージュはカンボジアからフランスに留学した学生たちが現地で欧米に対する反発を軸に自身の過激思想を煮詰めていって、それを母国に持ち帰り、一九七五年から七九年のあいだ、壮大な社会実験により大虐殺を引き起こしたわけですが、イスラム国の主導者の多くも、欧米での経験から怒りやルサンチマンを高めていって、義勇兵として入りこんでいったと言われています。もちろん、イスラム国が今後クメール・ルージュと同様の大虐殺体制を築くかどうかはわかりませんが、両方とも欧米主導の軍事的グローバリゼーションへの反発から生まれているとは言えるはずです。

一九七〇年代初め、当時のニクソン政権は、ベトナム戦争のベトナム化つまり米軍撤退を視野に入れながら、ホーチミン・ルートに対して大量爆撃を行いました。その結果、現地の農村は荒廃し、特にベトナムとの国境に近いカンボジア東部はクメール・ルージュの支配地域となり、一九七五年にはプノンペンを制圧するに至ってしまった。これはいま、西側と一部のアラブ諸国がやっていることとまったく同じですね。空爆をやればやるほど現地は荒廃し、イスラム国の支持者は増えていくはずです。その意味では、今回の作戦は一九七〇年代前半のそれと同じような過ちを繰り返しているように見えます。自国兵士の死傷者数ゼロを前提に空から爆撃のみで敵を倒そうとすると、フランケンシュタイン的な敵を呼び起こしてしまうことが理解されていないのです。

繰り返しになりますが、欧米主導の「上からのグローバル化」に沿って世界を無理矢理に統合しようとすると、そこで出会った相手からは必ず反発が起こるのです。そこで副産物的に、さまざまな過激な運動やその運動が制度化した全体主義的体制が立ち上がってくる。それがブローバックしてアメリカを襲い、襲われたアメリカはますます過剰に反応し、アメリカ自身も安全保障国家化・全体主義化していく。この悪循環をひたすらに辿ってきたのが、この半世紀にわたるアメリカの安全保障国家化の歴史だったのではなかったでしょうか。

西谷　イスラム国のような組織にしても、アメリカに対して直接攻撃はできないわけですね。アメリカが押し付けてくる秩序圧力に対して猛反発をすることはできても、アメリカ自身を脅かすことはない。それにもかかわらず、アメリカは「自衛」と称して空爆をします。日本の「集団的自衛権」とも関わってきますが。

土佐　予防的攻撃という位置づけでしょうね。彼らがイギリスやアメリカに帰ってきてテロを起こす前に、シリアやイラクで全員を殺してしまおうという発想です。

西谷　そこで異物化されたものは、より極端な異物となって返ってこざるを得ないということですね。

岡　そのときに、従来であればアメリカの「世界の警察」としての振る舞いを批判していたようなリベラルな知識人のなかに、ISに関してはアメリカの空爆を積極的に支持する人も現れていますね。

西谷　そういう語りでは、かならず少数民族の虐殺が介入の理由とされますね。

土佐　そうした虐殺がどこまで事実で、どこまでが情報操作によるものなのかはわかりません。湾岸戦争のとき、アメリカは、例えば油にまみれた水鳥の写真をフセインの仕業としてフレームアップしたり、クウェートの病院でイラク兵士が赤ん坊を床に叩きつけて殺したというような嘘を流すなど、次から次に情報をねつ造して、フセインを絶対悪に仕立て上げたことがあります。一方で、クメール・ルージュによる虐殺については、当時、一部の研究者は事実無根と否定したものの、その後、想像を絶するような規模で行われたことが明らかになったこともありました。ですから慎重に見極める必要があるでしょう。

岡　私自身イスラム国に関してはほとんど情報を持っていないので、まったくわからないのですが、ハマースがあれだけ悪魔化されて表象されるのを見てきましたから、イスラム国に関しても、同じような情報操作はなされていると考えるべきかもしれませんね。

西谷 イスラム国がシリアおよびイラクで驚異的な勢いで拡大していることを考えれば、それに対するネガティブなファンタズムが肥大していくことも当然でしょう。ただ一つ言えるのは、アフガニスタンを統治していたタリバンがそうであったように、武力による制圧であっても、それが一定の秩序を保証することになれば、多少の抑圧があっても支配が受け入れられるということです。ですから、タリバンと同じくらいの統治体制は築くでしょうね。

土佐 タリバンやイスラム国は、言わば自生的に形成された土着的安全保障国家なのです。社会があまりにも無秩序な状態となり、日々の生活に支障をきたすことになれば、そういったものを支持せざるを得なくなる。しかしそうした土着的安全保障国家は非常にパターナリスティックですから、マスキュリニティと伝統主義とが強固に結びつくことになります。そこでは私たちの感覚からは看過できないような倫理コードを持ってしまうことがありますから、全面的な支持は難しいわけです。例えば女性の教育を認めないといったことです。しかし、ローカルで自生的な秩序を外の力によって潰し、それを再建することは妥当なのか。それが問われるところでしょうね。

岡 しかもそれがグローバリゼーションに対するリアクションとして生まれてきたのならば、なおさらですよね。

土佐 ただ、ハマースについても、やはり留保せざるを得ないのは、イスラエルの情報局との内報者を処刑している点です。

岡 ガザにはハマース以外にも複数の武装抵抗組織があり、内通者の処刑を行なっているのはハマースだけではないのですが、超法規的処刑の後、パレスチナ人権センターがこれら組織に書簡を送り、こうした行為は我々自身にとってダメージになるから止めるべきであると勧告しています。

不可視の戦争としての封鎖

岡　西谷さんから何が戦争として認識されるのかというお話がありました。それは言いかえると、メタファーとしての戦争という問題になるかと思います。イラクの場合、西側諸国にとっては、戦争とは九一年の湾岸戦争であり、二〇〇三年のイラク戦争であって、そのあいだにはなかったという認識になっている。しかしイラクの人々にとっては、経済封鎖という、いわゆる戦争以上に厳しい戦いを、一二年間にも渡って強いられてきたわけですね。つまり、「封鎖」という新しい要素が、戦争のなかに加わっていることを見落とすべきではないということです。そして現在、もっとも苛烈な「封鎖」の暴力に晒されているのはやはりガザであり、二〇〇六年の限定的封鎖から始まって、二〇〇七年には完全封鎖が始まり、それが現在まで続いています。

完全封鎖という不可視の暴力性、私は「殺戮なきジェノサイド」と呼んでいます。戦闘や虐殺によって人間の命が大量に奪われることに関しては、国際世論もヴィヴィッドに反応しますが、人が大量に殺されないと、暴力に対する反応はとたんに鈍くなってしまいます。封鎖がいかなる暴力性を持つかということは、ほとんど伝えられることがありませんし、それが構造的な暴力であるがゆえに、表面的にはその暴力性は見えづらい。封鎖下において人間らしく生きるということには大変な困難が伴うのですが、それが外の世界には見えてこないわけですね。

七月一五日にイスラエルから提示された一方的な停戦案をハマースが同意しなかったことについて、

西側のメディアからはハマースがガザの人々の命を顧みずに停戦を蹴り、戦闘を続け、その結果としてパレスチナ人の犠牲者が増えているかのような報道がなされました。実際にパレスチナ人を殺しているのはイスラエルであるにもかかわらず、犠牲者拡大の責が、一方的にハマースに押しつけられていました。しかし、ガザの市民社会は世界に対し、封鎖解除なき停戦を無条件に受け入れることは、我々にとって「生きながら死ね」というのに等しいのだという声明を発表しました。封鎖解除を条件としない停戦を受け入れないのは、ハマースの独断ではなく、ガザのパレスチナ人の総意だと訴えたのです。

イスラエルの高官が封鎖の目的を語っていますが、それは、ガザの人間たちを「飢え死にしない程度に飢えさせておく」ということです。封鎖はイスラエルによるパレスチナ人のポリティサイド、つまり政治的主体としてのパレスチナ人を抹殺するという目的のために、戦略として使われているのです。

土佐　ポリティサイドという概念を使ったのは、二〇〇七年に亡くなった元ヘブライ大学教授のバルク・キマーリングだったと思いますが、彼がイスラエル市民社会のなかの限られた良識的知識人としてイスラエル国家の政策を厳しく批判していた点は、まさにそこにあったのだと思いますね。ガザで起こっていることは、ホモ・サケルの状態へと人を追いやっていくこと、死んでもよいような状態で生かしていくことです。しかもそれを、軍事力だけでなく、封鎖という目立たない暴力を使って達成していく。非常に巧みな方法が用いられていることで、メディアでは報じられることがなく、人々にも意識されていないということだと思います。

そうした状況において人間らしく生きることがいかに困難かということですが、マイク・デイビスが『スラムの惑星——都市貧困のグローバル化』(二〇一〇年)でも指摘していたように、ガザというのは、住民の約七割が難民によって構成される世界最大のスラムとしても概念化できるのではないでしょうか。

この場合のスラムとは、国連の定義にならって、人々の過度な密集性、劣悪な住宅環境や公衆衛生環境、また安全な水の供給などの公共インフラの欠如に特徴づけられる地域ということを考えています。イスラエルによって遮断・封鎖されている以上、ガザ全体がインフォーマル・セクターとして生きていかざるを得ないわけですね。

岡　そうですね。六七年の占領直後にイスラエル政府が最初に行ったのは地場産業の破壊でした。反開発と呼ばれる、自律的経済の発展を抑止する政策を一貫して採ってきたわけで、その究極のかたちが封鎖だということです。

土佐　リベラル・ピース圏のフォーマル・セクターから排除され、インフォーマルに生活せざるを得ない人たちが暴力によって反撃していくと、リベラル・ピースの体制側は予防的拘禁や超法規的な殺人を含めて例外状態的な対応を恒常的に取ることになります。そのために、インフォーマルに生活する側はホモ・サケルの状態へと追いやられていくことになる。しかしリベラル・ゾーンにいて日々、生産性上昇に駆り立てられる一方で消費主義に明け暮れている人間にとっては、インフォーマル圏に生きる者の逆襲は生活を脅かすものでしかありませんから、例外状態的な措置・対応を支持するのです。特に、APやAFPやロイターのようなメディアが支配するメディア公共圏においては、「この不条理がわからないのか」と訴えることが難しいし、訴えても一般的な認識を動かすことはできない。この、ネオリベラルな統治性と例外状態とが奇妙にシンクロしている状態を、私は「アナーキカル・ガヴァナンス」と呼んだことがあります。

岡　物理的暴力としての戦争とメディアの関係で言えば、〇八〜〇九年の攻撃の際にイスラエルは白燐弾を使用したのですが、そのときの痛ましい犠牲者の写真はネット上に多数残されています。それらの写真は、白燐弾を使用することがもたらす軍事的な成果を上回る、イスラエルに対するイメージの毀損をもたらすことになりました。そのために、イスラエル軍も戦闘では白燐弾を使用しないという方針を最近になって決めたそうです。

もちろん白燐弾を用いないことはよいのですが、それが人道的な理由によるものではなく、あくまでイスラエルという国家の自己イメージを守ることだけを理由としている。そうすると、封鎖というのは、ジェノサイドであるにもかかわらず暴力性が露わでない、まさに狡猾なジェノサイドです。暴力性を効果的に隠蔽する戦術として封鎖がなされているとも言えます。

土佐　そのことに関連して触れておく必要があるのは、ガザと隣接するエジプトのことです。ムスリム同胞団が政権を奪取し、ガザとの境界の封鎖を部分的に解除したことで希望が見えたのですが、西側がムスリム同胞団主導の政権に対する軍事クーデターを事実上支持し、境界は再び封鎖されてしまいました。この点において、日本を含めた西側社会もイスラエルによる封鎖の共犯者であることは明白です。エジプトの事態が示しているのは、ハマースのケースとまったく同じで、選挙によって合法的に選出された政治的代表であっても、欧米社会の利益に相反すれば非合法的なかたちですげかえさせるということです。それが結果的には、いまお話をされたような構造的な暴力を蓄積させ、現地の反欧米意識を高めることにもなっている。そうした問題もマスメディアではあまり指摘されませんね。

岡　日本のメディアでは、ハマースはイスラエルの生存権を認めていないと報じられますよね。ハマースがイスラエルの生存権を認めていないから和平が合意に至らないと認識されている。確かに結成当初のハマース憲章には、パレスチナ全土の解放が掲げられていましたが、政治を担っていく過程での方針転換があり、今回の停戦案でもイスラエルが封鎖解除をするのであれば、長期にわたる停戦を結ぶ準備があるとしています。

ですから、和平など結びたくないのはイスラエルの側なのです。定期的にガザを攻撃し、西岸の人間を弾圧し続ける状況を維持したい。まさに国家が戦争機械であり、セキュリティ・マシーンとなっていて、戦争と弾圧が目的となっている。

西谷　戦争と弾圧こそが、イスラエルという国家の存続のために必要だということですね。そもそも、イスラエルは第二次世界大戦後の国際秩序を作る上でのキーストーンと位置づけられ、その後の戦争のありかたや、グローバリゼーションや西側諸国による世界統治においても大変重要なポイントとされてきました。しかし、現在のイスラエルは秩序維持のために利用されるだけでなく、その秩序に対する劇薬として、自ら積極的に世界を揺り動かすような役割を果たそうとしているようです。

何が生を支えるか

土佐　話が変わるのですが、以前にイスラエルとの国境近くのレバノン南部のヒズボッラーの支配地域に行った際、町の光景の異様さに驚いた記憶があります。イスラエル軍との戦いで殉教した若者たちの遺影写真がプリントされた旗が彼方此方に掲げられていて、ある種の終末思想というか、死によって天国へと到達できるという意識が日常化されているように感じました。ガザはレバノン南部以上に死が身近なものとしてある土地かもしれませんが、人々のなかにそうした意識はあるのでしょうか。
岡　それは感じませんね。確かに、イスラエルは、イスラームは死を称揚する文化であり、それに対して自分たちは生を愛するのだ、というイメージをさかんに宣伝しています。ハマースがガザの住民を人間の盾にしているといった主張はいまでもなされますし、イスラエルの元首相であるゴルダー・メイールは「我々が敵を愛するのと同じくらい、パレスチナ人が自分たちの子どもを愛することを学べばこの紛争は終わる」といったことを述べています。パレスチナ人を「憎しみの文化」「死を愛する文化」と本質規定するというオリエンタリズム的言説戦略です。

西谷　二〇〇三年にフランスの調査団がガザの子どもたちの意識を調査したところ、男の子のほとんどが兄のような殉教者になりたいと語り、女の子にも同じように「カミカゼ」になると語った子がいたそうです。二年に一度は侵攻があるという状況のなかで育つ子どもたちが、どのような精神的なショックのなかで暮らしているのか。これは大変に大きな問題だと思うのですが、誰も踏み込んでは語りません。それは、アメリカ軍の兵士が紛争地でどのようなPTSDを被るかについてさまざまに語られるのと、非常に対照的です。

　私たちはつい、このような状況であれば、まともな精神状態の子どもが育つはずはないと考えがちです。ところが、古井みずえさんの映画『僕たちは見た――ガザ・サムニ家の子どもたち』を観て衝撃を受けたのですが、イスラエル軍によって瓦礫にされた町のなかで、人々がともかく作物の種を播いている。その種は、数ヵ月後には必ず実を結ぶんですね。その情景を見て、私はほとんどこの現実だけが、子どもたちを生かしているのではないかと感じました。種を播けば作物が育つという、もっともマテリアルな次元でのポジティブな現象だけが、ガザにおいて子どもたちを生かしているのではないか、と。つまり、極限的な閉塞状況のなかで、何が人にポジティブな糧を与えるのか。その疑問がずっとあるのです。

岡　ベイルートのアメリカン大学で社会学を教えているサリ・ハナフィ氏――自身がパレスチナ難民

の二世ですが――が、「スペシオサイド」という概念でパレスチナの現状を説明しています。従来の紛争の強度を測る尺度は、死傷者の数でした。今回までの六〇年間にわたってジェノサイドとみなされるような死傷者が出なかったために、パレスチナ紛争は低強度紛争として捉えられてきました。しかし、そのような従来的な尺度では、物事を正確に測ることはできません。パレスチナでは人が大量に殺されているわけではありませんが、人間が人間として生きていくことを可能にする空間が圧殺されているのだということで、彼はそれを概念化したわけです。そして、この空間とは一種のメタファーであり、人間が人間らしく生きることを可能にする条件を意味しています。それが物理的手段だけでなく、法的、経済的、制度的、社会的なあらゆる手段によって圧殺されることで、人間が人間らしく生きていくことができなくなるということです。

その過程では、農地もまた立ち入り禁止区域に設定されています。ガザの可耕地の三五パーセントが立ち入り禁止区域とされ、それればかりか立ち入り禁止区域付近の一・五キロ圏内に踏み入れるだけで狙撃をされる。ガザの一八〇万人のうち、一五〇万人が難民とその子孫で、その多くが難民キャンプに住み、八割が国際援助に依存しなければ暮らしていくことができない。加えて今回の攻撃によって、残された土地の多くも破壊されました。ですから、作物を育てることすら、大変に難しくなっているのです。

西谷　そういった土地で、人が生きていけているのは、本当に不思議というか奇跡と言ってもよい。生を支えるのは、復讐心だけではないはずです。

岡　そうです。だからこそ、イスラエルの攻撃もどんどん過剰なものになっていくのです。「これだけのことをやれば言うことを聞くだろう」というところまで攻撃をするのだけれど、パレスチナの人々はけっして服従することはない。

メディア公共圏の問題と、それに対するSNSの影響力の小ささについては繰り返し話してきましたが、それでもSNSが存在するということの意義は過小評価できないと思います。今回の攻撃において顕著だったのは、攻撃を受けるさなかに、パレスチナからさまざまな発信がなされていたことです。例えば、ガザのイスラーム大学で英文学を学んでいる学生たちが、空爆下のガザで生きるとはいかなる行為かということを、SNSを使って英語で発信をし続けました。ジャーナリストが入ってカバーをしても、ガザの人々は客体となるわけですが、そうではなく、一人称で語り始めている。それは凄いことだと思うのです。

しかも、そのような情報発信が、非常にアーティスティックに行われています。ガザ攻撃と同時期に、ALSアイス・バケット・チャレンジというチャリティ企画がSNS上で流行しましたが、ガザの人々は、バケツに入った瓦礫を頭から被るという動画をアップロードしていました。これはある種のパロディであり、ユーモアですよね。このような、「よくこの状況下でやるな」とさえ思わされるようなアートが、パレスチナからの表現のなかにはありました。

六年前の攻撃のときも、ガザのアーティストたちが停戦直後に半壊した建物に破壊を免れた自分たちの作品を持ってきて動画で撮影したものを、「廃墟のなかのアート（Art in the ruins）」と名づけて発信したことがありました。破壊されたことをそのまま見せるのではなく、アートとして見せた。私はそこに、彼らの抵抗の真髄を感じました。

なぜアートなのか。それは、自分たちは人間なのだというメッセージがあるからです。ホロコーストを経験したユダヤ人たちが、今度はパレスチナに対してホロコーストを行っている。まさにニーチェの「深淵をのぞくとき、人はまた深淵からのぞき返される」という言葉をなぞってしまっている。ですから、パレスチナ人の戦いとは、この反復に引きずり込まれることなく、人間の側に留まろうとすることなのです。ヒューマニティを完全に否定されているなかでも、いかに人間の側に留まり続けるのか。その戦いを自覚しているからこそ、七〇年近くにわたってあの土地で踏みとどまっているのではないでしょうか。

西谷　それはわかるのですが、私が述べたかったのは、そうした人間性の維持の根本には、やはり作物が芽吹くという物質的なものがあるのではないかということです。

岡　いや、それすら奪われていてもなお、人間性を求める力はどこから来るのかと問いを立てるべきだと思うのです。私はこの七〇年間の経験のなかから、パレスチナ人が育んできた思想の力だと思っています。ムハマド・バクリの『ジェニン・ジェニン』という映画のなかでは、自爆テロを行うと宣言している女の子も登場します。つまり、この経験のなかからは、自爆テロを含めた武装闘争を正当化する思想も生まれましたが、そうでない思想も作られてきたということです。生の側に踏みとどまることを、自らの拠って立つ基盤としている。

土佐　菜園もなかなか一人では耕せませんよね。強大な軍事力によって公的秩序が破壊し尽くされたなかでは相互扶助によって切り抜けて生きていくしかないわけですが、作物を耕すことも、表現をすることも、そのなかで生まれてくるのではないでしょうか。戦争というのは、基本的に階層秩序的であり上から下へとトップダウンで遂行される破壊であるのに対して、瓦礫のなかの菜園とは、相互扶助的な、本当の意味でのアナキスト的な草の根的な抵抗の徴とも捉えることができるのではないでしょうか。プルードンも言ったように、秩序は相互扶助によって形成されますから、アナルシーこそが秩序であり、自由なのです。逆説的に言えば、一種のアナルシーに近い状態のなかで、自由を垣間見ている。そこから希望を見出そうとしているのではないでしょうか。

西谷　「共」の思想ですね。

岡　「共」がなければガザの人たちは生きていけなかった。しかし、常に最悪が更新され続けるなかで、どうしてここまで人々は強いのか。その理由をあるパレスチナ人の女性監督に聞いたことがあります。その答えは、「Life is going on それでも人生は続いていくから」というものでした。でも強いのは女性だけですね（笑）。

土佐　男性のほうが孤立しやすいですからね。

岡　ジェニンで家を破壊された男たちはぼんやり瓦礫の前に座っているのですが、女たちはそれでも子どもの世話をして食事を作らなければいけない。常に何かをしなければいけないという意味で、人生は続いているわけです。

戦争に抗して

西谷　そろそろ結論に入りたいと思います。戦争が戦争として明確に語りえた状況はすでに崩壊して久しい。国家間戦争は過去のものですし、その後に登場した「テロとの戦争」という枠組みの邪悪さも明確になっています。つまり、戦争という言葉では戦争が語れないという状況が、戦争という概念そのものを崩しているのです。ですからいま求められているのは、確固とした戦争の概念に対応する確固としたた「平和」の概念を対置するのではなく、戦争とは呼べないものの全面化のただなかで、どのようにして生存空間を作り直すか、そこで必要な最低限の秩序をいかに確保するかという思考ではないでしょうか。どのようにすれば、人々が息をし、ものを食べ、助けあって生きていくことができるのか、何がそれを保証するのか。そのように思考の枠組みを作り変えなければ、いま起きている事態には対処できないでしょう。

土佐　現在のグローバル・シビル・ウォーへと向かっていくような状況は、おっしゃる通り旧来の戦争という概念では捉えきれないかもしれませんね。むしろ過剰なセキュリタイゼーションの結果としての世界大の例外状態と考えたほうが近い。そのなかで、領域的な視点に身体を同一化させるジオ・ボディの形成という生政治が再び進行しています。日本の場合は、中国脅威論を梃子にした、とてもマスキュリンな安全保障国家化・軍事化が、危うい感じで蔓延しているわけです。

そうした流れに抗うためには、先ほどのガザの話ともつながりますが、まず、「生」というものがいかに脆いかを再び見つめ直し、例えば「命どぅ宝」のような思想を再び鍛え直すことではないでしょうか。そういったある種の下からの現実主義が必要とされている。いま政策当局者が捨象している現実を、私たちが取り戻す必要があるのです。

「難死の思想」を含め、いままでの日本の平和主義は、過去を参照軸にしているものがほとんどです。つまり第二次大戦の時代は悲惨であったという記憶を必死に引きだしているのだけれども、それが枯渇していくなかで、戦後世代の政治家たちが暴走をしている。こうした局面を迎えた以上は、同時代的に生きている私たちが直面している悲惨な現実について、改めて体験の共有化をしていくことで、生の脆さを意識し直し、バーチャルな戦争礼賛論を食い止めていく必要があります。脆い生というものを直視しながら、その脆い生を互いにケアする関係を横に広げていくことが必要なのではないでしょうか。

それは見方を変えれば、下からの平和的な関係性の創出、つまり「下からの平和構築」であるとも言えます。平和構築はトップダウンで行なうものと思い込んでいる人もいるようですが、本来的には、平和的にケアする関係を下から築き、相互扶助を拡げていくことこそが、平和構築であるはずです。それが、安倍政権の掲げている積極的平和主義、つまりレトリックが平和で実態が軍事主義という危うい ダブル・スピーク的な話法が蔓延しているなかで、リアルな平和的関係を作るために必要なことだと思います。

岡　西谷さんが言われた「共」、あるいは土佐さんが言われた「横のつながり」で思いだすのは、三・一一のときの出来事です。震災の被害を知ったガザの人たちから、家を破壊される痛みは私たちの痛みだということで、義捐金や毛布が集められたのです。それは前回の侵攻からわずか二年後のことでした。封鎖をされていたために物資は送られなかったのですが、義捐金は日本に届いたと聞いています。しかし、今ガザで起きている破壊に対して、日本の人々は自らの痛みだと感じることができるでしょうか。むしろ、私たちは自然災害だったが、ガザは人為的なものだとして、本来であればつながって力になっていくはずの回路が分断されるのではないかと感じています。そのつながりを、どのように作っていくことができるでしょうか。

あるところで、「パレスチナはなぜずっと負け続けているのですか」と聞かれたことがあります。確かに、政治的・軍事的に見ればそうかもしれない。しかし、魂の部分を見たときには、あれだけの破壊をされながらも、人間の側に留まり続けようとしている。そして震災の被災者たちに義捐金を送る。一方で、軍事的な勝者でありつづけているイスラエルの人々のほうが、魂を破壊されてしまっている。レイシズムとジェノサイドを明確に肯定しているわけですから。私としては、ある意味、パレスチナ人よりも、イスラエルのユダヤ人の魂の破壊のほうが深刻な問題ではないかとすら感じます。ですから、イスラエルの軍事的・政治的な暴力を批判することはもちろん必要ですが、ここまで破壊されてしまった魂のケアという視点も、戦争に抗する上での今後の課題になるだろうと感じています。

II

多極化する世界

「アメリカの世紀」の終わり　（インタビュー）

バートルビーはなぜ死んだか

ドナルド・トランプの人物像については様々なことが言われていますが、彼が「不動産王」と呼ばれる大富豪であることは、象徴的な意味を持っています。

私は『アメリカ　異形の制度空間』（講談社選書メチエ、二〇一六年）の第四章で、現代の思想家たちがハーマン・メルヴィルの『バートルビー』をどう読み解いてきたのか、について批判的にふれました。ヨーロッパのポストモダン哲学では、主体のカノンに対して、「受動性の強さ」とか「しないことの潜勢力」というように、単なる否定性ではないものの持つ力の形象として『バートルビー』は語られてきました。しかし彼らが無視していたのは、代書人バートルビーには歴史的コンテクストと想定されたモデルもいたということです。荒このみさんが論文（「バートルビーの『ある神秘的なる目的』」（二〇〇〇年））で指摘されているのですが、そのモデルとはあるインディアンの青年でした。

一八三〇年、アパラチア山脈の東側からインディアンを一掃するために、当時のジャクソン大統領は「インディアン移住法」を制定し、ミシシッピ川の西側に割り当てた居住地への移住政策を開始します。この過程で、後に「涙の道」として知られることになるチェロキー族の強制移住など、多くの悲惨な出来事が起きることになりました。多くのインディアンが西方に追われましたが、白人社会のなかで暮らしていくことを選択したインディアンもいたのです。当時の言い方では、彼らは「文明化した部族」ですが、それは圧倒的に強力な白人による支配秩序や社会システムに同化することを受け入れたということです。しかし同化を受け入れるために部族としては解体され、周縁に生きるバラバラの個人として、社会の片隅に潜むことを余儀なくされます。

彼らのなかには、学校に通い読み書きを覚えた者もいました。読み書きと事務作業を覚え、白人社会のなかに仕事を求めていった。一八二〇〜三〇年代はウォール街が商業、資産管理、やがては金融の中心地として勃興してゆく時期でもあります。ウォール街には多くの弁護士が集まり、当時盛んになった土地の登記や譲渡を取り仕切ることで、現在に至る繁栄の基礎を築いたわけですね。主人公のバートルビーも、この繁栄の末端で代書人の仕事にありついたということです。

しかしながら、彼にとってそれは生きる意欲を摩滅させていくような仕事でした。彼らを養っていた大地が私有財産として登記されてゆく、それをただ書き写すだけの作業ですから。だから『バートルビー』とは、インディアンも「文明を受け入れ」ればアメリカ人になれるという言説に対して、こうした同化を強いることで、自生的な人びとは生存の根を冒され、やがて息ができなくなり潰え果てていくほかないという異論だと読むこともできます。しかしそういった文脈が忘れさられ、現代思想のなかでは形式的な解釈だけが横行することになったということです。

モンロー主義の時代へと退行するトランプ

さて、ウォール街の金融システムは、サブプライム・ローンの崩壊とリーマン・ショックによって完全に破綻しました。しかしかつては自由主義と国家の不介入を主張していた金融界・投資家たちは、金融権力の構造を延命するために国家に寄生し、税金投与によってまんまと復活しました。いまや自由主義はそのカラクリを露呈したのです。にもかかわらず、オバマの時代を通して、国のカネで救済されたこうした勢力は、ますます国家機構を自分たちの都合で動かすようになりました。

今回登場してきたトランプは、ウォール街の金融権力を批判して人気をえた「不動産王」で、いわばバーチャル化した富の循環と肥大が起こる以前、一九世紀のウォール街勃興期の立役者を思わせるような人物です。このことは、アメリカの姿勢が過去へと退行することを示しているように思います。

それはモンロー主義の時代です。モンロー主義とは、アメリカがヨーロッパから独立した後に、ヨーロッパに対して大西洋の東側には干渉するなと要求した、合州国建国以来の地政学的方針ですね。大西洋上の新旧両世界の境界線はもとは友誼線（Amity Line）と呼ばれていましたが、一四九四年のトリデシリャス条約で決められた境界線が起源で、当時はそこから先が新世界でした。この新世界を逆にヨーロッパから切り離し、合州国は南北アメリカに「自由の領域」を作るとして縄張り宣言をしたわけです。このモンロー主義の拘束があったために、合州国は第一次大戦にもはじめは参戦しなかったし、大戦後の国際連盟構想にも、当時のウィルソン大統領が主導したにもかかわらず、議会の承認を得られずに参加しなかった。

第二次大戦のときも、アメリカ以外の国のために参戦するという国民の合意を作るのがたいへんで、フランク・キャプラのプロパガンダ映画シリーズ『我々はなぜ戦うのか』（“Why We Fight”）をはじめとする大々的なキャンペーンで、参戦や戦時国債の購入へとなんとか世論を誘導していった。逆に言えば、アメリカ大陸にとどまるという傾向はそれくらい根強いもので、「アメリカ第一」のスローガンにはそのこだまがあるのです。

この姿勢を確立したのが、一八二三年に当時のモンロー大統領が発表した教書でした。先ほどのインディアン追放やウォール街の勃興とほぼ同時代ですね。だからトランプの登場は、その差別主義、排外主義的傾向、利己的専横も含めて、アメリカの過去への退行を思わせるということです。

「粗野」な強国へと向かうアメリカ

誰もが知っているように、第二次大戦後の世界はアメリカの一強体制になりました。その傾向は冷戦崩壊後にさらに顕著になり、いまやアメリカは全世界に七〇〇箇所もの軍事基地を配置し、隅々にいたるまで睥睨する「帝国」として存在しています。アメリカの政治は自らが世界帝国であることを前提として行われているわけです。しかし、この「帝国」としての姿勢を捨てることを、トランプははっきりと主張している。

かつてのローマがそうであったように、帝国とは広域に一元的な秩序を敷くことで、域内の平和を保障するものです。この役割をアメリカが放棄することで、かえって世界が混乱することを危惧する人たちもいます。

アメリカの世界統治が「成功」したのは、軍事力による征服ではなく、自由を拡げるという解放のロジックによって支配圏を拡げたからです。ただ、この解放は、根本では市場の開放ということです。それぞれの社会が伝統的に持っていた制度的構成をすべて破壊して、均質的な市場に統合していく。あるいは各国の政治力を失効させて、経済原理ですべてを包摂していくということです。もちろんそのためには力も必要ですから、そこでアメリカの軍事力は発揮されてきました。

アメリカが割りを食っているから「アメリカ・ファースト」というトランプの立場は、この自由の拡大というロジックを放棄するということを意味します。もはやアメリカは自由のような原理を持ち出すことをやめ、代わりに強者の力と狡猾さを臆面もなく示すことになるでしょう。ですから、トランプの外交を一言で表すならば、もっと粗野なかたちで利己的自由を発揮する、ということではないでしょうか。

これまでのように、自由という普遍原理のもとで一元化された市場では、すべてのプレイヤーが平等な条件に置かれます。帝国アメリカの支配とは、ある面ではそうした平等をもたらすものであり、そこには普遍性が含まれていた。この理念が放棄されるということです。トランプは、「アメリカ」がもともとウェストファリア体制の主権国家とは違う秩序のもとに登場した自由の空間であるという成り立ちを忘却して、アメリカを単なる一つの強国として考えています。ただ、モンロー主義時代の孤立主義や、すべての原野が資産となったという土地所有の規定力は捨てていない。ですから強力な軍事・経済力を持った粗野な国になるということです。

歴史の没却

先ほども触れましたが、帝国には統治の責任もあります。アメリカもまた、自由の拡大の普遍主義とともに、統治の責任も負わされてきました。もちろん、実際にアメリカがそうした責任を取ってきたということではありませんが、論理の上では責任を要求されるわけです。しかしトランプはあけすけに、そんな責任要求など犬にでもくれてやるというわけですね。責任を問われるならば、普遍主義をかなぐり捨てた一強国でいたほうが楽だということです。そして強国同士でうまくやると。

そして、その時に欠け落ちるのが「歴史」です。アメリカが帝国であるという主張には一九世紀末からの国際社会の歴史が踏まえられていました。そうした歴史が、トランプの主張のなかではすべて没却されてしまいます。ドイツのメルケル首相はトランプの当選を祝福する談話を、「アメリカ合洲国は古く敬うべき民主主義国家です」という言葉から初めて、「ドイツとアメリカは共通の価値観で結ばれています。民主主義、自由、そして出身、肌の色、宗教、性別、性的指向や政治的姿勢にかかわりなく人間の権利と尊厳を尊重することです……」と続けましたね。この価値観を基礎にするかぎり、トランプとも緊密な協力が築けるだろうというわけです。

メルケルの発言は、トランプに対してドイツ国家が歴史を担っていることを主張しています。ドイツが戦前にナチスの第三帝国となったこと、そこでさまざまな罪業を重ねてきたことを、国際社会に対する負債として引き受けるということです。したがって、このナチスの否定のもとに立つ戦後ドイツは、二〇世紀の惨禍を受けて人類があるいは国際社会が到達した共通認識を共有する。人類の共通認識のもとにナチズムを否定し、民主主義、自由、権利と尊厳を掲げ、あらゆる差別や排除を否定する国家として存在する、と。だからドイツという国の価値は、それが本質的に良心を有しているということではなく、世界戦争という人類の歴史を経て人類が共通の諸価値をもつに至った、その価値の責任ある担い手であり続けている、そのことにある。逆に言えば、戦後ドイツが尊重してきた価値こそが、国際社会が踏まえるべき人類共通の価値であるという主張です。

しかしトランプからすれば、メルケルがアメリカと共有していると主張するこうした諸価値もまた、アメリカの国際的役割に負荷をかけ、アメリカ社会を貧しくしているだけだということになるでしょう。不動産投機で肥大したモンロー主義者のように、もう世界はアメリカに頼るなと言うトランプは、その意味で二一世紀の世界がどのような歴史の上に立って形成されているのかという経緯をすべて没却する姿勢を示しています。そのためのオルタナ・ファクトでありフェイクニュースです。

こうした没却があるために、アメリカ的な市場の自由だけでなく、差別や排除の否定をも無価値なものとして扱うわけです。トランプが選挙戦のなかでメキシコからの移民やイスラームなどの排斥を主張してきたことはよく知られていますね。アメリカの普遍主義によって痛めつけられたと感じている人々の前に、明確な敵を提示して、彼らへの敵意でもって支持を糾合しようとしたわけです。これは安倍政権が中国を敵視して日本でやってきたことと同じですね。

グローバル経済の隘路

これは日本で顕著なことですが、歴史を没却することは、戦後世界の諸価値を切り捨てると同時に、いまの新自由主義的な主張を無条件に受け入れることともシンクロしていきます。たとえば、弱者の存在が社会に負担をかける有害な要素とされ、コストとして切り捨ての対象にされます。障害者・女性・高齢者・外国人といった存在が、社会的負担の要素として名指され、排除されていく。先日の相模原障害者施設殺傷事件は、まさにこの傾向の露呈であり、日本社会の主導的動向を病的に噴出させたものでした。弱者を切り捨てなければ社会は「健全」にならず、グローバリゼーションのもとでは生き残れないという意識が社会に深く浸透してしまっている。もちろんこの社会を「健全」にするという感覚は、戦前から連続する右翼イデオロギー（「美しい国」）と結びついています。

グローバリゼーションのもとで、各地で似たような状況が生まれています。現在フランスでは二〇一七年の大統領選挙に向けて予備選挙が進められていますが、先日、野党の共和党でフランソワ・フィヨンが大統領候補に選ばれました。元大統領のニコラ・サルコジ、シラク大統領時代の首相アラン・ジュペとの争いを制したかたちです。しかし、治安維持で人気を得たサルコジ、旧来の調整型保守であるジュペと比べると、フィヨンという人物は、言ってしまえば明け透けなネオリベ右翼。「この道しかない」というサッチャー以来の新自由主義路線を維持しつつ、植民地統治は文明の分有だったと平気で言うような歴史修正主義者です。エスタブリッシュメントに属しているから、国民戦線のマリーヌ・ルペンよりはノーマルな政治家に見えますが、実はほとんど大差がない。むしろEUと大企業の権益を維持するという部分では、ルペンにも劣ると考える国民は少なくないでしょう。

アメリカと同様に、フランスもグローバリゼーションのなかで多くの困難を抱えています。EUというのは、世界大のグローバル経済のなかの小グローバル圏ですが、そのなかで諸国間に膨大な経済格差が生まれ、国内の雇用問題につながっています。雇用というのは生活権の問題です。こうした問題に対応する政治勢力が、フランスではうまく形をとれない。スペインのポデモスやギリシャのシリザのような動きが生まれていません。ポデモスやシリザは左派あるいは極左とか言われますが、そうした枠には当てはまらない新しい政治意識を体現しています。しかしフランスでは、これまで社会党政権が半分を担ってきたことや、左翼の伝統が根強いために、新しいかたちの政治運動が生まれにくいという事情があるのでしょう。

社会の再定礎

アメリカに再び目を向ければ、自らが掲げた普遍原理によって生み出したグローバリゼーションの影響を、もっとも長期にわたって受けてきた社会です。世界大に市場を拡大し商品を流通させていくグローバル経済のもとでは、当然ながら生産コストが安いところに産業は移転していきます。原材料費や設備投資の切りつめには限界がありますから、もっとも価格に反映できるのは人件費の削減です。労働力が安い途上国へと生産拠点が移転していくことで、国内産業は完全に空洞化し、労働者は途上国と争うために賃金を抑制される。さらには企業活動がしやすい環境を用意するために、解雇の自由化や非正規労働者の拡大が進められる。したがって企業の生産効率が上がったとしても、労働者は一貫して貧しく不安定な地位に置かれ、商品を買うことができなくなる。商品を買わせるために価格を下げると、さらなる賃金の低下を招いていく……というデフレ圧力が、先進国共通の問題になります。市場が広がれば広がるほどデフレになるというのは、誰にでもわかるグローバリゼーションの帰結です。アメリカの場合、これに金融経済が大きくかぶりますが、金融操作は格差を拡大し、金利で生活できる階層はますます減っていきます。この基本構造によってかつての安定した生活から零れ落ちつつある白人中間層の多くが、それでもこの基本構造そのものが問題だという視点を、「所有権に基づく個人の自由」というこの社会のドグマのために自ら排除しています。自由な市場において、自らの力による成功を遂げることが神話化されている空間ですから、社会自体を改革し、社会保障を拡充しようということにはならない。オバマが進めようとした国民皆保険が強烈な反対にあい、骨抜きにされていった過程を見ればよくわかります。

だから、基本構造を問うかわりに、移民のような目前の「敵」がつくられる。こうした動きは、これまではアメリカの掲げてきた普遍的価値に抵触すると批判されてきたわけです。それがポリティカリー・コレクトというものですね。今回この批判を突破してくれる人間として、トランプが登場した。多くの人にとっては、トランプだけが今の閉塞状況を打ち破れると映ったことでしょう。自分たちのような大衆ではないが、ヒラリーとは違い、自立営業で億万長者にまで上り詰めた。その人間が移民が悪いと公言している。自分たちもそう言って何が悪いということになる。

ですから、トランプの登場は、まずは経済システム、さらには社会統治のための価値機制という、二重の既成秩序を打ち破ってくれるという願望を人々に抱かせた。そのため、ここまで広範な期待を集めることになったのでしょう。逆に、アメリカの普遍主義的秩序を共通価値として受け入れてきた先進諸国は、まさか自分たちの凭れてきたこの秩序が崩れることはないと思ってきた。だから何があっても最後はクリントンが勝つと期待したのでしょうが、「ガラスの天井」ではなく、そうした思い込みのほうが突き破られたということは、それほどアメリカ社会の奥で泥沼化が進行していたということでしょう。

ただ一方では、民主党ではバーニー・サンダースが躍進し、予備選挙でヒラリーを追い詰めました。彼の登場は、トランプのように特定の敵を作るのではなく、社会構造全体を問い直す方向に向かった人々も相当数存在したことを示しています。ポデモスやシリザの登場とつなげるならば、システム全体を修正しなければならないと考える人々が、世界中で声を上げ始めたということです。

アメリカ社会を形成してきた「個人的自由」の原理によって、今回のサンダースの勝利は阻まれましたが、中間層から零れ落ちていく人々のなかで、問題を社会化できる人々と、それを拒否する人たちへの分化が起きていることは明白でしょう。そこには社会のファウンデーションに関わる、非常に深刻な問題が表れていると思います。

アメリカ抜きの世界

この選挙結果に対して、ヒラリーが選ばれていたら……とか、いやそれでもトランプのほうがマシ、といった議論をすることにはあまり意味がないと思います。どちらのほうがより大統領に相応しかったかを考えても仕方がない。そもそも、私たちはアメリカに対して、それなりに期待や願望を抱いているのかもしれませんが、選挙する権利はアメリカ人にしかないわけですから。

どちらが好ましいかではなく、どちらが選ばれたのかから考えるしかない。ただ、かりにヒラリーが選ばれたとすれば、アメリカとしては新自由主義の「この道」を迷うことなく突き進みつつ、世界帝国としてこれまで通り振るまうことになったでしょう。そして、グローバル経済がもたらす貧困や紛争や「テロとの戦争」による死者は、年間で数百万にも達したことでしょう。一方で、現実にトランプが選ばれたことは、私たちを待ち受ける新たな状況を覚悟しなければならないということを示しています。差別や排外主義を是とし、少数者や弱者を攻撃してよいという意識が世界各地で歯止めなく高まっていけば、新たな抗争が勃発するでしょう。あるいは「戦争」と呼ばれない各国内部での緊張が高まり、血の出ない惨状が生まれるでしょう。

そう考えると、明らかなのは、アメリカはもはや世界の参照項ではなくなったということです。第一次大戦後の一〇〇年間、世界はアメリカがあることを前提にして動いてきました。ある意味ではその存在に寄りかかってきたと言ってもいいでしょう。その傾向は第二次大戦後により明確になり、アメリカは世界に輝く先進国、文明の頂点、人類の未来を体現する存在とされてきました。そこには経済・技術・文化のすべての面で最善のものが集まっている。人類の文明の準拠点だ、というわけです。そういう意識は多くの人々に内在化されています。

しかしながら二重の意味において、いまそうした意識に冷や水が浴びせられています。一つは、世界はもはやアメリカのような指導者を持ってはならないということです。グローバル化した世界においては、すべての社会が密接に関係しあいますから、互いが導火線で結びつけられているようなものです。トランプが火を付ければ、火種がどこで爆発するかはわからない。その意味で、もはやアメリカは手本にはできなくなってしまった。

もう一つは、自由市場で世界を統合するグローバリゼーションが、その発端となったアメリカをいかに根底から蝕んでいるかが明白になったということです。それは市場における自由を普遍原理として世界を統合することが、私たちの暮らしや生き方をいかに徹底的に壊すかを明らかにした。バートルビーと同様に、私たちにもはや受け入れがたいことを示しているのです。

今回の大統領選挙の世界史的な意味とは、こうした二重の意味において、アメリカが世界の参照項ではなくなったということです。アメリカの世紀一〇〇年が終わりを迎えたということですね。もっと視野を広げれば、アメリカ・システムを文明の鏡として生み出した近代西洋の流れ全体の年季が来たと言ってもいいでしょう。その帰結をひとことで言うなら、これから世界はアメリカ抜きでやっていかなければならないということです。アメリカに一切頼ることなく、むしろそれを一つのやっかいな荷物として背負いながら進まざるを得ないということです。

個別のイシューを解決していく上では、国連のような国際機関が果たす役割が重要度を増すことになるでしょう。しかし振り返って考えてみると、そもそもアメリカにとって国連はそれほど必要な存在ではありませんでした。特に、世界各地の植民地が独立して加盟国が急増してからは、総会の議決でアメリカの意のままにならないことが増え、両者の距離はより拡がりました。イラク戦争の際などは、アメリカは国連からの脱退までチラつかせましたね。したがって、アメリカを孤立させるということは、こうした危険性を拡大させるということでもある。

歴史を踏まえるならば、ウェストファリア体制によって国家間秩序が生まれ、それが一定程度戦争を抑止してきたという意義は認めざるを得ません。また、そうした主権国家に社会を組み込んだ国民国家体制もまた、一つの法秩序のもとで暮らす国民に一定程度の安定と安全を保障してきた。こうした法体制のもとで、権利や自由は実際に守られてきたわけです。しかし、そのウェストファリア体制の外側に作られた制度空間であるアメリカ合州国が、二世紀を経ていままた粗野な力をむき出しにして動こうとしている。これまでの国家間秩序、グローバル化で変容する秩序をどのような方向へと改編していくのか、あるいはその崩壊に対してどのような手立てを講じるのかということも、同時に考えていかなければならないでしょう。

政治の失効が生むカタストロフ

歴史の没却は世界各地で深刻化しています。これは間違いなく破滅へとつながる道です。歴史を踏まえない敵対性や抗争が世界のベースになってしまえば、差別や暴力がとめどなく広まっていくでしょう。それは戦争、あるいは戦争と名付けられない集団的殺戮や虐待を、各国内部で、そして各国間で起こすことになるでしょう。

たとえば、日本のアカデミズムでは現在、軍学共同路線が加速していますね。これは近代以降の日本が一〇年おきに戦争をくり返し、巨大な犠牲とともに無条件降伏にまでいたったという歴史を没却して初めて可能になったことです。戦後日本がドイツと同様の非戦国家となることで、国際社会のなかに再び場所を得たという歴史もないことにされてしまいます。さらには科学者自身が、世の風潮に染まって戦争に、破壊と殺人に協力したということを戦後反省し、科学は平和と人類の幸福のために貢献するという姿勢を科学者自身が掲げた、という歴史も没却されています。いわば近代一〇〇年の歴史が何であったのかが、丸ごと没却されていく。

こうした歴史の没却に対していかに対抗していくか。これがいま学問の、というか知的活動の現場で戦われているのです。議論そのものが戦いになっています。それくらい状況が煮詰まってきているということだと思います。

お話ししてきたように、現在、先進諸国は共通の課題を抱えています。科学技術によって社会を産業化し市場を駆動させていくグローバルな仕組みが破綻している。人間を成り立たせている営みを、すべて経済のなかに落とし込んでいくという構造が破綻しているわけです。けれども「この道」を更新しながら突き進もうというのが、現在の世界の基調になっています。それは経済システムが政治を呑み込んで盲目の自律運動に入っており、誰もそれを止めようとしないからです。

たとえば、TPPに関する機密文書が公表された際に主な交渉内容が黒塗りで消されていたように、政治の力が失効させられている。本来であれば、その黒塗りの部分をめぐって議論をするのが政治ですからね。それがいわば広域経済協定の下位に置かれているということです。経済がすべての原理の元締めになり、隅々にいたるまで貫徹されている。統治＝ガヴァメントが意思操作＝ガヴァナンスに書き換えられ、政治が経済に変換されていく。

政治が失効していくことで、経済が生み出す貧困や格差に対する手当てができなくなっています。手当ては不公正であり、自由市場に任せるべきだという話になるわけです。いま、このシステムから利益をうる立場にある連中は、みずからの地位を確保する体制を維持強化するために政治権力を活用し、システムの稼働が万人に与える影響などまったく考えていません。むしろ考えることを妨げようとしています。

しかしそもそも、政治とはポリスを運営することでした。ポリスという地域的なユニットで人々が暮らしていた時代に、その運営を巡って議論が交わされ決定がなされるのがポリティクスでした。このユニットこそが、人間の集団的生活を保障するものでもありました。経済によって境界を取り払ってしまえば、人間の共同の生活も成り立たなくなります。部族のなかにいればカネなしでも暮らせたバートルビーも、社会のなかでの個人としては暮らしていけなかったのです。

ポリス - ポリティクスが解体されて砂粒のようにバラバラになってしまえば、人々は生きることができない。人が生きるうえでは、かならず地域性がベースになり、そこでは政治が必要になるということです。もちろん地域性は排外主義を生む可能性を秘めています。それを制御し調整していくのが、グローバル化を前提としたポリティクスの役割になります。地域性を基盤としたポリティクス、経済を含めたポリティクスを立て直さなければ、グローバル経済に歯止めをかける手段は存在しないのです。さらに言えば、人間の存在には限界があります。政治は、集団のうちにこの有限性をどのように組み込むのかを考えることでもあるでしょう。

このような政治を取り戻すことを望む声が世界各地で高まり、そしてまとまっていけば、私たちは破局を乗り越える方途を見出しうるかもしれません。アメリカであれば、際限のない自由を求めてきた空間に、内部から制動を働かせるようになるかもしれません。そのことによって、国際社会との協調を取り戻すようになる可能性は、いまでも残されていると思います。

しかしいずれの未来を選ぶにせよ、アメリカが自らの原理を普遍化することで世界を統治していくという「アメリカの世紀」は、いまやはっきりと終わりを告げています。アメリカ自体がそれを表明した。いま世界は射程の大きい転換点を迎えているのです。

求められるのはトランプが提示する過去へ戻る政治ではなく、新しい政治です。その方向にだけ未来は開かれています。政治が自己解体していく状況を食い止めなければ、カタストロフしか待っていないでしょう。

罠はどこに仕掛けられたか

×栗田禎子

栗田禎子（くりた・よしこ）
一九六〇年生まれ。千葉大学文学部教授。歴史学・中東研究。著書に『中東革命のゆくえ』（大月書店）、共著に『歴史学のアクチュアリティ』（東京大学出版会）、『移動と革命』（論創社）、『中東と日本の針路』（大月書店）など。

シャルリ・エブド襲撃事件

栗田　一月七日に起きた、パリの風刺新聞『シャルリ・エブド』襲撃事件は世界中に衝撃を与えました。今日はそのシャルリ・エブド襲撃事件の持つ意味を中心にお話ししますが、同時に一月二〇日以降急展開を遂げている、いわゆる「イスラム国」による日本人拘束事件についても考えていきたいと考えています。二つの事件を比較することで、一つだけでは見えてこない構図や影響関係などが見えてくるはずです。

　時系列に沿って、初めはシャルリ・エブド襲撃事件について検討したいと思います。事件自体をどう考えるか、あるいはその受けとめられ方をどう見るのかということです。この問題はヨーロッパとイスラームの両方に関わってきますが、とりわけ現代ヨーロッパ社会に深く根ざした問題ではないでしょうか。そこでまずは西谷さんに口火を切っていただければと思います。

西谷　ある意味では、これは予測された事件でしたね。むしろ、いつ起こるかもしれない悪夢として、誰もが想定していたとさえ言えるでしょう。つまり、フランス人がイスラム国やイエメンのアル＝カーイダと関わり、コマンドになって帰ってきて事件を起こすというのは、多くの人が予想していたのです。たとえば、昨年にはベルギーでユダヤ博物館の襲撃が起こっていますし、フランスでもトルコから送還された若者が空港の通関をすり抜けて大騒ぎになるということがありました。「ホームグロウン」と言うのですか、外からやってくるのではなく、自国で育った者が起こす「テロ」ですね。それがいつ起こるかと警戒されていたさなかで、今回の襲撃事件が起きてしまった。高まっていた不安が衝撃的な現実になって現れたという雰囲気が初めにあったと思います。

また、愉快な話ではないのですが、私が事件の前日にフランスのテレビニュースを見たら、新作を出したばかりの作家がニュースに登場していました。ミシェル・ウエルベックという人気作家で、彼は何年かに一回しか小説を発表しないのですが、いつも話題作です。今回は近未来のフランス社会に政治的フィクション――かどうかがわからないところがミソですが――を持ち込んだ作品を発表しました。二〇二二年、つまり次の次の回の大統領選でイスラム政党が勝ち、フランス社会がイスラム化することを受け入れるという設定で、そのタイトルは『服従（soumission）』。つまりタイトルにも「イスラム（神への服従）」の響きが入っているのです。この作品では、国民戦線対イスラーム政党で選挙が争われ、フランス社会はファシズムを思わせる国民戦線の政権よりもイスラーム化することを選ぶのですが、そのために女性が公職に就けなくなってポストが空いて、男の失業率が低下するとか、あるいは一夫多妻制が採用されて男性が喜ぶといった「変化」が描かれています。

ウエルベックのこの新作は年末から待望されていたといいます。それはまさにフランスのイスラム化に対する社会的な不安をベースにしているからです。そして、彼がニュースに登場した翌日に――実はその日が本の発売日でもあったのですが――、シャルリ・エブド事件が起こった。そのことも、事件の衝撃を高めたと思うのです。

シャルリ・エブドはなぜ標的になったのか。第一の要因は、この新聞がイエメンに拠点を置く「アラビア半島のアル＝カーイダ」の襲撃目標リストに入れられていたからです。二〇〇五年九月にデンマークの保守系日刊紙にムハンマドの風刺漫画が掲載され、イスラーム世界に大変な反発を呼び起こしたことがありました。この事件では、多くの西側メディアが「表現の自由」を守るという名目でサポートに回り、次々と風刺画を掲載していき、それがイスラーム世界の怒りに油を注ぐという連鎖を引き起こしました。シャルリ・エブドもそのなかで風刺画を掲載していたのです。またその後も、ムハンマドを風刺の対象にするということを続けていて、抗議や警告を受け、火炎瓶を投げ込まれるといったこともありましたが、懲りることはなかった。そのため、テロの標的になるというので常時警護もついていたわけです。今回殺されてしまった人のうちには、警護の警官も含まれていました。その人はアラブ系だったのですね。

ご存じのように、事件後すぐに「わたしはシャルリ（Je Suis Charlie）」という言葉が多くの人に共有されることになりました。これは誰か特定の人物が広めたわけではないでしょう。初めのうちは、パリのど真ん中で自動小銃によって一二名もの人が殺害されたという衝撃、それに対する悲しみや怒りを共有するというので、現場に花を添えに来た人々が、犠牲者に寄り添うことで殺害に抗議する、その簡潔な表現として人々の間で共有されていきました。

ところが、多くのメディアはこの事件をすぐに「表現の自由」に対する攻撃だとして報道しました。加えてオランド大統領も、その流れに乗るかたちで「表現の自由に対する攻撃」だと断言します。そして、「表現の自由」は世俗国家である共和国にとっては不可侵の原理であり、したがってこれは共和国に対する攻撃なのだ、というロジックが広められることになったのです。「国民よ立ち上がれ」と言うかのように、自分たちは「テロには屈しない」という姿勢で対応しなければならないと。そのために、「表現の自由対テロリズム」という構図ができあがってしまったのです。

ただ、シャルリ・エブドが何度も攻撃の標的とされてきたのと同じように、「表現の自由」をフランス社会、あるいは共和国の原理として喧伝する言論も以前から繰り返されてきました。それは九〇年頃のサルマン・ラシュディの『悪魔の詩』事件以来の紋切型で、表現の自由＝文明／神への信仰＝未開といった図式で片づけられるといった単純な発想というか、むしろ「無思考」です。クワシ兄弟が犯行に及んだ理由は、そんな抽象的原理のためではなく、シャルリ・エブドが預言者に対する冒瀆を執拗に続けていると感じたからですが、メディアにはそんなことは眼中になく、以前からの紋切型をなぞるように、今回の事件も「表現の自由」に対する「テロ」であり、共和国に対する攻撃だと、すぐにお決まりの型にはめたのです。

しかしながら、事件の直後には本当に多くの人が暴力の暴発への抗議の意思を抱き、一一日の週末にはパリの共和国広場をはじめとして、フランス全土で三七〇万人もの人々が集会に参加しました。それだけの人が動いたことは、とにもかくにも特筆すべきことだと思います。ただ、多くの人々は、事件を受けてともかく黙っていることができず、その気持ちを他の多くの人々と共有するために、不穏な街のなかに出て行ったのでしょう。そのとき、ひとまず「わたしはシャルリ」という言葉によって、「テロ」の犠牲者の側に身を置くという意思を示したのであって、皆がシャルリ・エブドの姿勢をすべて肯定する、あるいは「表現の自由」を擁護するというつもりで行ったのではなかったと思います。

一一日の集会を最初に呼び掛けたのは左派政党で、それは「テロ」への市民的な抗議として企画されていました。しかしそこに、オランド大統領が参加すると言い出したことで、その性格が変わってきました。オランドはもちろん一市民として参加するのではなく、フランスつまり共和国の大統領として参加を表明したわけです。そこへ、自分たちも「テロとの戦い」を共有するということで、EUの首脳たちが相次いで参加を表明しました。それでこの市民の集会は、フランスとEUの国家的儀礼という性格をかぶせられることになってしまったのです。

なかでも問題になったのは、イスラエルから右派政治家のリーバーマンが参加すると表明したことです。自分たちこそ「テロとの戦い」の本家で、不断に「テロリスト」つまりパレスチナ人を殲滅している、というわけですね。そうするとイスラエル内部の政治的駆け引きがあって、リーバーマンたちが出るのだったらと、普段は警護の問題で出ていかないネタニヤフ首相までもが参加すると言ってきた。しかし、この申し出にフランスは困惑しました。「イスラエルはこの間もガザでひどいことをしたから来てくれるな」とは言えないですから。そこでオランドはすぐにパレスチナ自治政府（ファタハ）のアッバスに電話をかけて、参加を呼びかけたということです。それでバランスを取ろうとしたわけですね。そこらへんはフランスで、どこかの国のように粗忽にはやりません。

結局、世界中に配信された映像では、オランドとメルケルが中央に並んで、その隣にマリの大統領という構図が取られました。これは現在マリにフランス軍が派兵されているからです。そしてその左隣にネタニヤフ、右側の対称的な位置にアッバスが並び、その周りをヨーロッパ諸国の首脳たちが固めるということになったのです。いわばEUの結束の儀礼がそこで行われたわけですね。しかも、それだけの首脳が集まると、フランスの威信をかけて警護しなければならない。首脳たちの行列はカメラの方だけを向いて並び、その周囲は特殊部隊による完全な封鎖警備が敷かれました。もちろん、そこに市民たちが近づけるはずはありません。だから結局、儀礼としての首脳たちの隊列と市民集会とは完全に分離されていたのですが、メディア、特に国際メディアでは、彼らが市民たちの先陣を切り、フランスが国を挙げて抗議集会を行ったといったかたちで報じられました。このような国家儀礼化の過程を経ることで、この事件は「表現の自由」という侵すべからざる共和国原理に対する侵害だということになり、その結果、シャルリ・エブドのカリカチュアリストたちは「自由のための殉教者」になったわけです。つまり、国家の原理を貫いて犠牲になった「殉教者」だと。

そして事件から一週間後、シャルリ・エブドは次号に再びムハンマドの風刺画を掲載しました。一見した感じは和らいでいますが、無意識かどうか侮蔑の意図は一目瞭然の戯画を一面にして、今後も「テロと戦う」ということを表明したのです。もともと資金難だったのですが、この号は、実は国家からの資金援助を受けて出されました。その上で、編集部は犠牲になった仲間たちのことを思い、また掲載すべき風刺画に対する人々の反応を議論しながら作っていった。そして、死んだ仲間たちの遺志を継ぐという姿勢を明確にして発行したのです。

しかし、カリカチュア（戯画）というのは本来ならば非常に無責任であってよいもので、茶化したいあるいは馬鹿にしたい対象を、ときに辛辣な皮肉をこめて、面白可笑しく描くものですよね。それに対して何か批判されたら、「知らないよ、だってみんな笑っただろう?」と返すことで成り立つものです。悲嘆と苦渋のなかで眉にしわを寄せて戯画を描くのは、「戯れ」ではなく「殉教者」の行為です。ムハンマドを掲げて殉教者として「テロ」に走る人たちを風刺の対象にしていたカリカチュアリストたちが、今度は自ら「共和国のための殉教者」になってしまったというわけです。懲りずに戯画を出すことが私たちの「ジハード」だ、と言っているかのように。それが国家儀礼によって公認されることになってしまった。カリカチュアリストたちはそれでよいのか、ということです。結局、シャルリ・エブドがやってきたことは「表現の自由」として絶対に擁護すべきものなのかということへの疑問が、この一連の出来事の経過のなかから暴き出されてしまったような感がします。

大集会の意味

栗田　ありがとうございました。私はこの事件とその後の一連の展開に対してショックと同時に一種の「違和感」も感じていたのですが、いまのお話はその背景をよく解明していただいたと感じます。

西谷さんは予期された悪夢とおっしゃいましたが、まったく同感です。私もこういう事件が起きることは予測されていたと思います。その背景にはフランスを含む欧米諸国が二〇一一年以降、シリアに対する軍事介入に熱中しているという問題があります。あとで詳しく触れますが、欧米はシリアのアサド政権が民主化を抑圧していることを口実に、「イスラム主義」的反政府勢力をサポートしていった。中東のサウジアラビア、カタルといった国々とも協力して、シリアに介入し、特に「イスラム主義」勢力に対する武器・資金援助、軍事訓練等を行なってきました。

その過程でヨーロッパとシリアを行き来する軍事集団のような存在が発生してきました。そうした人々がいつかはヨーロッパのなかに暴力を持ち込んでしまうことは、かねてから予期されていたわけです。それが現実化したのが今回の事件だったということです。ですから、私が感じた「違和感」とは、この事件の最大のポイントはEUのシリア政策が作りあげた軍事集団がヨーロッパ内部で爆発したという問題であるはずなのに、なぜかそれが「表現の自由」対「宗教の尊厳」という偽の対立軸にすり替えられてしまったことによります。

そしてこの対立軸に沿って、ヴァルス首相が「フランスはテロとの戦争に入った」と発言して一万人以上の兵士が国内に配置されるという動き、あるいはオランド大統領が「イスラム国」に対するイラク領内での空爆継続を正当化して空母シャルル・ド・ゴール艦上で演説を行なうといった動きが生じました。「表現の自由」「共和国」「近代ヨーロッパの啓蒙的価値観」対それを認めないテロリスト、という図式が組み上げられていって、それにより、いわゆる「対テロ戦争」を正当化する動員が急速に進んだように思われます。

ですが、西谷さんのお話を伺って、三七〇万もの人々が「わたしはシャルリ」だとして集会へと集まった根底には、やはり動員では説明できない、やむにやまれぬ民衆の心情があったこともわかりました。そして、それがすべて『シャルリ・エブド』の編集姿勢を正当化するものではなく、批判的なベクトルも含まれていた可能性があるにもかかわらず、オランド政権によって「国家儀礼」として演出されていったことも理解できました。

そこで伺いたいのは、この事件を、ある意味ではヨーロッパの撒いた種だとして冷静に捉える視点が、フランスのなかでどの程度共有されているのかということです。欧米が中東への軍事介入を強め、特にシリアに深入りしたことのツケだという見方や、フランスがマリをはじめとする北アフリカに対して行っている軍事介入を批判的に捉えようとする姿勢は、集会やデモのなかで共有されていたのでしょうか。

西谷　集会を支配していたのは、とにかくこんな暴力の暴発はごめんだという意識で、それに対する反応がいろいろなかたちで入りこむことになったと思います。そのなかでは、お話したようにオランドがアメリカのブッシュのように「強い大統領」として振る舞ったことで支持率が一五パーセントもはね上がったということもありましたが、それ以外の意見も数多く表明されました。言論の自由は絶対的ではないし、それを振りかざすだけでは敵対的関係と社会の内部の抑圧しか生まないといった批判も多く出ていました。

いまのフランス社会を不安定にさせている最大の要件は、移民問題とEU、この二つです。一つめの移民問題とは何か。現在、フランス国内のムスリム人口は六〇〇万近くと言われています。またそのなかでも、移民の二世、三世の世代が中心を占めるようになってきました。最初に流入した世代には、ある程度の差別や不平等への覚悟があったと思います。それでも母国にいるよりはマシという理由でフランスへと渡り、苦労して子どもを育てた。しかし第二世代以降の人たちは、初めからフランスで生まれ育って法的にもフランス市民であるにもかかわらず、依然としてさまざまな差別に苦しむことになる。住むところはゲットーのような郊外で、就学や職業選択の上でも露骨な不平等に晒されています。そうしたなかで将来の展望を立てたりすることは難しい。先日にはヴァルス首相は「フランス国内にアパルトヘイトのような状況がある」という発言をして物議をかもしましたが、以前にサルコジが人気を得たのは、郊外の暴動や犯罪率の高さを警察力の強化で抑えたという実績が評価されたからです。このように、移民の問題が郊外で恒常化していて、それがフランス社会を大きく揺るがせているという現実があります。

もう一つの問題はEUです。EU統合を主導してきたのはフランスであり、その発想の元には二度とドイツに戦争させないという意図がありました。ところが、EUがどんどんと拡大して広域経済圏を形成するようになると、それぞれの地域の歴史的・文化的な要素には手を付けることができませんから、法制度や経済政策で統合していくという色合いが強くなっていく。こうしてEUがマネージメントする経済的一元化によって、実際には文化的・歴史的な多様性が根こぎにされているという現状があります。EU圏内での資本の移動も盛んになることで、それまで地域を支えていた伝統的産業の多くは、労働力が安い他の地域との競争に敗れていきました。そのためにフランス社会を伝統的に支えていた農業や畜産業をはじめとする地場産業は、あらかた破壊されてしまう。ただ破壊されるだけではなく、それに代わる資本の投資が行われることで、町の様子も様変わりしていきます。そのようにして生活基盤を奪われ、アイデンティティを喪失した人々が大勢生まれることになった。これがEUの「成功」が引き起こした問題です。まあ、新自由主義の力ということですが。

そして、この二つの問題へ一気に対応する勢力として、国民戦線（フロン・ナショナル）が登場したわけですね。彼らの主張は二つ、移民排斥と反EUです。それによって「美しい国」フランスのよき伝統を生き返らせる、と。これも日本でもよく聞くことですね。ただ、フランスの場合、その背後に隠れているのは、もともとはカトリックの反ユダヤ主義なのです。その国民戦線が年々勢いを増し、去年は欧州議会選挙で第一党にまでなりました。それがフランスの現状であり、フランスの人々はいまやバラバラになりかけているというのが実情ではないでしょうか。

ただ、そうした不安に対して、一方ではフランスは公共的な議論が盛んになされる国です。植民地支配の歴史を持ち、グローバリゼーションの時代を生きるなかで移民が来るのは当然であり、一緒に生きられるような社会を作らねばならないといった考えも多くあるし、市民の間にも広まっています。また栗田さんが指摘された中東への軍事介入にしても、これは二〇一一年よりはるかに前になりますが、イラク戦争に反対してアメリカに最後まで抵抗したのはフランスでしたね。あのときのフランス（シラク大統領）はアメリカのやり方に同調しなかった。ドビルパンだけでなく、ユベール・ヴェドリーヌのような理論家肌の政治家もいます。そのような素地もあって、問題の解決が空爆と無人機でなされるなどとは思っていない人は多いのです。ただ、これはフランスの癖でしょうが、社会党政権の方がアメリカ的になりがちなところがあります。

ですから、三七〇万人を集会に集めたのは、「わたしはシャルリ」だから共和国を守るために爆撃しろということではなく、むしろこの国で育った人たちがあのようになってしまう、コマンドになって銃撃をしてしまうことには到底耐えられないという意識からでしょう。わたしは自由に町を行き来してみんなと楽しく一緒にやっていきたい。だからこういう暴力を暴発させる社会に対して戦うのだという人たちが、潜在的にも多いと思うのです。共和国広場の写真を見ても、あらゆる色、あらゆる格好の人がいる。マリアンヌ像の下で旗を振っている人なんて、若いアラブ系だったり黒人だったりするわけです。彼らがフランスの共和国原理のために戦うということで旗を振っているとは考えられないですね。

栗田　むしろ、「ここをシリアみたいにするな」ということですね。

西谷　そうですね。みんなが生きられる場所にしろということでしょう。

「わたしはシャルリ」のカードがたしかに多かったけれど、それはとりあえずのもので、その内実はいろいろな幅があったし、同時に「わたしはシャルリじゃない」という言葉も掲げられました。シャルリじゃないけれどここにいる。つまり、事実が物語っているのは、広場にはさまざまな人がいたということの方であり、その人たちは暴力の暴発状況に対して、本当は連続してテロが起こるかもしれないという不安もあったと思うのですが、街頭に出てくることでお互いに勇気づけられながら意思を示したということです。われわれが生きられる社会にしよう、みんなが生きられる社会にしよう。こんな暴力の暴発がないような社会にしてくれ。そういう思いが表明されていたのだと思います。

栗田　とても勇気づけられる指摘です。ここで確認しておくと、『シャルリ・エブド』は今は「表現の自由の殉教者」のような扱いになっていますが、過去の活動を振り返ると、やはりイスラモフォビアの牙城としての役割を果たしてきたことは否定できません。日本で言うならヘイトスピーチに近いことを延々とやってきたメディアだと言うこともできるわけですよね。

二〇〇六年の風刺画事件が起きた際には、『現代思想』でも特集を組みました（二〇〇六年五月号「特集＊イスラームと世界」）。私もイスラモフォビアの問題と、小泉首相の靖国参拝問題を繋げて論じたのですが、そのときに感じていたのは、イスラモフォビア、あるいは日本の場合ならいわゆる「反韓・反中」意識というものは、西谷さんが指摘されるような国民統合の揺らぎの問題や、新自由主義的な経済のグローバル化のなかで格差や貧困が拡大していく状況と密接に関係しつつ、そうした矛盾を糊塗し、アメリカ主導の「対テロ戦争」へと国民を動員していく装置として機能しているということです。

日本の場合は戦前を美化し朝鮮・中国を蔑視する、ヨーロッパの場合はさらに遡って十字軍やダンテの『神曲』まで彷彿とさせるような古臭い手法（『神曲』にもムハンマドを露骨に侮辱する場面が出てきます）でイスラームを敵視する。このように国ごとに持ち出される意匠は違いますが、装置としては同じ機能を持っている。

ですから、今回の事件も同じ効果を引き起こすのではないかという危惧を拭いきれません。フランスでは「九・一一」と比されているようですが、イラク戦争のときにはあれだけ踏みとどまったフランスを最終的にもはや後戻りのできないかたちで中東への軍事介入へと引きずり込むためのプロジェクトが始まったのではないか。同時に日本でも、今回の邦人拘束事件を通して「対テロ戦争」に国民を一気に引きずり込むプロジェクトが始まるのではないか、ということです。

西谷　そうですね。フランスの状況と日本の状況はパラレルになっています。

今回の事件が一つの「罠」となって、おっしゃるとおり共和国防衛と対テロ戦争へと社会が雪崩を起こしていく危険性は否定できません。しかし、別にフランスを擁護する意図はありませんが、フランス人と言われる多くがもともと移民であるという違いは存在します。東欧、ロシア、スペイン、ポルトガル、そしてマグレブやサハラ以南のアフリカからも大勢来ているという前提がある。そうすると、統一的な理念のもとに一方にだけ動いていくのは非常に難しい。だから「共和国原理」が掲げられるということもありますが、多くの移民が、みずからの母国、あるいは先祖の国の実情も知っているわけです。そういった錯綜がありますから、一元的な価値観に束ねられて戦争へと向かうことにはならないのではないでしょうか。

ツヴェタン・トドロフはブルガリアからの移民ですが、今回の事態に対して、これは表現の自由に対する暴力ではないと強調しています。表現の自由を歴史的に考えることは非常に時間がかかるのですが、キリスト教の発展のなかでどのように概念化され、ヨーロッパの世俗社会の成立とどのように関わったのかを見てみなければなりません。そこには今は踏み込まないとして、トドロフは一九世紀終わりのエドゥアール・ドリュモンの例を挙げています。彼は反ユダヤ主義のイデオローグでしたが、彼がユダヤ人を罵倒するために作った雑誌の名前が『自由な発言』だったということです。「言論の自由」という主張が掲げられる時、まずそれが思い浮かぶ、と言っています。つまり、「自由」というものが無制約だというふうに言った途端、それは暴力になる。「自由」を振り回すのは、新自由主義でもそうですけど、たいていは既に自由に振る舞っている人間であり、人権や財産をすでに保証されている連中ですね。だから、無制約ということは暴力に転化する、ネガティヴなものになるということなのです。

このトドロフの意見に、私も同感です。キリスト教はイエスによって神と人間とを繋げています。最終的にはすべての人がイエスのようになることで、地上に天国が実現されるという、神とは私たちのことだったのだと気付くことが、世俗的近代ということになります。つまりキリスト教社会は、世俗化するドライブを原理のなかにすでに持っている。だから世俗社会が伝統の上に成り立つわけですね。そして、その過程で教会の権威を徹底的に批判することになった。フランス革命ではノートルダム大聖堂も壊したわけです。サドのような作家も登場しました。こうしたドライブによって表現の自由が概念化され、世俗社会であるネーション・ステートの枠内で保護されることになったのです。

それに対して、まったく違うかたちの信仰が存在する。イスラームの人々が社会でどのように自分たちの生を組み立てているか、他人との関係を作っているか、それはキリスト教社会とはまったく違うわけですよね。だからキリスト教社会の変容としての共和国で許されることが全世界的に効力を持つと思ったら間違いだし、イスラーム社会に対しては効かないということに気がつかなければならない。違う社会に生きる人たちにとって、生のファウンデーションに関わっているようなものに勝手に触れることは、「自由」では正当化できないということです。

言論の自由という「罠」

栗田　「罠」という言葉がありましたが、重要だと思います。今回の事件は罠としての性格を強烈に持っています。もちろん、陰謀論のように誰かが仕掛けたと単純に特定できる性格のものではありませんが、この罠にはまらないように気をつけることが重要になります。

今の西谷さんのお話に関連してもう少し考えてみたい点があるのですが、今回の事件に絡んで、「表現の自由は絶対的なものではなく、それには限度がある」という議論が出てきています。特に日本は、もともと表現の自由が完全には実現しておらず、さまざまなタブーがある（今も「天皇制」や、あるいはたとえば「原発」などをめぐっては非常に大きなタブーがあると思います）保守的・順応主義的な社会であることもあって、こうした議論はすぐに広まっていきました。ただ、私はそこにも問題があると思うのです。私は『シャルリ・エブド』には基本的に批判的なのですが、この点に限っては、むしろ、同紙の殺された編集長が「跪いて生きるか立って死ぬかならば、立って死ぬほうを選ぶ」と言っていたとされること自体は見上げた態度だと思うのです。何があっても表現の自由を守るという心意気を感じさせる点は、日本社会とは違います。

西谷　それが殉教者の姿勢なのですよ。

栗田　そうかもしれませんね。

ただ私が思うのは、「近代以降のヨーロッパでは宗教ですら自由に批判できるようになったが、イスラーム世界ではそんなことは論外だ」という見方自体を一度疑ってかかる必要があるのではないか、ということです。

もちろんイスラーム世界のなかでもさまざまな事件が起きています。たとえばエジプトでは九〇年代に旧約聖書に登場するヨセフをモデルにした『移住』という映画が作られました。しかし、イスラムにおいてヨセフ（ユースフ）はダビデ（ダーウード）やソロモン（スライマーン）同様、モーゼ、イエス、ムハンマドと続く一神教の預言者の流れに連なる人物ですから、それを図像で描くことにはセンシティヴな問題があります。そのためこの映画を監督したユースフ・シャーヒーンは暗殺されかかりました。また、ノーベル文学賞を受賞したナギーブ・マフーズは聖書の世界をカイロの下町に照射したような小説を書いたことがあり、それを問題視されて、やはり暗殺未遂事件が起きています。

しかし反面、これは「人間を神格化しない」というある意味では非常にラディカルな考え方が、ヨーロッパ近代を待たず、イスラームには最初からビルトインされていることを示してもいるわけです。言うまでもないことですが、イスラームにおいてムハンマドは「神の御子」でも何でもなく、あくまで普通の人間であって、そもそも神格化の対象ではないわけですね。コーラン自体のなかに「ムハンマドはお前たちと同じく、市場をうろつき、飯を食らう人間だ」という趣旨の、神格化を戒める言葉が入っています。つまり神格化するわけではなく、一介の人間だからこそ、偶像化して拝むことはよくない、という発想が存在する。なので、今回の事件後、既にあちこちで指摘されているように、イスラーム世界では歴史的には実はムハンマドの絵が描かれていた時代・地域も沢山あるわけですが、一方では、ムハンマドに限らず「預言者」一般を描くこと自体が偶像化につながるので好ましくない、という考え方もずっと存在している。そして、これは必ずしも遅れた考え方というわけではなくて、ある意味では人間の神格化をあっさり否定してみせる、非常に洗練された態度とも言えるわけです。もちろん、それに対し、ユースフ・シャーヒーン監督やナギーブ・マフフーズのように、また別の立場から考えてみて、イスラーム世界内部で敢えて宗教を素材にしたさまざまな創作活動をやってみようとする知識人・芸術家の模索もあるわけですが。

ですから、キリスト教のなかには世俗主義がビルトインされているから表現の自由へとたどりつくが、イスラームの場合はそうではない、とは一概には言えないという面もあります。

西谷　確かに、イスラームにおいては世俗性が当然のこととしてありますね。

イスラームの創始者がムハンマドであるならば、キリスト教ではイエスが始祖ということになっています。しかしムハンマドと違い、イエスは実在がはっきりしない。そのうえ、人でもあり神でもあるということになっている。そういう特殊な媒介を作り出し、それによって歴史が駆動するようになっています。その結果としてできてくる世俗性とは、神の世界と人間の世界を統合した全体となります。しかしイスラームでは最初から神と人間とが分離されているから、世俗は世俗で拡がるけれど、同時に神によって作られ、神の摂理が働いているということになる。つまり世俗のなかに限定が組みこまれていると言えます。ですから世俗はあるのだけれども、それはキリスト教社会のように普遍を主張することはない。

栗田さんも指摘されたように、イスラーム社会のなかにだってカリカチュアはあるわけです。世俗の人々が生活のなかでいろいろと考え、発言することはできる。それが禁圧されるのは原理主義的な動きが存在するからでしょう。これは一九世紀以降のイスラーム世界に、普遍を主張するキリスト教世界との関係が生まれたことで、ある種の抑圧や捻じれが組みこまれた結果だともいえます。イスラーム社会一般のなかに、自分たちのアンタッチャブルな聖性を求めたいという心性が生まれ、預言者が侮辱されたことを自分たちが傷つけられたと思うような心理的な機制ができたということでしょう。

栗田　そうですね。まさに今指摘されたような展開の結果、いま「表現の自由」か「宗教の尊厳」かという二項対立図式が提示されているわけですが、これはいずれも「罠」だと思うのです。

一方に「表現の自由に対する攻撃だ」「共和国が襲われた」というプロパガンダがあり、これはフランスの民主的市民・知識人に対して仕掛けられた「罠」です。ところが「表現の自由だ」と言った瞬間に、今度はそれに対抗するかのように「預言者を冒涜するのは表現の自由の限度を超えているのではないか」という議論が始まるのですが、そこには逆に、「宗教の尊厳」の名のもとにムスリムの市民・知識人に仕掛けられた罠が存在すると言えるのではないか。非常に巧妙な仕掛けの罠になっていると思うのです。

そもそも、一月七日の襲撃事件は、言ってみればこれまで繰り返されてきたさまざまなテロのなかの一つにすぎません。テロ組織というものはおそらくある程度定期的に事件を起こすことでそれなりの「活動実績」とプレゼンスを示す必要があり、「年度計画」や「予算」のようなものさえあるでしょう。一種のビジネスだと思います。ただ、今回、その活動の標的として、政府機関でも娯楽施設でもよいところを、「シャルリ・エブド」という特定のメディアを選んだことは、非常に知能的でした。この標的を選ぶことで、いま言ったような罠が作動し、話がすり替えられてしまった。一方では「私はシャルリ」という標語が急速に広まり、問題は表現・言論の自由に関するものであるというイメージが作り出された。同時に、「シャルリ・エブド」の行なってきた「表現」活動がまさに預言者ムハンマドを侮辱する活動にほかならなかったことから、ムスリム・コミュニティーの側に「私はシャルリではない」という反発と、「宗教の尊厳」を守れ、という防衛的なメンタリティが形成され、フランス社会に分断が持ち込まれることになった。

この罠の巧妙さは、一週間後もう一度ムハンマドの風刺画が掲載されたときにさらに明確になりました。再掲載に対しては、今度は世界中のイスラーム教徒に反発が拡がって、各地で激しい抗議が起こりましたが、重要なのは、それが中東・イスラーム世界内部の民主勢力に対する暗黙の圧力、締めつけとしても機能したということです。

ここで中東内部の情勢を見ておくと、二〇一一年に「アラブの春」と呼ばれる革命状況が発生しましたが、それ以降、民衆の運動を封じ込めるために「イスラーム主義」勢力が用いられるという現象が各地で観察された。チュニジアのナフダやエジプトのムスリム同胞団といった「イスラーム主義」勢力を政権につかせることで体制の安定化を図るという流れが、実は欧米も後押しするかたちで作られました。

これに対し、民主勢力の側が再度反撃に出たのが二〇一三年くらいで、エジプトの場合は軍の力は借りましたが、基本的には民衆の総意に基いて同胞団政権が倒され、チュニジアの場合も、ナフダ政権に対して民衆が異議申し立てをするかたちで政権が再編されました。ところが今回、中東の革命にとってはまさにこのように非常にデリケートな局面（チュニジアの場合はこれから新内閣が組閣されるというタイミング、エジプトも選挙を今年三月に控えているという時期）でパリの事件が起こり、それによって「預言者ムハンマド風刺画問題」が焦点化されていく。これをきっかけに「表現の自由はあっても預言者を侮辱することは許されない」という論議がにわかに中東世界内部でも活性化することになり、結果的に宗教を引き締めに利用しようとする潮流に有利な状況が生まれ、民主勢力の側は追い詰められる、という効果が生じつつあります。

エジプトのアズハルや宗教裁定庁が声明を発表し、パキスタンやインドネシアでもデモが激化します。こうした空気のなかでは中東の民主勢力の側も異論を唱えることはできない、あるいはむしろ自己防衛のために意図的にことさらに護教的なポーズをとらざるを得ない、といった状況が生まれ、結果的に「イスラーム主義」勢力が力を盛り返し、政治的にも復権していく足がかりが作られつつあります。その意味で、この罠は非常に深く広くかけられています。「表現の自由」も「宗教の尊厳」も、どちらも罠であるということです。

西谷　トドロフの「自由は無際限ではない」という主張は、宗教の尊厳を守れという話ではなく、自由の無際限の主張が時に他人の生きる権利をも侵していくということへの警鐘でした。つまり、言論の自由に制限があるというよりも、言論の「自由」と言ってしまうことのほうに問題があるわけです。言葉とは他者との関係を作るものですから、その関係性を潰すように言葉が用いられるのであれば、自由でも何でもないということです。

栗田さんのご指摘が重要だと思うのは、一方で言論の自由が罠であるのならば、他方で言論の自由に対する制限も罠になるということです。つまり、「自由」という言葉自体が問われている。

私と二〇年来の付き合いがある知識人にフェティ・ベンスラマがいます。彼は「イスラームとは自分にとってお茶を飲むようなものだ」とかねてから言っていました。人々の生活習慣の基本的なベースとしてイスラームがあり、そのベースを捨てることはできない。それはある教義を選択し信じているというのとは違います。その彼は、今回の事件を受けて、イスラームがグローバル化する世界のなかで、人権や表現の自由といった価値観と連動するようにいかに改革しうるかを、イスラーム世界の宗教指導者に対して問うています。古いテクストに固執するのではなく、そのテクストを今の世界に適合的に解釈していく努力の必要性を語っています。イスラームの名のもとでテロが行われることは、イスラーム社会の責任でもあるということです。これは西洋化を求めているのではなく、イスラーム内部に自己改革の可能性を見出そうという視点です。

栗田　ある意味では『シャルリ・エブド』など比べものにならないほどラディカルな取り組みを、中東の知識人たちは命をかけて続けてきました。私たちはともすれば「イスラームにはキリスト教とは違って政教分離などあり得ない」と思ってしまいがちですが、実は先ほども述べたようにイスラームのなか自体にラディカルな世俗主義や政教分離的発想があるので、もう一〇〇年も経てば、ふと気づいてみるとイスラーム世界のなかに驚くような変化が生じている、ということもあるかもしれません。これはヨーロッパや日本のはるかに先を行っている、というような政治状況・文化状況が生まれることもあり得ます。しかしそれは、あくまで中東・イスラーム世界の内部から出てくる動きだと思います。現に二〇一一年以降の革命状況のなかにその萌芽がある。これからも、中東のなかで、中東なりの方法で、西谷さんが示唆された「現実とテクストの対話」といったプロセスを駆使しながら、私たちが驚くようなラディカルな展開を生み出していくでしょう。逆に、そうしたプロセスの発展を阻むものとして、今回のシャルリ・エブド事件は機能しているのです。

イスラエルの動き

栗田　シャルリ・エブド事件のあと、今度はいわゆる「イスラム国」の指示を受けたと主張する犯人によるユダヤ系食材スーパー立てこもり事件が起きましたが、その言動は非常に巧妙にイスラエルあるいはシオニズムに利用されました。食材スーパーで殺された人々は宗教はユダヤ教であってもあくまで普通のフランス市民であり、「イスラエル＝ユダヤ人国家」というシオニズムのイデオロギーとは距離を置いていたからこそ、これまでイスラエルに行かずにフランスで生活していたとも言えるわけですが、事件の後でネタニエフは、「ユダヤ人」が殺された、と宣伝し、危機感を煽って、ヨーロッパのユダヤ人に対して「イスラエルの扉はいつでも開かれている」として移住を呼びかけました。単純な陰謀論に立つわけではありませんが、この事件がシオニズムを利したことはまぎれもない事実と言えます。

これと関連して、今回のパリの事件をめぐる展開の背後には、近年イスラエルが国際的に追い詰められてきたという要因が存在するのではないかという指摘もあります。スウェーデンがパレスチナを独立国家として認めたのに続いて、ＥＵ議会でも同様の方向性が見られます。パレスチナのＩＣＣ（国際刑事裁判所）加盟も事実上認められつつある。ガザ攻撃に見られるようなイスラエルのあまりにも酷い国際法違反への反発もあって、パレスチナを国際的に認知する動きが高まっているわけです。このタイミングで、ヨーロッパをもう一度シオニズムの側に引き込むために、イスラエルはこの事件を利用しようとしています。

西谷 そのご指摘も重要なものだと思います。フランスにいるユダヤ人たちはどう思っているのか。ある友人などは、本当に心細そうに、「居場所がなくなっている感じがする」と言ってきました。国民戦線の移民排斥には、もともと反ユダヤ主義の根があって、今回のような事件があるとユダヤ人たちは両方から居場所を狭められているような感覚を持つのでしょうね。そして、そのような実情を狙って、ネタニヤフは発言をしている。でも、実はネタニヤフたちがパレスチナを圧迫して火種を作っているわけで、この動きを見事と言うことはできませんが、うまい動きではあります。

栗田 「反ユダヤ主義がヨーロッパにあるから、ユダヤ人国家イスラエルが必要なのだ」という以前からの主張を裏づけるものとして、事件が用いられているわけですね。

なお、あとで触れる問題とも関連してくるかもしれませんが、日本の安倍総理もそうしたシオニズムのイデオロギーに寄り添った認識を、一月の中東歴訪の一環としてイスラエルを訪れた際の演説のなかで示しています。「亡くなった一七人のうち四人はあなた方の同胞、ユダヤ人です」という言い方をして、パリの食材店で犠牲になった四人は「フランス市民」ではなく、イスラエルに迎えられるべき「ユダヤ人」だという主張をなぞっていた点が目につきました。

——フランス社会におけるイスラモフォビアについて伺えますか。

西谷 イスラモフォビアには二つのかたちがあると思います。一つは、イスラームを悪魔的に描いて嫌うというかたち。もう一つは、日常生活のなかでアモルフな不安を屈折して持つというかたちです。

ちょっと病的ですが、その典型がウエルベックでしょう。『服従』では国民戦線の政権を拒むために嫌々ながらイスラームに「服従」していくという、錯綜した心情が描かれます。彼はその「服従」という言い方が読者に生み出す「嫌な感じ」を計算して書いていて、実際にそれが大きく売れてしまう。

栗田　「イスラモフォビア」の背景に青年層のフラストレーションや新自由主義化による社会的歪みがあることはかねてから指摘されていますね。しかし、たとえば近年の日本における在日朝鮮人を敵視するヘイトスピーチの場合は、そういった社会的背景に基く「草の根」の運動というよりも、安倍政権の性格がダイレクトに投影しているという側面が強いような印象を受けます。日本の場合は社会の矛盾が生み出した「自然」な運動であるという以上に、政治的に誘導された運動だと思うのですが、フランスでは似たような状況があるのでしょうか。

こうしたことを伺うのは、二〇〇〇年代に入ってから『シャルリ・エブド』の編集方針がイスラエルと強い親和性を持つようになり、第二次インティファーダへの批判や、イスラエルのレバノン侵略（二〇〇六年）支持を鮮明に打ち出すことになり、その過程で編集長が「ヨーロッパをナチズムやファシズムと並ぶ全体主義が脅かしている。それはイスラミズムだ」といった共同声明に参加したりしているからです。その声明には、ベルナール＝アンリ・レヴィのような哲学者も参加しています。このアンリ・レヴィは今回の事件を受けてつい最近国連総会の場で、「反ユダヤ主義がヨーロッパで目覚めた」というスピーチもしています。庶民の漠然とした不安という以上に、ある特定の知識人や政治勢力がイスラモフォビアを煽動するという側面もあるのではないかと思うのですが。

西谷　その傾向はレヴィやアラン・フィンケルクロートといった六八年世代のユダヤ人知識人に多いですね。元々はマオイストだったのが、ソルジェニーツィン事件以降に左派から転向した人々です。遠い毛沢東主義への勝手な幻想と、それへの幻滅の後でユダヤ回帰して、残ったのが反・反ユダヤ主義というわけですね。レヴィナスなどを通っていますが、底が浅くてこれもポスト・アウシュヴィッツ的ユダヤ主義みたいなもので、いつの間にか強烈なイスラモフォビアを打ち出すようになりました。

栗田 アメリカでいえばポール・ウォルフォヴィッツのような存在でしょうか？ フランスの「ネオコン」ですね。

西谷 そうです。だからイスラエルを擁護する。フランスの知識人の一部にある傾向です。

人質事件

栗田 さて、シャルリ・エブド事件の衝撃に世界が揺れているさなかに、追い打ちをかけるようにいわゆる「イスラム国」による日本人拘束事件が起こりました。この二つの事件には直接の関係はありませんが、比較したり、連関させてみることで、見えてくることも多いように感じます。ここからはこの事件をめぐる分析に移っていきたいのですが、まず西谷さんはどのように受けとめておられますか。

西谷 個人的に言えば、「ついに来てしまった」という感ですね。

そもそも、なぜこの時期に安倍首相がイスラエルに行き、親イスラエルの立場を鮮明にしたのか。そこに異様さを感じています。イスラム国に二人の日本人が拘束されているという事実は、外務省と官邸は去年から知っていたわけです。それを知りながら親イスラエルの立場を鮮明にしたのは、あえてなのか、とてつもない外交音痴なのか、そのどちらかでしかない。

安倍としては、テロとの戦争に加わることで集団的自衛権を現実化し、アメリカの同盟国としての

「期待」に応えることで、靖国参拝も認めさせたい。さらには数少ない成長分野としての軍事産業（と原発輸出）を振興したいという思惑があるのでしょう。加えて言うなら、イスラエルにここまで加担する理由は、イスラエルが恒常的に戦争を行って最先端の軍事技術を保持していること、そしてガザのような地域を軍事的に占領している姿勢への共感ではないでしょうか。日本には沖縄もありますし。

栗田　事実関係としては、イスラエルの前に訪れたエジプトで、すでに「「イスラム国」とたたかう諸国に二億ドルの援助を行う」ことを明言し、その直後に人質の殺害を予告するビデオが発表されたわけですね。ただ、それへの対応を発表する場としてイスラエルを選んだことは、火に油を注ぐことに他ならなかったと思いますから、私も西谷さんに同感です。これは「来てしまった」という以上に、安倍政権が「招き寄せてしまった」事件だと思います。象徴的なのは、この事件が発生する前日に、ジブチに「海賊対策」名目で設置されている自衛隊基地を恒久化していく方針を政府が打ち出していることです。イスラエルとの関係強化に留まらず、「対テロ戦争」の名のもとで中東に積極的に関与していきたい――軍事的・政治的に――という姿勢を隠さなかったことが、今回の事件の呼び水になったことは間違いありません。

安倍政権は、とにかく欧米の強国のようになりたい、「積極的平和主義」という名のもとに軍事的プレゼンスを中東やアフリカで拡大したいという野望に突き動かされていて、それを世界各地で宣伝して回っていた。国内でも特定秘密保護法から集団的自衛権をめぐる閣議決定へと駒を進め、現在では集団的自衛権行使を具体化するための「安保法制」作りに向かおうとしています。これだけのことをやっていれば、日本の方向転換には世界の誰もが気づくことになります。そのことを実証したのが、今回の事件であったと思います。

西谷　日本の軍事化、集団的自衛権の法制化を進めるために敢えて行ったということなら説明が付きます。逆に、そうでなければ何なのかということですね。

栗田　日本政府に責任があることは明確で、初めにそれを強調しなければならないと思います。

言うまでもなく人質の拉致や殺害は蛮行で、いわゆる「イスラム国」がテロリスト集団であることは明白です。しかしテロリスト集団がテロを行なうにはストーリーや筋書きが必要です。今回の事件であれば、ビデオで語られたような「日本は数千キロのかなたから十字軍に参加した」という議論であり、それを成立させてしまっていることに政府の根本的責任があるのです。テロリストが自らの行動をそれなりに首尾一貫したものとして説明し、人々の共感や支持を得るためには、彼らが描き出すストーリーに一定の説得力がなければなりませんが、その説得力を与えたのが近年の日本の外交・軍事政策だったということです。中東を植民地支配によって痛めつけてきた欧米列強と同じ道を進むのがこれからの日本の外交方針だ、と、大々的に宣伝して回った責任は追及されなければなりません。

西谷　もう一つ指摘したいのは、集団的自衛権をめぐる議論の対象が、日本近海ではなく中東地域であることが鮮明になったということです。日本の国際協力のあり方が問題化されたきっかけが九〇年代初めの湾岸戦争ですが、そのときにアメリカから迫られたいわゆる人的貢献の圧力を受けて、現在まで続く軍事的貢献に向けての外交路線が形作られました。この路線は小泉政権下で推し進められ、安倍政権となってからは尖閣問題を梃子にして対中国強硬論へと繋がりました。しかし本来の目的は中東への積極的関与であり、それがはっきりとしたのが今回の事件だったと思います。

栗田　今回の経緯を見ていると、本気で人質解放のために全力を尽くす意思があるのかどうかについても、疑問を感じざるを得ませんね。

西谷　安倍の発言には必ず「テロには屈しない」という言葉が入っていて、これは交渉拒絶の意思表示です。国家安全保障会議で情報を集めているというのは何もやっていないことに等しいと思います。

栗田　中谷防衛相は事件発覚直前の一八日にジブチを訪問して先に述べた自衛隊基地の「恒久化」に向けた視察をした後、事件が明らかになった後はイギリスに渡って二一日に外務・防衛の閣僚会合、いわゆる「2プラス2」に臨んでいます。そこでも日本は対テロ「有志連合」との連携を強めていくという姿勢をことさらに強調している。こうした振る舞いからは、とても人質を助ける気があるとは思えない。むしろこの事件を奇貨として、「邦人救出」のための自衛隊海外派遣に向けた法整備が必要だと主張するなど、「切れ目のない」安保法制作り、海外派兵体制作りを推し進めていくことに力点があるのではないか。その意味において、政府の対応は非常に悪質だと感じています。

イスラム国を作り出したもの

西谷　その点もまったく同感です。

その上で伺いたいのは、イスラム国とはどのような性格を持つ運動であるかということです。いまの空爆、それに無人機による爆撃で運営されているアメリカの対テロ戦争は、いわゆる近代医学の「特定病因論」にもとづく病原駆除と同じ発想で標的とされた人間を殺傷しています。この病原のメタファーを使うなら、新しい抗生物質を使うたびに病原体は変異していって、完全な除去は不可能なわけですが、同じようなことが対テロ戦争でも起きています。テロの病原に目星をつけて武力で追い詰めていけばいくほど輪をかけて危険な病原が現れるようになり、その行き着く先がイスラム国ということなのではないでしょうか。この悪循環を断つためには「対テロ戦争」というアメリカの対外戦争史上最長に渡る戦争から手を引くしかない。勝つことができないばかりか、どこへ飛び火するかもわからない状況になって、「病巣」は拡大しているのですから。しかし、中東世界から見て、イスラム国とはどのように位置づけられるのでしょうか。

栗田　いわゆる「イスラム国」がイラク戦争以来の欧米の中東への軍事介入が作り出したモンスターであることは、基本的出発点として押さえておかねばなりません。アメリカ主導のイラク侵略は、途方もない暴力と破壊をもたらしました。しかし、たとえば「その暴力に対する民衆の怒りがイスラム国誕生につながった」などと考えるのは、単純すぎると思います。

いわゆる「イスラム国」のイデオロギーには「イスラーム主義」的側面、また、「スンナ＝シーア対立」を強く意識し、シーア派をことさらに敵視するといった側面が見られます。こうした「イスラーム主義」イデオロギーや、「宗派」別に中東を分断していこうとする発想の性格をどのように捉えるかが重要です。「イスラーム主義」テロリスト集団、例えばアル＝カーイダなどが、欧米的な価値に反発するように見せながらも、実はそれによって欧米の中東に対する介入の口実を作り出すという意味で、欧米と持ちつ持たれつの関係にあることは既に指摘されています。しかしそのからくりがアフガン戦争からイラク戦争へ至る過程のなかで中東の民衆に見抜かれて、その結果、民衆は「イスラーム主義」によらないかたちで革命（二〇一一年のいわゆる「アラブの春」）に立ち上がった。二〇一一年革命は単なる狭い意味の「民主化」運動ではなくて、九・一一以降の欧米の中東侵略の矛盾の爆発でした。アメリカ主導で押し進められる中東への戦争、経済的には「新自由主義」の押しつけによる格差の拡大や貧困、そして欧米に軍事的にも政治的にも従属・協力している各国政府への民衆の怒りが根底にはありました。

そして、この革命の過程で、欧米と「イスラーム主義」勢力が一見対立しているように見せながら実は協働・分業して中東に戦争や混乱を引き起こしているという構図は、中東の民衆に見破られ、「イスラーム主義」はいったんは機能不全に陥ってしまったのだと思います。二〇一一年のチュニジアやエジプトでの革命の過程を見ていて最も興味深かったのは、いわゆる「イスラーム主義」勢力が全く事態に対応できず、ほとんど呆然としていた、あるいはきわめて「後追い」的な対応に終始したということです。無数の民衆が突然街頭に溢れ出て巨大デモを始め、独裁反対、自由と社会的公正、尊厳の回復を求め始めた時、「イスラーム主義」勢力にはもはやどのように対応したらいいのかわからなかった。「アル＝カーイダ」がエジプト人に「ジハードに立ち上がれ」云々の声明を発表したのは、二月一一日のムバラク退陣直前のことです。本当に乗り遅れていましたし、それ以降の政治状況にもしばらく対応することができませんでした。

つまり、「九・一一」事件以降、欧米の中東への侵略の口実となっていた「対テロ戦争」というお芝居が全く成り立たなくなり、ご破算になったのが、二〇一一年革命で、アル＝カーイダもいったんは見る影もなく零落してしまったわけです。しかし、まもなくそれに対する新たな巻き返しの構想が動き出します。アメリカとイスラエルが中心となった、もう一度中東を軍事介入が可能な状態に戻そうという構想です。そこでは、中東を宗教・宗派別の「ミニ国家」に分裂させて対立させることが画策され、その過程で中東の既存の国家体制を再編することも検討されました。イラクを「シーア派」「スンナ派」「クルド」に三分割するとか、エジプトもムスリムとコプト（キリスト教徒）に分断するといった具合に、かつて欧米が作り出した既存の体制や国境線が無効になってもよいから宗教・宗派別の分裂・混乱状況を作り出し、内戦状況へと向かわせようという筋書きです。

この構想が最も露骨に押し進められたのがシリアです。シリアでは民主化を求める市民の運動が中東全域に拡がるのを何とかしてどこかで食い止めたいというサウジアラビアやカタルの思惑とも野合するかたちで、欧米により、シリア反体制派のなかでも特に「イスラーム主義」勢力に対する資金援助・武器援助が行なわれた。それによって逆にアサド政権の側も「これは民主化運動ではなくイスラーム原理主義者の運動だ」として弾圧することが可能になり、元来は民主化運動として始まったはずのものが、急速に宗教絡みの「内戦」に転化させられていった。新自由主義的経済政策のもたらす矛盾や強権政治に抵抗して立ち上がった市民たちはいつのまにか蚊帳の外に置かれ、独裁政権対「イスラーム主義」勢力の間の血みどろの内戦の渦中に投げ込まれることになったのです。「アラウィー派」のアサド政権対「スンナ派」という「宗派対立」図式も宣伝され始めました。

このように見てみると、二〇一一年以降の中東に現われた、「欧米が手を出せない」状況に対して、近年、「介入可能な状況」を再構築しようとする動きが進行してきた。その最終的な結実が現在の「イスラム国」だと言えます。実はこうした見方は、中東では広く共有されています。いわば、二〇一一年以降、機能不全に陥ったアル＝カーイダを「バージョンアップ」してみたのが「イスラム国」であるということです。

複合的性格

栗田　さて、このいわゆる「イスラム国」は、さらに詳しく見ると、「多重人格」的というか、いくつかの複合的な性格を有していると思います。

一つの要素はイラク戦争の傷あとです。アメリカはフサイン政権を武力によって潰したあと、イラクに「宗派」別の分断統治を持ち込みました。それまでのイラクには実はそれなりの「イラク国民」意識が存在していたにもかかわらず、アメリカによる占領政策のなかで「シーア派」「スンナ派」「クルド」という分断統治の手法が持ち込まれ、かつ全体としてはシーア派優位の状況が作り出されて、旧フサイン政権支持者とも重なるスンナ派は排除されていった。結果としてスンナ派住民は周辺化されて不満を募らせることになり、現在のいわゆる「イスラム国」にはそうした不満を募らせたスンナ派住民と、それを支持基盤とする旧フサイン政権関係者が入りこんでいると言われます。特に、「イスラム国」の軍事・行政機構を支えているのは、明らかにバース党の残党です。つまり、「グレてしまったフサイン政権」という側面があるわけです。

「イスラム国」について、研究者やマスコミのなかには、これは、何か非常に新しい性格の運動であり、サイクス＝ピコ協定で英仏によって引かれた国境線を否定して単一のイスラーム国家を作ろうとしているのだ、という捉え方をする人もいます。ですが、これは別段「新しい発想」ではありません。なぜなら、そもそもフサイン政権の母体のバース党——正式名称は「アラブ復興（バース）社会主義党」——自体が、サイクス＝ピコ協定による国境線を否定してアラブを統一することを目指していたからです。バース党のこのようなイデオロギーは現実にはサッダーム・フサインによる領土拡大の野望の正当化に利用され、フサイン政権は「欧米による人為的国境線を克服する」という名のもとにクウェート侵攻を引き起こし、アメリカの介入（湾岸戦争）を招き寄せました。ちなみに、湾岸危機の際のフサイン政権の本当のターゲットは、クウェートにとどまらず、サウジアラビアであったとも言われています。フサインは当時、ＧＣＣ（湾岸協力会議）に対抗するかたちで「アラブ協力会議」という連合を作っていて、イラク・ヨルダン・イエメン・エジプトが加盟していました。フサイン政権はこれら諸政権と共に、「サウジアラビア分割」を計画していたと言われます。ただ土壇場になって、エジプトのムバーラクがアメリカの意向を汲んでこの計画から脱落したために、イラクが独走するかたちになったと言われています。

つまり、既に一九七〇～八〇年代から、実はサイクス＝ピコ協定を無効化して国境線を新たに引き直す、既存のアラブ諸国の再編をもくろむという運動はあったわけです。そのなかにフサインのバース党政権も、そのある意味での残党としての「イスラム国」も位置づけられるのであり、全く新しい考え方が誕生したわけではありません。むしろバース党のイデオロギーやフサイン政権の構想を「イスラーム主義」的に変奏してみせているのが、「イスラム国」だという側面もあるのではないでしょうか。その意味で、「グレてしまったフサイン政権」です。

西谷　グレないと生きていけなくなったということですね。

栗田　ええ。また、そうしたイラク国内の要因に加えて、先に述べた欧米のシリア介入の過程で、欧米の後押しを受けた大量の武装集団がこの地域に入り込むことになりました。このようなかたちでシリア内戦の戦場とヨーロッパが繋がるにあたっては、当然アメリカ・EU諸国等の国際諜報機関の関与があったでしょうし、イスラエルも全く無関係だったはずはないでしょう。ここから、中東の特に左翼のメディアでは、「イスラム国」は一般に「欧米諸国とシオニズムによる合作の産物」と考えられています。いわゆる「イスラム国」の性格についてはまだ不明な点も多いですが、以上をまとめれば、「旧フサイン政権の一部」と「国際テロ組織」の両方が流れ込む、多重人格的（？）なモンスターだと言えるかもしれません。そしてその客観的機能はと言えば、繰り返しになりますが、二〇一一年以降の革命的状況を潰し、欧米が「テロとの戦い」の名のもとに中東に改めて介入することを可能にすることだと言えます。欧米人の――そして今や日本人の――人質を次々に斬首することで、結果的に中東に対する先進資本主義諸国の介入を招き寄せているわけですね。

西谷　なるほど。そうした深層は、私たちには見えないところです。私などが考えるのは、フランスで若者たちがなぜアル＝カーイダやイスラム国に引きつけられるのか、なぜ粗野な暴力が噴出してしまうのか、といったことですが、それを実際に吸引して組織している意図や動きがあるということですね。

私のような立場から巨視的に見るなら、二〇〇三年以来アメリカがイラクを潰しておきながら統治の仕組みも作らず、自らに都合のよい勢力だけに権力を与えてきた。当然ながら、行政組織は腐敗し、新たに作った軍や警察の忠誠心は低いままです。一方でシリアでも、栗田さんが指摘されたように内戦状況が作り出されることで、両国の間に広範な統治の空白地帯ができてしまった。そこでイスラム国が戦闘行為の延長で基礎的な統治を敷いている、あるいは強いているのだとすれば、普通の生活は不可能ですよね。そのために数多くの難民が発生している。

いずれにせよ、このような状況を何とかするためには、ある程度の統治機構を作ることで、ともかく人が住めるようにしなければなりません。その可能性についてはいかがでしょうか。

栗田　「イスラム国」を対処療法的に軍事力で短期間に潰しても、問題の根本的解決には繋がらないと思います。事態を最終的に終息させるには、イラクで「宗派」別統治ではなく、国民統合にもとづく政治が行われるようになり、シリアでもシリアの人々自らのイニシアティブのもとで、国民統合が回復されることが必要ではないでしょうか。まともな政府が誕生し、そのもとで平等な政治が行なわれるようになれば、「イスラム国」を構成している旧バース党支持者やスンナ派の勢力は長期的にはイラク国家へと再び吸収されていくはずです。それには長い時間がかかるかもしれませんが、最も確実な方法であると思います。そしてこうした国民統合の再構築は、あくまでイラク国民、シリア国民自らの手によって、自主的に行なわれなければならないのです。

西谷　アメリカはそれを望んでいるのでしょうか。

栗田　オバマ政権の中東政策には、パキスタン・イエメン・ソマリアなどで行なってきた無人機を駆使した空爆など卑劣な側面もありますが、反面、評価すべきところもあります。イラク戦争に対するアメリカでの反戦世論を背景として誕生した政権だけあって、中東に再び地上部隊を派遣して戦争を泥化させるのは避けたいという意識は強く持っている。二〇一三年夏にシリアのダマスカス郊外で化学兵器が使用された疑いが浮上し、フランスをはじめとする諸国が軍事介入を主張した際も、オバマ政権はイギリス議会での否決や国際的な反戦世論の高揚を考慮して逡巡し、最終的にロシアのプーチンの仲介に助けられるかたちで軍事介入を回避しました。日本のマスコミ等では批判的に語られましたが、中東への新たな軍事介入を思いとどまったことは評価に値すると思います。ただ、介入しなかったオバマ政権に改めて圧力をかけようとする国際的な力が働くかたちで、その後「イスラム国」が活動を活発化させることになった、という皮肉な側面もあるのでしょうが。オバマ政権はキューバとの国交正常化にも踏み出しました。

西谷　オバマは先日、ネタニエフとの会談も拒否しましたね。

栗田　そうした姿勢については、評価すべきでしょうね。もちろん二年後にはアメリカの政権は代わるわけですから、その後の外交・軍事政策については全く楽観できませんが。

日本社会の行方

栗田　シャルリ・エブド襲撃といわゆる「イスラム国」による邦人拘束という二つの問題をまたいでお話をしてきました。最後に、話を日本社会に戻して、いまの状況をどう受けとめるべきか、どのような罠にはまることを避けるべきかを議論して終わりたいと思います。

西谷　私が以前から、九・一一の直後から一貫して強調してきたのは、「テロとの戦争」それ自体が根本的な誤りだということです。敵をテロリストと名付けること自体が、それからのプロセスを全部壊してしまうという意味で、あらかじめ毒を仕込むような行いだということです。

人質事件で言うならば、テロリストというのは交渉しなくてよい相手に付ける名前です。テロリストには人格も代表権も認められない。それは殲滅すべき対象でしかありません。しかしそうなると、交渉さえ成り立たないということになります。テロリストという概念自体が、そう名を付けることですべてが正当化されるという罠、装置だということです。これは使いはじめたら政治が腐る、そういう性格を持つ最悪の罠です。

ところが、この罠をアメリカは九・一一以降ずっと使ってきて、それをほとんどの世界が受け入れ、二一世紀の戦争のかたちとしてしまった。そして戦争が、国家間の行為ではなく、テロリストを相手にした国家の一方的な軍事行動へとかたちを変えてしまった。テロリストは当事者として認められないが、テロと戦う国家には当事者としての権利がある。この非対称の構図のなかで、責任を持つ主体がいなくなってしまった。責任を担うどころか、異物の抹殺の全権利を主張する国家と、一切を認められないテロリストの間の軍事衝突がいまの戦争なのです。

グローバルな秩序を維持していく安全保障体制が必要だというロジックは存在しますが、そこで出てくるのは強い国の一方的な軍事力という暴力でしかない。それが国際的に認められるということ自体が根本的な間違いだということですし、この暴力によってどれだけのまつろわぬ犠牲が出たことか。そして、それが正当化されてきたことか。イスラム国の出現はやはり、もはやこのやり方は通用しないということを示していると思います。そう考えるならば、「テロとの戦争」を前提にした安全保障に日本が参加していくのは、まさに愚の骨頂だと思います。そんなことをしたら、日本はこれから底なしの泥沼のなかに入っていくことになるでしょう。アメリカ自体がもはやそれに倦んでいるわけです。日本の世界的なプレゼンスを高める方法は他にもいくらでもあります。ともかく、軍事的には介入しないことです。人質の解放や協定、停戦交渉を仲介する存在として、中東にはあまり利害関係がない、あるいはむしろ地域の安定にだけ利害関係がある国として、日本は介入すればいい。もう手遅れかもしれないけれども、日本に対する一定程度の信頼はあったわけで、その資産を生かすしかない。安倍政権の方針は、そうした資産をすべて投げ捨てることに他なりません。血を流さずに金だけ出すと言われてきたけれど、最近は金もない。そうしたら血を止める「信用」しかカードはないわけです。

栗田　そうですね。

基本的に全く同感です。日本は戦後憲法九条のもと、今後平和主義に徹し、戦争はやらないという方針を掲げてきたし、それを国民も支持してきたわけです。その根底には敗戦という経験がある。あの経験はやはり日本国民にとって絶対的な、深い意味を持つ教訓であって、戦争はもう懲り懲りだ、二度としてはいけない、という感覚は、国民の意識の根底にはまだ存在していると思います。

ですから西谷さんも言われたように、「テロとの戦争」という安っぽいお芝居に引き込まれてはいけません。

このように言うと、「ではテロリストたちをどうするのか、どうやってテロをなくすというのか」という疑問・反論がすぐさま突きつけられるでしょう。しかしその点については、私は実はかなり楽観しています。それは、先ほどお話したような、二〇一一年の中東革命の経験があるからです。革命直後の中東では、本当にアル＝カーイダは完全に影響力を失い、人々の意識や政治の舞台からウソのように消えてしまうという状況がありました。

ですから、「テロとの戦争」などに訴えなくても、テロリストをなくすのは、実は簡単なことです。民衆が立ち上がって——今回フランスでは三七〇万人が集まったということですが、エジプトでも二〇一一年には数百万、二〇一三年六月には二〇〇〇万人以上がデモに繰り出しました——非暴力で訴えるときには、政治の道具としてイスラームを使い、武器をことさらに振り回すような人間の居場所はなくなるのです。民衆が街路を埋め尽くして、民主主義や社会的公正を求めるとき、テロリスト集団は太陽に照らされた雪のように溶けて消えてしまう。ですから、イラクとシリアに、本当の意味で民主革命が起これば、テロリストの付け入るすきはなくなるということです。「テロリスト」の存在は自明のことではありません。

西谷　おっしゃる通りです。テロとの戦争こそがテロリストを生み出してきました。今回のシャルリ・エブド事件が、もし後ろ盾を持たない個人的な暴力の激発であったとしても、それは巨大な暴力への反作用としてしか生まれてこないことです。そのことに対して、三七〇万人もの人々が出てくるということ。それ自体が何かを物語っています。それは誰かをやっつけろということではない。

栗田　「生きさせろ」ということですね。

西谷　そういうことです。だからいわゆるアラブの春に対しても、結局革命が起きたけど元の木阿弥だということを言う人も現れていますが、そうではない。起きたことには「起きた」というものすごい意味がある、ほとんど絶対的な意味があると思います。

栗田　本当にそう思います。

西谷　栗田さんが言われたように、民衆が動くときにテロリズムはなくなるはずです。

III

破局のあとに

現代の思考は何を忘れているのか

――「合理性」は間尺に合わない

×島薗 進

島薗 進（しまぞの・すすむ）
一九四八年生まれ。東京大学名誉教授。上智大学大学院実践宗教学研究科教授（現在）。宗教学。著書に『いのちの始まりの生命倫理』（春秋社）『国家神道と日本人』（岩波書店）、『宗教を物語でほどく』（NHK出版）、『いのちを〝つくって〟もいいですか?』（NHK出版）など。

なぜ宗教が重要なのか

西谷　私は哲学をベースに現代と関わるような案件をいろいろ考えてきたのですが、ずっと気になっていたのは「宗教とは何か」ということです。いわゆる世俗化の問題にしても、宗教的世界から世俗に脱皮したとか言われますが、それは「宗教」という近代にできたタームを、遡って昔にも押しかぶせて説明している。どこでも、社会をつくりあげて維持するような様々な装置、厳密に言えば規範的な装置があったと思います。西洋世界というのは、キリスト教がその役目を果たすことで形成され、その規範的な装置が社会の歴史的な展開につれて様々な分岐を起こしてきた。まず権力と権威が並立し、やがて政治が独立し、経済が分離されて国家と市民社会ができてくる。しかし依然として制度としてキリスト教会はあるし、宗教がなくなったわけではない。われわれは宗教と他の領域を分離して考えればいいわけではない。ローマ以来そこに貫かれている規範的な拘束力はずっとあって、その一貫性をわれわれは「キリスト教」ということで呼んでいる。だから、いわゆるグローバル化の現代世界を考えるときもそれを外すことはできない。これは私が主としてピエール・ルジャンドルを通して学んできたことです。

なぜ宗教が大事かというと、日本ではもう忘れられかけていますが、三・一一のようなことがあるといっぺんに大量の人が死にます。死んだ人は帰ってこないけれど、さらに多くの生き残った人たちが死の問題に直面する。その死の問題を何が相手にできるのか。近代哲学はまずできません。それは死に蓋をすることから出発しますから。それと並行して、死を押しのけ、忘れさせていく世の傾向と、世の中をどんどん変えていく科学技術のいわゆる科学的思考が、いつも最後の言葉を持つことになっている。

「だって科学的に言えばこうだ」と。それがいわゆる社会科学だと経済学が規範になって、「だって経済的にはこうだから」と言われると、みんな黙ってしまいます。しかしそれで済むのか。計算的合理性にとっては死なんて意味がありません。「何人死んで、何人生まれた」ということしか語れないわけだから。

でも人間の生存はそんなことではつかめないし、済まされない。現代の思考は何を忘れているのか、どこに盲点があるのかといったことを私は考えてきたのですが、ジャン＝ピエール・デュピュイはまさしくそうしたことをやってきた人なのだと、何年か前に知りました。彼は最近は「破局論」に仕事を集約していますが、その出発点にはイヴァン・イリッチと一緒にやっていた「医のネメシス」があります。そのあと彼はルネ・ジラールに触発された仕事をする。デュピュイはまた認知科学や正義論といったアングロサクソン系の思想をフランスに導入してきた人ですが、それを破局論にまとめてくる根幹にいつも、人の生き死にの問題と信の問題があるのです。

この『聖なるものの刻印』（二〇一四年）は、そんな彼の仕事の総まとめのようなものです。人間社会が未来を展望できない危機的な状況にある現在、「いつまで続くか」ということからしか現在を考えられないような中で、こういう仕事があることを私としてはぜひ知ってほしかった。そして「医と信」ということとの関連でも、島薗さんにも読んでもらって、話をうかがいたいと思いました。

島薗　本書は大変に平易な訳文で、とても読みやすかったです。また、訳者は本書で参照される様々な学者の思想的な仕事に通じてなければいけないし、他方で現代科学に関わる用語を掴んでおかないといけない。そういう仕事は現在とても必要とされていますよね。

現在、自然科学者がリスク社会について、あるアプローチをしている。他方で文系の学者が政治的・

倫理的問題として、原発や生命科学の新しい問題に取り組んでいる。しかしそこには大きなギャップがあって、それが三・一一以後、露骨というかやや悲劇的なかたちであらわになり、修復がつかないようになっています。そうした中で、デュピュイは今後必要とされるであろう科学と人文学の橋渡しをやってきた人であり、それを今回適切な日本語に訳してくださいました。

原発事故以後、ドイツが注目されました。科学技術と現代社会の問題についてはもちろん英米系も対応しているけれども、「抵抗」というよりは主に「適応」に傾いたかたちで思想の展開がある。ハンナ・アレントのような人も含め、ドイツ語圏に抵抗の重要な思想資源がある。フランスからどういう思想的な対応があるか見えにくかった。デュピュイの議論はいかにも「フランス的」ですが、しかし英語圏にも、さらには「ハイデガーの子どもたち」にもよく通じている。

西谷　そうですね。フランス的といいますが、フランス思想の活力は結局は外のものを取り込むことによって生まれているのだと思います。ジョン・ロールズをフランスに入れたのはデュピュイです。また、最近日本でも見直されているギュンター・アンダースはフランスではほとんど知られていませんでしたが、デュピュイが何年か前に主要著作をまとめて、一〇〇ページほどの序文をつけて出しています。デュピュイはアンダースを援用して破局論を展開しますが、倫理的な問題を考えるときの批判的な踏台としてはハンス・ヨナスがあり、またそれを進めていくときの論理的なステップとしてはハンナ・アレントがある。だからドイツ的なものがかなり入っているし、イギリス系の自由主義思想の系列も押さえています。

島薗　アンダースの本の日本語のいくつかは、現在なかなか手に入りにくいですね。ところで、先に名前の出たジラールの思想は一風変わっていますが、私の理解ではデュルケームやフロイトの宗教論と似ています。つまり「暴力」あるいは「人間同士の対立」から宗教を見ていく。本書ではデュルケームやルソーに遡って、フランス思想の中の「社会」というものを、暴力あるいは聖なるものから見ていく伝統を科学技術と結びつけて蘇らせています。こういうタイプの考え方が今後の科学技術理解のある方向を示していると感じます。特に科学技術の限界、あるいは倫理的な制御について多くの学者が関心を持つようになり、ハーバーマスのような人もそうしたテーマの本を書くようになっています。やはりどこかに宗教を置かないと、現代の科学や経済のあり方を制御できないということを説得力豊かに説いているのが本書です。

「破局」は避けがたい

西谷　フランスの現状を言いますと、デュピュイは「大物」ではありません。いわゆるポスト構造主義といったフランスの目立った流れとは関係ないところでやってきた人です。だからフランスのアカデミック・メディアでは注目されないというか周縁に置かれます。ただ、ジラールやイリッチ研究においては重要な役割をしているし、八〇年代前半にフランスで功利主義批判をする連中が出てきます。日本よりかなり早く、ネオリベラリズム批判というか、グローバル経済の仕組みが何に支えられているかに焦点を当てて研究する流れがありました。「ＭＡＵＳＳ（モース：社会科学における反功利主義運動）」といって、マルセル・モースの贈与論などを参照した運動です。そこではデュピュイは重要な位置を占めていました。彼はもともとテクノクラートになるような環境にいたのですが、現在はフランスは国策で核を推進していますから、原発の問題も併せて統括する国家機関があり、その倫理委員会の座長をやっていますす。そういうこともあり、デュピュイの思想がフランスのアカデミック哲学の主流になるかといえばそうではない。けれども、もはや哲学の中で「主流」である必要なんてさらさらない。重要な思考はむしろこういうところで展開されているんだということを自ら体現しているのがデュピュイのような人だと思います。

また、デュピュイはとても正直で、知的に廉直な人です。自分が恩恵を受けているところは非常に肯定的に書いて、そのうえで一歩先に出る。自分の功績より恩恵を語る人だと思います。そのこと自体がいまでは独自性です。

島薗　ドイツ語圏や英語圏でも宗教の見直しはなされていますが、フランス内部のその思想潮流は、西谷さんを見ているとわかるという感じでしょうか？（笑）

西谷　私が持ち込んでくるものを見てくれれば一番いいところはわかる、とか（笑）。それはさておき、フランスでは非宗教教育を、まさにデュルケームの時代に確立しました。「ライシテ」（非宗教性）というのですが、それは社会形成の原点、基本原理のようなものです。ところがイスラム移民の大量流入によって、様々な問題が噴出するようになりました。いわゆる宗教の問題は、社会の組成と密接に結びついているという意識が出てきた。そのライシテというのは、共和国主義――国王という唯一の最高権力を置かずに、人民主権と平等をベースにして国家体制や社会秩序を作るという西洋の歴史的試み――と不可分だから、政治と宗教は切り離せないんだと。だからそれを構造的に見ていかなければならないという意識は相当広がっています。

島薗　学校にヴェールをつけてきてはいけないというのはフランスだけですよね。そのフランスで「世俗」は機能しないというべく、デュピュイは「破局」をキー概念としてもってくる。これは、ウルリッヒ・ベックが言った「リスク社会」というコンセプトとも通じると私は思います。ある時期から、科学技術の肥大化の中に生きるわれわれを、社会理論あるいは文明論として捉え返す流れが出てきましたよね。イリッチはその先駆的な人でした。デュピュイの場合は科学技術に強く、地球温暖化の問題に彼なりの取り組みをしてきて、破局論に辿りついたということでしょうか。

西谷　実はデュピュイはベックらのリスク論にはたいへん批判的です。なぜなら、そこから出てくるのは「リスク・マネージメント」で、「危険をどう制御するか」になってしまう。しかしデュピュイはもう少しラディカルで、「破局は避けがたい」、だからその現実性から翻って今可能なことを考える、ということなんです。

島薗　デュピュイの議論は大展望の要素を持っているけれども、しかし同時に具体的な場面で適用できるものもたくさんあります。大事なものとしては、リスク論の限界――功利主義批判ともつながっていますが――から破局論に持っていく。ここがとても面白いところですね。私もリスク論は危ういものだと思っています。特定専門領域の科学者が確率などをより洗練させて、「自分たちこそが政策決定や意思決定における最も重要な知識基盤を持っている」と称する――これは大変に危うい。実際には政治的モラルの問題なのに、数値に還元してしまう。この危うさを、福島原発災害を通じて強く自覚するようになりました。では、リスクを超える不確実性をどう扱ったらいいのか。それについて破局という視点は虚をつかれるというか、しかし経験に即してみると「なるほど」と思うところがある。つまり、起こってみて初めてわかる。もちろん前から懸念はあったけれども、本気で言うと「煽っている」とか狼少年などと言われてしまう。

西谷　デュピュイは、訳しにくい表現なんですけれど、意味をとれば「迷妄ではない破局論」――

「賢明な破局論」と訳されています――（『ありえないことが現実になるとき』（二〇一二年））というのを書いていて、それから『ツナミの小形而上学』（二〇一一年）とか、世界で大きな災厄が起こるたびにそういう本を書いている。二〇〇七年の金融危機のときも『経済の未来』（二〇一三年）を書いた。彼は、破局に至ることは確実だとまず設定し、それをどう繰り延べられるかと問う。これは、まず一つにはキリスト教の黙示録的な問題でしょう。ところが、テクノロジーの現実は確かにメチャクチャになっていて、その進行の先を肯定的に描く論理は、ポスト・ヒューマンなど、進化論がくっついていて、人間が人間を離脱していく、あるいは人間が人間を自己超越していく、それは素晴らしいことで、人間ではなくなってもいいじゃないかという話になっていく。つまり、人間とは何かという問いが帳消しにされていくというか、それを手放さざるをえない状況になっている。そうすると「破局」自体も霧散してゆくわけですが、それは思考の放棄ですね。

島薗　私は、クローン羊のドリーから、生命科学のもたらす文明の危機という問題に興味を持ち始めました。人間を治す医療から、人間を改造する医療にという問題を「エンハンスメント」という形でブッシュ政権時代のアメリカの生命倫理評議会が取り上げていて、非常に参考になりました。また、核の問題と生命科学の問題を共通して扱っている人に、ドイツのロベルト・シュペーマンというカトリックの哲学者がいて、その議論はとても重要だと私は思いました。そうした観点から見直すべき人としてハンス・ヨナスがいると思います。彼の「責任という原理」という発想を、科学技術全体の問題として大きな図柄を描いています。それについてデュピュイのこの本は現代科学の具体的な諸相とともに、さらに様々な思想と結びつけてくれましたね。「責任という原理」について言葉を足せば、これはエルンスト・ブロッホの「希望の原理」へのパロディ的な題です。ユートピア主義に支配された近代が及ぼす未来への負荷に着目し、啓蒙の限界を科学技術全体の倫理問題として提示した。ハイデガー由来かと思うが、手段的連関の中に閉じ込められた人間の営みとしての科学技術が、人間の存続基盤を変えてしまうことへの問いという論点があると思います。それを突きつめていけば、おのずと破局論になると私は捉えます。デュピュイはそれを意識的にキリスト教の黙示録的な伝統と結びつけていると思いますが、ただそこまでキリスト教的な要素を強めなくても表明できる思想なのではないか、とは思いますね。

キリスト教は学的啓示だ

西谷　私がデュピュイに最も感応したのは、一見キリスト教と結びつけなくてもいいものを、「これこそがキリスト教だ」と言うところなんです。私はキリスト教批判をずっと考えてきましたが、それはキリスト教が絶大な力をふるってきたことの裏返しでもある。

デュピュイが大変に広い領域をカバーできるのは、彼がエピステモロジーのレベルで哲学や科学、経済学等を結びつけているからです。エピステモロジーでは、様々な領域で、対象が違っても考え方の構造は同じじゃないかという話になってしまいますが、デュピュイはもう一歩出て、「キリスト教は学的啓示だ」と言います。これはすごい。それでジラールを最大限に評価するわけです。世界はキリスト教で造形されていて、その啓示が真理のすべてだと言ってしまうハチャメチャな奴がいると。ジラールはサクリファイスの議論を一般化して、極端だけれども、しかしそこに一つの正しさがあると。その正しさ、真実とは「知ること」が人間にとって持つ意味です。「知ること」が世界を拓く。その意味をキリスト教は示したんだと。そしてそれは、黙示録がもたらすような畏怖とか聖性とかを自ら解体するような、そういう黙示なのだと。イエスは神殿の崩壊を予言しつつ、しかしそれは既に起こっているんだと言います。そして起こることをただ落ち着いて注視せよ、見張れ、と言います。それが認識の出発点だと説きます。それは信仰ではなく、世界に向き合う人間の「知」の姿勢だと。

合理的思考のどこがおかしいかというと、例えば地球の上を人が歩いている。でも歩く距離なんてたかが知れているんですが、そこだけで考えると地面が平たく見えてくる。だからまっすぐの尺度を作ってしまうわけです。それで「まっすぐだ！」と歩き続けていると、自分の足が地球から離れて虚空を歩いてしまう。おかしいと思ってその尺度をバキッと折って、矯正して地面に合わせ、「やはり合理的だ」とか言っているけれど、「地球は丸いんだ」ということが分からない。つまり「合理性」は間尺に合わないということが分からない。そんなことをイエスは教えているとデュピュイは言っているように思います。

本書の冒頭で「ブートストラップ」（ブーツの紐）の話が出てきます。人が世界の中に身を置き、そこから見る世界を思い描く構造とは、結局はブートストラップでしかありえないだろうと言います。ブートストラップは、ありえない第三項を仮想することでしか成り立ちません。知とはそういうものではないかとデュピュイは言っているわけです。それは信仰の構造と同じではないか、と。認識の可能性は、信仰あるいは聖なるものを人間が生み出してしまう構造と通じている。それを踏まえて物事を考えよう。そうすると客観的、超時間的、超空間的な真理があるということではなく、人が生きて、社会があるとすると、思考はそれとの相関関係のなかにあるのであって、一方では対象化するための自己超越であるけれども、他方では「自分が歩けるのはここまでだ」という自己限定をも課してくる。それを一般には「倫理」と呼んでいるわけですが。デュピュイの言っているのはそういうことではないかと私は読んでいます。

島薗　近代は「進歩」という理念がずっと作用してきたと思います。早くも一九世紀にカウツキーが「キリスト教の中にこそマルクス主義の原型がある」といった議論をしたりもしています。マルクス主義に対抗するところの社会ダーウィニズム的な思想の中にも、まさにアメリカ流のユートピア主義を支えている宗教的なエートスがあったと思います。われわれが戦後の教育を受けた時点でも、かなりユートピア的な未来願望は生きていた。そうした「神話」にわれわれははまっていたと思いますが、それが醒めてくる過程もまたあったと思います。経済や科学的合理性は未来に向かって前進し、目的論的な方向に向かっていく。しかしそのまま行くと破局が確実に来る。それはローマ・クラブの『成長の限界』やオイル・ショック、日本で言えば公害問題が顕著になったころから明確になりはじめ、いよいよ深刻化したのが前世紀末だと思います。手段的合理性、道具的理性と結びついていたユートピア主義が終わった。では何を支えとしているのか。それを相対化するものは自分の中にあるのか。世俗主義的な知識人が進歩の理念を失ったときに、統制的な理念、全体的な目的と結びつけられるものがあればいいけれど、それが見つからないときどうするのか。それでも前進はやめない、ならばどのようにして破局に向き合うことができるのか、というのがデュピュイの論の私なりの平明化です。

キリスト教がその破局に対抗するものを持っているというのはいいのですが、様々な宗教的な資源の中にも自己超越――自分を外部に関係づける――の要素はあるはずですが、しかしデュピュイは、そちらのほうも見てみようとはならない。このあたりがローカルというか、ある意味では西洋の収縮というか、現代の西洋がローカリズムに入っていくような雰囲気を少し感じますね。それは彼の破局概念の狭さにもつながっていると思います。世界各地で様々な伝統を引きつつ近代化が続けられており、その自動運動化に対して西洋とは異なる外部性の可能性もある。そのあたりをもう少し参照してほしいと思います。ではしかしわれわれはどうか。やはり日本とか東アジアにこだわり、破局へ向かう自動機械からなんとか逃れようともがき続けているので、西洋のローカリズムを嗤うことはできません。むしろ学ぶことのほうが大きいと思います。

「ネガティヴな超越」という発想

西谷　デュピュイが時々引用するのがアメリカインディアンです。西洋キリスト教の自己批判はいくらでもできますが、彼がそこでネックだと思っているのは、キリスト教的な遺産の上に発展してきた近代科学的思考では、「未来」との関係が出てこないということです。破局がそこにあるとしたら、それを相対化してくれるものは何か。例えばアメリカインディアンは、なにか現在の判断をするのに、七代先の未来の子孫の立場で判断するといいます。例えば、この世界の土地は未来の子どもたちから委ねられているのだという、逆向きの時間というか、過去を基盤にして積み重ねていく時間観念ではなく、いまはないところから逆に照らし出す時間ですね。これも時間のブートストラップです。キリスト教的伝統の末裔としての自分（デュピュイ）は、どうすればそのような観点に適うものを見いだせるのか、そんなことを彼は言っています。

島薗　ところで、デュピュイは本書で「ネガティヴな超越」ということを言っています。これは、デュピュイの考えを理解するうえで鍵になる言葉であると同時に、彼の発想を展開してより広げていくための手がかりにもなるのではないかと私は思います。何かを殺してしまう、そこに暴力を集中させることによって、そのあとに新しい秩序ができることを信じるのが宗教であるけれども、そのプロセスは安定性を欠いているというか、ジラールによれば「誤認」に根ざしたものです。しかし、暴力が犠牲に集中するということにこそカラクリがあると見抜けば、そしてそのことの恐ろしさに震えるとすれば、それが「ネガティヴな超越」だという論と受け止めました。現代人は、新しい秩序は信じられなくても、ネガティヴな破局に震えるという超越感を持っている。これは重要だと私は思います。全能の神とか、あらゆる苦悩を超越した涅槃とかいうものに私はそれほど惹かれないのですが、涅槃を必要としてしまう人間の弱さ、あるいは暴力の抑えがたさ、嫉妬の悪循環に陥る人間——こうしたものの悲劇性なら私はわかります。そうしたものに触れると手をあわせざるをえない。デュピュイ自身もおそらく、「救いのイエス」ではなく、暴力の避けがたさを体現した存在としてイエスを見ているのではないか。

西谷　それは重要な点だと思います。彼自身は、知的にはキリスト教を評価するけれども、信仰する人ではありません。だからこそ核心——超越のネガティヴな側面、あるいはネガティヴなものとしてあらわれてくる超越について論じられる。デュピュイは、アンダースの怒りの正当性を認めながらも、しかしヤスパースの議論に憤慨しています。本書のこの部分では、ギュンター・アンダースがカール・ヤスパースの議論に憤慨していますが、それだけでは事態は見えないと指摘するために、「ネガティヴな超越」と言っています。極限的な悪の「現実性」といったことですね。

島薗　ヤスパースはここで犠牲は必要だと言ってしまっていると。現代世界が持っている悲劇性に対して答えを出してしまう。しかしそれこそホロコーストに直面してしまった人たちが、「神の蝕」、隠れた神という思想を持つとすると、そことアンダースは近いので、答えがない世界、あるいは超越者をポジティヴに想定できない、しかしその前で慄かざるをえないことを示している。ここは私も動かされるところですが、やはりそれはキリスト教に限った話ではないと思います。卑近な例ですが、三・一一以後、黙祷の機会が多いですよね。教授会などでもやりますが、今回は本気で黙祷したと思います。私が考えたのは、「黙祷」を言葉にしたら何を祈っているかということです。宗教的に死者の前で礼拝するときには、「冥福を祈る」など、故人の霊というものを措定して、それが天国なり来世なりでより平安になってほしいということですよね。しかし黙祷は宗教的なかたちがないわけですから、冥福を祈っていると言えるのか。特に、津波の死者を思って黙祷するとき、それはまさに「ネガティヴな超越」ではないかと思います。津波の跡へ行くと慰霊碑がありますが、そこへ出あったら額ずいて手をあわせると思います。それは特定の宗教を持っていない人でも、あるいは祈りの言葉を知らない人でもやることでしょう。

西谷　島薗さんは長らく「死生学」というのをやってこられて、三・一一以後はグリーフ・ケアに関わっておられますね。

島薗　阪神・淡路大震災のときは、人々はあまり宗教ということを持ち出さなかった。三・一一では宗教に期待があったというか、宗教の働きをポジティヴに受け止める傾向があったと思います。それは、前向きな文明の限界への認識が深まり、破局を遅らせるような生き方、「自己超越」のほうへ行かなければならぬという意識を反映していると思います。同時に、多くの人が「死者」に思想的な意味を与えようとしている。例えば若松英輔さんの仕事はその一つだと思います。破局論とも結びついた「未来世代への配慮」は、「過去の世代との連続性の回復」ということでもあるのではないかと思います。直線的な時間ではあるけれども、循環的な要素も持っている、繰り返しとしての生の意義を再確認しようという動きが出てきているんだと思います。デュピュイのこの本は、キリスト教の伝統に固執するという意味での保守主義の意義を、フランス思想が新たに取り戻そうとしているとも読むことができると思います。

われわれは「破局」を見た

――経済にとっても、経済の濁流は勝利の瞬間ではなく、終わりの瞬間である

×大澤真幸

大澤真幸（おおさわ・まさち）
一九五八年生まれ。『THINKING「O」』主宰。社会学。著書に『行為の代数学』（青土社）、『〈世界史〉の哲学』（講談社）、『夢よりも深い覚醒へ』（岩波書店）、『自由という牢獄』（岩波書店）、『憎悪と愛の哲学』（KADOKAWA）など。

『経済の未来』は、われわれに与えられたギフト

西谷　ジャン＝ピエール・デュピュイの仕事をめぐって大澤さんと話ができるので、今日はたいへん楽しみでした。

私はこの間、フランスでもドゥルーズやデリダなどとは違った系統の人たちと付き合ってきました。一人はピエール・ルジャンドルです。彼は規範性を軸に主体形成と社会形成が同時になされる制度的な側面の分析を初めて本格的にやっている人です。また、社会化の局面で、ヨーロッパ近代の大きな伝統として功利主義があって、そこには経済と社会組織の問題がすべてかかわってきますが、それを批判的に研究してきたグループがあります。アラン・カイエを中心とするMAUSSグループで、セルジュ・ラトゥーシュなどが「脱成長」のヴィジョンを出していきます。あるいは、植民地批判と絡めた産業社会批判をする人たちがいて、イヴァン・イリイチやアンドレ・ゴルツ、コルネリュウス・カストリアディスらの仕事を継承する流れがあって、そこにルネ・ジラールのインパクトが加わって、そうした中からデュピュイも出てきました。デュピュイは広範な仕事をしていますが、それを近年になって「破局主義」という軸でまとめています。かなりリアルに想定できるこの文明の破局を前にして、人間がとれる姿勢を根本的に問うというのがテーマです。これは、「三・一一」の後で当然紹介しなければならないと思いました。われわれの出発点になるような仕事だということで『ツナミの小形而上学』をまず紹介しました。

『経済の未来』は、去年初めに出たものを森元庸介さんが時間差なしに翻訳してくれました。二〇〇

八年の金融危機を受けて書かれたものですが、「三・一一」も視野に入っています。大澤さんは本書をどう読まれましたか？

大澤　非常に面白かった。絶対に精読に値する本です。ぼくが初めてデュピュイを読んだのは『物の地獄』（ポール・デュムシェルとの共著、一九九〇年）ですが、自分の言うことを数学的にフォーマライズするところなど、彼の仕事の仕方はぼくの肌にあうところがあります。社会学に近いところでは合理的選択理論などにも似た指向性があり、本書のデュピュイの議論は、それらの前提を基礎から問い直すもので、それらよりも深い。

震災の二ヶ月ほど前に、ぼくは『「正義」を考える』（二〇一一年）という本を出しました。その最後でデュピュイの『ツナミの小形而上学』をベースにして、破局主義の問題を自分はどう展開するかということを書き、「裏返しの終末論」というアイデアを提起しました。そして、震災の数日前にNHKの教育番組で、その「裏返しの終末論」について話しました。そうしたら、本当に震災が起きてしまった。デュピュイという人は、まるで時代の必然を読むかのような仕事をしてきていると思います。実際には三・一一以前から、彼はそういうことを言っているので関係ないわけですが、彼自身も驚いていると思います。『経済の未来』にもフクシマの話は何度も出てきます。日本の近年のヨーロッパ思想の受容は、オタクと言ってはなんですが（笑）、知識のための知識みたいなものに堕している傾向がある。「誰が一番フーコーについて詳しいか」みたいに。今や、「それが何なの？」という感じでしょう。もちろん学ぶことは重要ですが、ぼくらは学びつつ考える時期に来ているわけですよね。日本が今回たまたま襲われている危機とデュピュイの仕事はものすごくシンクロするんだから、われわれこそ「デュピュイ以上のデュピュイ」になってもいい。意図せざるかたちでバトンを受けるということも考えるべきときに来ている気がします。ある意味では、デュピュイほど明快な人はいません。よく読めばあいまいなところは一切ない。『経済の未来』は、われわれに与えられたギフトであるとも思います。

西谷　こういう仕事が、ダイレクトにわれわれにとってのギフトになるということが、グローバル化状況の現実だということですね。この本のテーマでもありますが、経済システムが世界を覆い、一元市場の中で人々が生活している。その中で、技術の危険とか環境問題、人口問題は、どこにとってもアクチュアルな課題で、それがわれわれの生存を規定している。地域のヴァリエーションはあるけれど、基礎条件は共通です。かつて私はデュピュイにこう話しました。日本ではある時期まで、西洋から出てくるものに対して、自分たちを普遍に寄り添わせるというかたちでないと接近できなかった。それは欧米以外のところの宿命だった。しかし第二次大戦以降、とりわけ核兵器の登場以降、われわれは本当に「ひとつの人類」になった。同じ条件のもとに置かれることになった。それ以降についてはデュピュイの議論に全面的に乗れる、と。つまり、デュピュイが、「ありうべき破局」として語ることにどう向き合うかが、そのままわれわれの課題だということです。

大澤　まったくそうですね。デュピュイと違って、フーコーやデリダは、西洋の文脈で考えていますよね。

西谷　そして彼らは、西洋が限定されたものであるということをあまり意識しない。

大澤　彼らの文脈とぼくらの文脈は、やはりずれている。

西谷　「それは君たちの病気だね」という感じだよね。われわれもその病気に罹ってしまったけれど。

大澤　デュピュイももちろん西洋の文脈も踏まえているわけですが、根にあるのは土着の形而上学というより、政治と社会のアクチュアルな問題に即したところから考えていて、それは必然的にグローバルな主題につながる。だからダイレクトに読めますよね。

経済の原理に内在しながら、経済を超える論理を見つける

大澤　『経済の未来』に戻りますが、フクシマがどう躓いているかというと、それが経済の問題だけになってしまっていることにある。この本には、いかに政治家が経済学者のようになってしまっているかが書いてあります。

西谷　学者でもないんだけどね。選挙のイシューでも、本来の政治的課題がいくらでもあるところを、経済問題だけが表に出されて、政府の役割はもっぱら経済だという空気が作られて、メディアもその風潮を広める。そして景気をよくするのは自分たちだとばかり、じゃまな日銀の総裁の首まで切ってしまうのが現状です。この場合は裏に他の意図があるわけですが。金融危機に襲われたギリシャは、パパンドレウが詰め腹を切らされるかたちで首相を辞め、後任にパパデモスが就任しました。イタリアでも、ベルルスコーニが辞めて、「この人なら」とEUが認めたモンティが首相になりました。でも、どちらも最大の金融投資銀行ゴールドマンサックス・ヨーロッパのOBです。だから銀行家がとうとう国まで乗っ取っている。

大澤　本書「序」の冒頭に「この本は、政治が経済に、また権力が経理になぶりものとされるのを目の当たりにしての恥辱から、やむにやまれず書いたものである」と書いてありますが、まさにわれわれもそれを目の当たりにしています。原発にしても、続けるか続けないかは、究極的には政治と倫理の問題です。しかしそれよりも経済の問題としてだけ議論されている。

デュピュイがすごいと思ったのは、経済の原理に内在しながら、経済を超える論理を見つけ出して引き出してくるところです。それが、訳語では「自己超越」とされていることがらです。経済がもともとは政治の自己超越に依存していて、さらに政治の向こう側には宗教の自己超越がある。それらがどんどん摩滅していった結果、現在では経済の中に自己超越が取り込まれている。では経済がそれを取り込んで活力を得るかと言えばそうではなく、むしろ経済がみじめなものに、経理でしかないものになっていくという逆説をデュピュイは見ていきます。

西谷　かつて「テロとの戦争」の批判をやっているときに、政治思想だけではらちがあかないと思い、経済について考え始めました。そのとき思ったのは、〝経済〟という考え方そのものがおかしい、あるいは〝経済〟という土俵に人間社会のすべてが均せると考えるのがおかしいということです。例えば中世の場合、人は宗教的な世界に生まれます。そして聖書や聖書的な世界観によって人が造形されていきます。しかし、神学的な構成がその超越的能力を喪っていき、宗教戦争のあとで、今度は政治国家の時代になっていきます。テオロジーの時代ではなく、政治的なイデオロギーの時代。それから少したつと、政治権力は剥き出しの力だけでは統治ができなくなってくる。社会活動が活発になり、国家が富を蓄積しなければならなくなる。フーコー的に言えば「殺す権力から生かす権力へ」というわけですが、そこで経済が浮上し、経済学という学問もできてきます。その経済は、しばらくの間は国家とタイアップし、国家を動かして言わば政治的腹話術で伸長してゆきます。しかしその果てに、ネイション・ステイトのシステムが世界戦争になって溶解すると、経済は前面化します。つまり経済が、世界を説明し、組織化する支配的な言説になる。これがグローバリゼーションの時代でしょう。

宗教的統治、政治的統治、経済的統治、西洋ではこんなふうに統治の言説の場が推移してきたのだと思います。だとすると、宗教、政治、経済というのは先験的に区別された領域ではありません。何がこの推移を促したのか、そこで何が保たれ更新されてきたのか。人間社会の存続のための要請と言ってもいいでしょうが、それが神学を使い尽くしたあとで、政治権力、そして経済的なものになっていく。政治的なものと経済的なものの基本的な違いは、前者は「ポリス」だから境界をつくり、ユニットをつくる。しかし後者は境界を超えて展開してゆきます。では人間社会とは何なのか。私にとってそれを考えるときのベースになるのはルジャンドルなんですが、ここでは踏み込みません。デュピュイもそういう発想を持っていて、彼は「人間社会における〝悪〟の処理」という課題だと言います。それはキリスト教的発想だよ、とデュピュイに言ったら、彼もそれを認めていました。その発想のベースにあるのはルネ・ジラールです。

大澤 経済がある種の宗教的現象であるとはいろんな人が言っています。代表はウェーバーとマルクスで、『資本論』は全体が神学の比喩で満ちています。政治に関してはもっとあからさまに、カール・シュミットが世俗化された政治がいかに神学的であるかを理論的に語っています。政治においては「どこに主体がいるか」が問われます。誰が統治の主体で誰が客体なのかなど、「主体」を確定させるのが重要なアクションです。それに対して経済は「主体なきプロセス」です。今までは、主体をプロセスへと還元するというのが、哲学的な考察の中心的な主題だった。しかしデュピュイは逆で、主体なき経済の内から、政治的な主体性や宗教的な超越性へと対応させる関数を取り出す。「悪」は神学的問題ですが、経済の内部にそれが入ると「市場における成功と失敗」というものすごく散文的な話になる。宗教が機能しなくなったときに経済がその問題を代わりに解決しているんだ、というようにデュピュイは述べます。旧来のマルクス主義者は暗黙のうちに宗教モデルで考えているんだけど、それだけでは宗教は経済の中に消えてしまう。デュピュイは、宗教の論理が経済の中に入り込み、いかにその痕跡を留めているかを示している。探究の方向性を示す写像が逆です。

西谷　言わずもがなのことですが、私はものを書き始めたときからマルクスのマの字も引用したことがない。世に流布するマルクス主義なんてものから距離をとってきました。あれはアウグスティヌスがあればいいとは言いませんが。バタイユは、マルクスを相対化しようとして、「普遍経済論」というエネルギー論を展開しています。ここには存在論と認識論を巻き込んだ「非 - 知」という独特のモチーフが絡んでいますが、それでも、生存の全体を〝経済〟というタームを拡張することで考えようとしたわけです。バタイユは、マルクスの理論は「限定経済学」であると言いました。つまり、商品を基盤に様々な経済システムを考えている限り、いわゆる経済学的な土俵から抜けられない。その土俵が先験的にあるように受け止めている限り、経済そのものを相対化できないと。デュピュイは、経済はある歴史段階で規定的な枠組みとして出てきたのであって、違うかたちがありうると考えていると思う。すると、いわゆる経済現象、あるいは経済に関する知の捉え方が基本的に違ってくるのですね。

大澤　そこがまったく新しいですよね。経済史学の一部やウォーラーステインの近代世界システム論において、経済のあり方についての歴史的記述がありますが、デュピュイは経済というものの論理的な成立を扱っている。『経済の未来』の第四章は圧巻です。ウェーバーを読むフランス人は珍しいわけですが、このウェーバー解釈は独創性があります。カルヴァン主義が資本主義のエネルギー源になったというのがウェーバーの説ですが、これはいくら否定されても、どこかに怪しい説得力と魅力を放つものがあります。教義に関して言えば、資本主義とカルヴァン主義には何の関係もありません。しかし、歴史的には、両者の間には親和性があった。現象として見ればそれは明らかです。資本主義をリードしたのは、主としてカルヴァン主義が強かったところですから。ではそれがどうつながったのかをウェーバーも一生懸命に説明しますが、あいまいな部分がどうしても残る。そこをデュピュイは、ウェーバー以上の説得力でもって読者に示します。カルヴァン主義が資本主義に結びつく理由をウェーバーは心理学で説明するんだけど、デュピュイは違うんだ、「論理」の問題なんだと。カルヴァン主義が持っている論理の構造の問題なんだと。ニューカムのパラドックスとカルヴァン主義の予定説が同じ構造になっているというのはすごい発見だと思いますよ。経済には二重性があって、カルヴァン主義の持っている破局主義的なものには、運命論を超える、人間の自由の肯定が実はあるんだと。しかしその同じものから経済学的理性が出てきて、普通の意味での経済的主体の合理性なんて呼ばれているものが、むしろ一番ダメな運命論になるんだというような論の展開とつながりは、「本を読むこと」のほんとうの面白さを享受させてくれますよね。

西谷　デュピュイには数理的な頭があって、ゲーム理論や認知科学のフィールドで議論するのがすごく好きな人ですね。だから大澤さんとそりが合うんじゃないかと思いました。

大澤　ぼくの最初の本は『行為の代数学』（一九八八年／増補新版一九九九年）ですが、数理の何がいいのかというと、普通は、普遍的なことを言おうと思っても、母語でやっている限りその限定性に引っ張られてしまうわけですが、数理モデルだったらそこを易々と乗り越えられる。デュピュイの議論が明快さを持つのは、自分の言いたいことのエッセンスをモデルで示すとこうなる、といったかたちで示してくれるからではないでしょうか。

「賢明な破局主義」とは何か

大澤　さて、本書のタイトルは「経済の未来」ですが、やはり「未来」が圧倒的なテーマになっています。未来を自己超越のための一つのキーにしている。自己超越とは、自分で自分の髪の毛を上に引っ張って自分を持ち上げるようなことだから、論理的には不可能なんだけれども、その不可能を可能にするためには固定点が必要です。われわれが見る共通の未来が意味を持つのだ、ということを巧みに紹介していきます。ぼくは三・一一の後で『夢よりも深い覚醒へ』（二〇一二年）を書きましたが、三・一一によってわれわれに提起された一番重要な問題は「未来の他者」だと思いました。それについて極めて面白いヒントを本書は出してくれています。「賢明な破局主義」がそれで、なかなか翻訳が難しいが……。

西谷　「迷妄から醒めた破局主義」という感じですね。破局主義とは聖書的な予言を信じることだから、どうしても宗教的になってしまう。そこを光で照らしてスッキリハッキリ考えた不幸な予言、という感じ。

大澤　破局の必然性を直視することによって、むしろ破局を回避したり先延ばしすることができると。普通だと、「破局は避けがたい」となると「みんな諦めるしかない」となるんだけど、「破局が避けがたいが故に避けうる」という逆説があるんだというような論の展開になっている。

本書でデュピュイが繰り返し言っているのは、「われわれは、知っていても信じないのだ」ということです。みんな、よく考えれば、このままでは破局に向かうことは知っている。ずっとうまくいくことは考えにくい。破局が訪れることは知っているけれども、しかし、信じていない。信じていない者として行動するわけです。だから、破局の到来を信じるようにするところまで持っていくことが重要です。信じることができて初めて、破局からわれわれが逃れる可能性も出てくる。

西谷　それによって、想定される未来を変える。そして破局が回避されると、予言はあたらなかった、現実ではないことになります。けれどもその「反実仮想」が時間の中の行為においてはいかに合理的であるか、を論理的に説明しようとします。つまり、宗教的な予言のパラドクスに合理的な解を示そうとするわけです。

大澤　聖書に出てくる予言者がイメージのベースにありますよね。予言すること自体が社会のプロセスへの介入になる。人を巻き込んでいく予言者のあり方が、一番ベーシックな社会のあり方だというイメージがある。ぼくの言っている「第三者の審級」ってそれなんですよ、よく言ってくれたと握手したくなる（笑）。

西谷　地震・津波と原発事故を含めて、三・一一がわれわれに提起している一番重要なことは、われわれと未来との関係だと思いました。「触ることのできる未来」というか。地震の時間が「一〇〇〇年に一度」で、人が生きる時間を遥かに超えている。その一〇〇〇年の時間の露呈がわれわれに明らかにしたのは、近代二〇〇年の産物はすぐ壊れるということです。なおかつ、その近代二〇〇年の成果のうちにあった核技術がそこいら中に飛んでいてわれわれを脅かす。近代の時間感覚からすると未来は無限に開かれているはずなんだけど、それが手触りのあるものになった。それをどう考えるかが基本的な問題です。

現在の世界では、原発の問題もそうですが、経済が規定的な論理になっています。すべての現象が経済の場に落とし込まれる。すべてをそのように濁流に呑み込んでいく経済は、このままだとどうなるのか。また一方、需要と供給の関係や価格の固定性などが可能になるために、経済は既に未来を組み込んでいるはずだということもあります。経済学は、未来を組み込んでいるということを見ずに論理を組み立てている。「経済の未来」という本のタイトルはその両方の意味を含んでいます。

大澤　本書の重要な主張は、政治家が素人経済学者的な真似をすると、経済にとっても自己破壊的な結果を生むというものです。つまり、経済が経済として自己超越のメカニズムを中に持っているのは、経済の中に完全に経済化されていない、宗教的なものの残滓のようなものがあるからなんだと。だから、経済にとっても、経済の濁流は勝利の瞬間ではなく、終わりの瞬間であると。本書執筆のきっかけはリーマンショックだったわけですが、リーマンショックの破局と、津波の破局とは実は同じ構造を持っているんだというのがデュピュイの直観だと思います。

西谷　大澤さんは前からデュピュイを知ってたの？

大澤　はい。京都議定書のだいぶ後に彼が京都に来て、立命館大学で集中講義をしたとき、食事したりしたのですが、フランスのどこかの新聞に日本滞在記を書いていると言っていました。一緒に食事をした翌日に、京都議定書のモニュメントを見に行く予定になっているけれど、「明日は忙しいからもう書いておいた」なんて言っていました。「モニュメントを見る前から感動することはわかっているので、先取りして『私はどんなに感動したことか！』と書いてもう送った」なんて言っているわけです。破局ではなくて、未来の感動の先取りですね（笑）。

破局的な未来の話に戻りますが、未来は定義上、触れられるものではありません。しかも、否定的な未来であればあるほど、「知ってはいるけれど信じることはできません」となってしまう。ぼくが思うに、キリストは二〇〇〇年くらい前に死んでしまったわけですが、神がそこで死んでしまったのだから、それは破局そのものですよね。一人の男が冤罪になってしまったのではなく、神が死んだ。これ以上の破局はない。考えてみると、われわれはフクシマを目の前に見ました。言うなれば、キリストが十字架にはりつけられた状況をわれわれは見たのと同じです。破局を明視した。だから、デュピュイの言う賢明な破局主義が機能しなければならない状況なのではなかろうかと思われます。しかし、それが弱い。経済がすべてを呑み込む力が強烈で、かつ日本はもともと政治や宗教も弱いということもあるのかもしれない。しかし、それでも、単なる知識の問題ではなく、われわれが「予定された未来の破局」をすでに見てしまっているのであって、デュピュイの発想を自分の肉にしていくのにふさわしい状況にあると思う。

西谷　デュピュイ自身が書いていますが、破局は、起こるまで信じられない。そして起きると「大変だ」となるけれど、過ぎてしまえばすぐに日常になる。みんな、イエスの死の後を生きていますよね。全人類的な破局が想定されるようになってから、われわれはみんな破局の明日というか前夜に生きさせられていて、ある意味ではキリスト教的世界に包まれてしまっているのかとも思いますが、デュピュイの貢献は、そのキリスト教が提起した時間経験の構造は、もはや単にキリスト教という一宗教の問題なのではなく、現在の文明が抱えている基本的な問題なんだ、だからそれを「宗教的」と排除してもダメで、直面しなければならないということを出している点にあると思います。

大澤　破局になる可能性が九〇パーセントくらいだとすると、どっちにしろ手の打ちようがなさそうなとき、人間はその残りのたった一〇パーセントがすべてであるかのように生きるようになる。たとえば、九〇パーセントのためには何もせず、自分の人生の時間や資産のすべてを、その残りの一〇パーセントのために使うようになる。今よりハッピーになる可能性は概ねなくて、今より悪くなる可能性が九〇パーセントくらいある。でもその大半の九〇パーセントの方がないかのように振る舞いましょう、ということになっている。しかし、この意図的な無視とでもいうべき状況で、人は、九〇パーセントの破局の可能性を知り、それに明確な不安を覚えているとも言えるわけです。その破局の可能性を信じることから始めないと事が起きないよ、というのがデュピュイの言う破局主義ですよね。

西谷　じゃあ、そこで真に受けることができるのか?と、大澤さんもこだわっているわけですね。前未来的な時間に立つことによって、破局の未来に現実性を与える、それに現在の配慮以上の重みを与えることができるのか? その構造はよくわかる。でも、それと「破局を信じること」は、また別だからね。

大澤　災い転じて福となす。われわれは本当に災いを見たんだから、もっと行動してもいいんだけど……。フランス語にある前未来形という時制が日本語にはないから、意味内容としてそれを言い表せても、フランス語だったら表せたかもしれない切迫感を得にくい。もっと重要なのは、最後の審判がいずれやってくるという感覚を日本人は持ったことがないですよね。だから破局主義という発想がなかなか身体に沁みついてこない面がある。また、経済的理性は予定説から来ているという議論をデュピュイは展開しますが、この予定説ほど日本人から縁の遠いものもない。とはいえ、『経済の未来』が持っている論理の核は普遍理論です。今まで多くの西洋の思想家や哲学者が紹介されてきましたが、デュピュイは西洋の文脈から一定程度自由な議論をしている人だと思います。直接われわれの文脈に適応できる面も多い、今までにあまりいなかった魅力的な人だと思います。もう一度言いますが、『経済の未来』は精読に値する名著だと思います。

Ⅳ

歴史の闇から

広島は「復興」したのか

――〈平和都市〉再考

×東 琢磨

東　琢磨（ひがし・たくま）
一九六四年生まれ。音楽・文化批評家。著書に『全－世界音楽論』（青土社）、『おんなうた』（インパクト出版会）、『違和感受装置』（冬弓社）、『ヒロシマ独立論』（青土社）、『ヒロシマ・ノワール』（インパクト出版会）など。

疑似戒厳令下のオバマ訪問

東　今年の五月二七日、バラク・オバマがアメリカの大統領としては初めて広島を訪問したことは、大きなニュースとなりました。日本国内のみならず、世界的に大きな話題を集めた訪問でしたが、New York Timesが「これで広島はリニューアルされた」と報道したことは、きわめて象徴的だったと思います。

というのは、まさに再開発的な広島の「リニューアル」が、オバマの訪問前から急速なピッチで進んでいるからです。たとえば、平和大通りの南側に係留されていたカキ船は、いま元安橋のたもとに移動させられています。カキ船を営業しているのは市ではなく民間業者ですから、本来であれば移動をさせられる理由はないにもかかわらず、です。また、原爆ドーム前にあったビルは地上一四階建てに改修され、HIROSHIMA ORIZURU TOWERという名称の観光施設になりました。その一方で、広島平和記念資料館では被爆再現人形を常設から撤去することが決定されています。そうした「リニューアル」がさまざまなかたちで繰り広げられるなかで、今回のオバマ訪問はなされたわけです。

ただ、もともと広島の人々のなかには、どの国の元首でもよいから一度は訪れてほしいという思いは根強いんですね。オバマにしても、核開発をめぐって衝突している北朝鮮の金正日（もしくは金正恩）第一書記と一緒に迎えてはどうか、といった話題はときどき話に出ていました。けっきょく金正恩ではなく、オバマだけが来ることになったわけですが、にもかかわらず訪問が決まってから歓迎のムードは日に日に高められていきました。実際にスケジュールが発表されてからは警備体制も強化され、訪問一週間前からは市内が厳戒態勢に置かれるようになりました。今年の四月には、その予行演習とも言えるG7広島外相会合が開催されたのですが、厳戒ぶりは比ではありませんでしたね。ご存知のように、市の中心部には太田川、天満川、元安川という三つの川が流れていますが、そこにかかった橋のほとんどが即封鎖できるような状態に置かれていたのです。

この状態には、さすがに街の人たちも迷惑だと話していたのですが、ローカルテレビ各局では歓迎一色の報道でしたから、ムードづくりも非常に入念になされていました。歓迎しなくてはならないような雰囲気が醸成されていったわけです。私自身、オバマ訪問の日は朝から市内各地を歩いてみたのですが、一切の抗議が上がらないような状況と、平和公園に詰めかけた人たちの歓迎ぶりは想像以上のものがありました。ですから、オバマ本人よりも、広島の街の対応のほうに、むしろ慄然としていたわけです。

西谷　まったく反対運動は起きなかったわけですか。

東　なくはなかったようですが、完全に封じ込められた。また、韓国人被爆者の方々がオバマとの面会を求めて来日していたのですが、空港で足止めをされていたそうです。

ただ、想像以上に無邪気な歓迎ムードが展開される一方で、市民のなかにはこのところ繰り返される外交・国際行事にともなう過剰警備にうんざりしている向きもあります。もういい加減にしてくれと心のなかでは思っているのでしょうが、今回はそうした声も上げづらいくらいの友好的な雰囲気がつくられてしまったということです。

西谷　近年の国際イベントが戒厳のための予行演習として位置づけられていることは周知の事実ですが、今回は伊勢志摩サミットからオバマの広島訪問の流れのなかで、そうした訓練が公然と行われたということですね。現在こうした緊急事態に対応するのは警察の役割と位置づけられていますが、ここに自衛隊も加われば完全に戒厳令を想定した訓練になるはずです。しかも、こうした訓練を、他でもない広島という街で行って、それが多少嫌がられながらも、いま東さんが言われた異様な歓迎ムードに覆われたというのは、たいへん不気味ですね。

議論を先取りするかたちでいくつかの論点をつなげてお話ししてしまいます。まず、広島という街が、戦後の国際政治のなかでの日本の位置の倒錯を異様なかたちで凝集した場所であることを見ておかなければなりません。日本の戦後政権は——どのような政権であれ——日本が「唯一の被爆国」であることを公式表明に使ってきました。しかしそれは、日本だけが原爆を受けたという犠牲者の立場を資産に、国家が「犠牲者の正義」を活用するための方策でした。一方で実際の被爆者に対しては、原爆傷害調査委員会（Atomic Bomb Casualty Commission, ABCC）による放射線障害研究への協力を皮切りに、研究のための利用を第一とする姿勢を一貫してとりました。そして被爆者に対する補償や医療は研究の次に置かれ続けたわけです。

また冷戦が本格化するにつれ、日本政府は原子力の平和利用を喧伝します。広く共有されていた「核アレルギー」を払しょくすることで、原発の導入を進めるキャンペーンが繰り広げられました。つまり対外的には「唯一の被爆国」として犠牲者・被爆者を利用しつつ、国内的にはさらなる放射能被害の犠牲者を生み出すような体制を推進してきたということです。そのなかで被爆者は、自らの位置を国内、国外に対して示すことの難しさに直面しました。戦後ヨーロッパで反核運動を展開した哲学者ギュンター・アンダースは、被爆者たちの加害者に対する怒りがないことに驚き、そのことに怒っていますが、被爆者のなかには、日本が戦争をしたのだから、そして敗戦国となったのだから仕方がない、生き延びられただけよかったという気持ちにさせられていた方々もいたということです。

しかしながら、広島（と長崎）が一つの地方自治体であるという事実は、こうした状況に違った光を与えています。つまり両市の首長は地域社会に足場を置いた発言をしなければならないため、出身会派を問わず、核開発に対して多少なりとも批判的な立場を取らざるを得なくなるということです。「原爆によって数多くの市民が犠牲になった。この悲劇は二度と繰り返してはならない」という主張は、対外的に被爆国として振舞いながら核兵器は否定せず、国内では被爆経験を抑え込むという、日本政府による欺瞞に対して、しばしば強烈な批判となりました。とくに長崎では、自民党選出の本島等元市長が昭和天皇の戦争責任に言及したために狙撃され、その本島氏を追い落とすために自民党が擁立した伊藤一長元市長に至っては、後に銃撃によって命を落とすことになりました。彼はアメリカが進める「テロとの戦争」を、被爆都市の市長として、当時の小泉首相の眼前で激しく批判しました。このように広島と長崎の政治家たちは、国際政治の場では住民の立場に立って、日本政府とは異なるメッセージを発信してきたわけです。ただその一方で、地域づくりにおいては経済振興を旗印に再開発と記憶の記念化、あるいは観光化を推進してしまうわけです。このように理念と経済とが混然一体となった状況が広島では展開されており、そこにオバマがやってきたという状況ではないでしょうか。

「核なき世界」に取り込まれた広島

東　いまの国際政治の文脈に今回の訪問を位置づけると、その直前にオバマがキューバを公式訪問していることは注目に値します。実は、キューバ革命が成し遂げられた直後の一九五九年、チェ・ゲバラが広島を訪れています。アラン・レネ監督の『Hiroshima mon amour』（『二十四時間の情事』）も同じ年の作品です。ゲバラやレネは、いわば現実に対する批判的視点から広島に注目したわけですが、こうした六〇年前後の世界的同時性を完全に反転させたネガとして、二〇一六年のアメリカ－キューバの和解は捉えられると思います。つまり、グローバルに展開する新自由主義のなかに、ついにキューバも取り込まれてしまった。そしてその直後に、オバマは広島にやってきた。

考えるべきは、「反核」というイシューが、現代の戦争、あるいは戦争が駆動する経済とは齟齬をきたさなくなってきているという事実です。長期的視野に立てば、アメリカは現状の核兵器を維持し続けることはできない。維持コストのことを考えれば、どうしても核軍縮に進まざるを得ない。つまり、アメリカにとっての核軍縮とは、次の段階の戦争経済を見据えた、あくまでエコノミーの問題として存在しているということです。

そして、このアメリカの事情と、広島の反核運動の事情とが、奇妙なかたちで合致してしまった。ここには、広島における反核運動が冷戦後の平和運動の帰趨とはかけ離れてしまったという問題がありますす。反核というイシューが孤立化してしまって、他の問題との接点を失っている。たとえば、今回オバマは岩国基地から広島西飛行場（元広島空港）にオスプレイで移動してきたのですが、大きく報道されたにもかかわらず、広島のなかでその問題性を指摘する声は上がりませんでした。沖縄の基地問題にそれなりに付き合ってきた人間として、ちょっとパニックになるような事態です。いまの沖縄の状況を鑑みるに、オバマが広島を訪れたことが基地問題にどういった影響を与えるのか、平和運動を担っていると自任する人間であれば、当然考えなければならないはずです。

もちろん西谷さんが指摘されたように、広島の地方政治においても、反核をめぐる保革の「ねじれ」は存在します。たとえば革新だった秋葉忠利元市長よりも、保守だった平岡敬元市長のほうがはっきりとした態度を示してきましたし、「保守反核」という立場も根強く存在します。しかし今回目の当たりにした事態は、そうした「ねじれ」だけでは到底説明ができないものでした。「オバマと共に反核運動を」という声が広島中で共有されてしまうというのは、やはり倒錯状況と言うよりほかありません。それに反対の声を上げようとすると、ポジティブな態度ではないと非難されてしまう。これはいったいどういう事態なのかと思うわけです。

先にふれたように、各国の元首や指導者に来てほしい、特にアメリカ大統領に広島を訪れてほしい。そんな思いが広島で強いということがあります。初発の動機としては、原爆を投下した側であっても広島を理解してもらいたい。その理解が平和を促進するという考えがあったのかもしれません。しかし気がつけばその動機はうやむやにされ、単なる親米的意識だけが残った。この反核運動は、もはや安倍政権による積極的平和主義の下での日米軍事一体化とも齟齬をきたさないでしょうし、アメリカによる「核なき世界」での「テロとの戦争」の遂行にも異議を差し挟まないでしょう。

西谷　見事に「嵌って」しまったという感じですね。東さんが指摘された沖縄の問題は非常に重要で、いままさに九五年を思わせるような米軍属による暴行殺害事件が起き、沖縄の人々は強い抗議の声を上げているわけですが、それに対してオバマは一言も発言をしませんでした。九五年のクリントンは基地について再検討すると明言し、海兵隊の撤去にまで触れたこととは対照的な態度です。つまり、広島のパフォーマンスは、沖縄の無視とワンセットになっていた。しかしそれが広島ではほとんど問題視されなかったということですね。沖縄は広島とは違った意味で戦後日本の矛盾と歪みを集中的に体現する場所ですが、広島は本土に存在するために、そうした事情がグズグズに液状化してしまっているという感じでしょうか。

二〇〇九年にオバマが大統領になった際、本誌で土佐弘之さんと対談をしました。そこで強調したのは、オバマは何よりもアメリカ合衆国の大統領であり、そのために基本路線はすでに定められているということです。ブッシュのようなでたらめな人間ではありませんが、リベラルが描いた幻想を体現できるような自由はそもそも持ち合わせていない。また、史上初の黒人大統領であることが盛んに言われましたが、大統領選挙の過程で、奴隷制を含むアメリカ史が総括されたわけでもありません。むしろ、オバマがマイノリティ出身者として大統領になったことで、アメリカ大陸が強奪された大地であり、先住民であるネイティブ・アメリカンは居留地に隔離されているという事実はわきに追いやられました。そうした居留地のそばには核処理場やウラン採掘場が存在し、住民の多くがアルコールやドラッグのなかで摩滅しているという、いわばアメリカの自由の「原罪」とも言うべき問題が捨象されてきたということです。

たしかに、オバマ本人はそれまでの大統領と比べても、リベラルでまともな理想の持ち主かもしれません。しかし、その理想はアメリカ大統領という立場にいる限り、実現されることはない。

プラハ演説で語られた「核なき世界」という主張にしても、核兵器に代わってドローンをはじめとする新兵器の市場が拡大したことを抜きには成り立ちません。そしてアフガニスタンで地上兵の撤退を補完するために、こうしたドローン兵器が大量に投入され、結局は大量の民間人を巻き込んだ無差別攻撃が繰り広げられているわけです。「テロとの戦争」は終結するどころか、混乱が拡大する一方にあります。

こうした失策を小さく見せるために、近年のオバマは外交上の遺産（レガシー）を築くべく奔走しているわけで、キューバへの訪問もその一環です。冷戦の負の遺産を解消したという成果が欲しかったわけですね。しかも、グローバル経済のなかにキューバを取り込めるという利点も大きかった。

広島もまた、オバマにとっては遺産づくりの一環ですね。しかもこれは、「核なき世界」の蜃気楼に紋章を描き込むような演出の稀有なチャンスだった。また、それは安倍政権にとってもまたとない機会でした。積極的平和主義と日米同盟強化を推し進める政権にとって、アメリカによる原爆投下という問題は、身中に刺さった棘のようなものだからです。そこでオバマがやってきて、謝罪はできないけれども、ただ被爆者を抱擁する。無言の、それゆえに日本ではアピールする「和解」の演出です。盤石の日米同盟。それを厳戒態勢下に置かれた広島市民がもろ手を挙げて歓迎する。これがつくられた絵柄であり、それは見事に遂行されたということでしょう。

東　オバマは今回二つの演説をしています。まず、岩国基地に降り立った際、米兵だけでなく自衛官も招いて、あなたがたがいまの平和に貢献してくれている、という趣旨の演説をしているわけです。それがあったうえで、報道された平和記念公園での演説があった。この順序は忘れてはいけないと思います。それに、核ミサイルの発射ボタンを平和記念公園に持ち込んでいたという事実もありますね。このことについては、さすがに歓迎した人たちもショックを受けたようですが。

西谷さんが言われたように、いかなる個人的信条を持っていたとしても、オバマはまずアメリカの大統領であり、そうである以上権力の装置です。しかし一方で、広島でいつも繰り返されるのは、「同じ人間として見てほしい」という言いかたなんですね。さらにもう一つ、「広島に来て、見てもらえればわかる」という不思議な言いかたも存在します。しかし、オバマが平和記念資料館に滞在したのはたった一〇分ですよ。それで何がわかるのか。結局は署名をしにきただけであって、公的意味以外には何も残していない。

私自身は、広島で生まれ育ちましたから、子どものころから周りには被爆者がいました。親族関係の被爆者はすべてもう亡くなりましたけど。一時上京をしたあとで帰郷し、今年で一〇年になるわけですが、住めば住むほど、この広島という街はわからなくなってきます。まさに液状化のような状況が繰り広げられていて、渦中の人間としてはだんだん嫌な気分が募ってくるわけです。国際平和都市として広島をアピールしながら、「来てもらえればわかる」と言い続ける広島の人々が、「核なき世界」というレトリックにはきわめて無邪気に反応してしまう。それはいったい何なのかと思わざるを得ません。

しかし、問題は広島だけにとどまるものではありません。つまり、日本の思想それ自体が、広島についてほとんど考えてこなかったという問題が、避けては通れないものとしてあるのです。東京を中心とする日本の思想界は、広島という問題についてあまりにも考えてこなかった。これは何を意味するのでしょうか。反面でヨーロッパの思想を考えると、特にフランスとドイツでは、常にホロコーストとどう対決するかという問題が問われてきた。ヨーロッパの戦後思想の中核には、ホロコーストの問題が横たわっていたわけです。私が西谷さんの仕事が重要だと考えるのは、こうした問題意識のもとで、広島や沖縄の問題とかかわってこられたからなのですが、西谷さんは広島が思想の対象となってこなかったという問題について、どのようにお考えでしょうか。

西谷　その問いに直接お答えすることはできないでしょう。むしろ私は、東さんが帰郷されたことで、広島という地域の思想性について考えるようになりました。ときには東さんに広島を案内してもらいながら、平和運動をしている人たちに会うようにもなり、だんだんと地域の感じがわかってきたという程度です。ただ、もともと世界性のレヴェルでものを考えることを仕事にしてきましたから、広島とアウシュヴィッツとは、世界戦争の時代の技術に規定された存在状況の両極として共鳴し合っていると感じて、『不死のワンダーランド』以来、そのことを問題にしてきたわけです。

さらに言えば、広島と長崎が問いかけるのは、核兵器が初めて使われたということに止まりません。兵器だけでなく、核技術というもの自体が、人間世界をどのような段階に導いたのか、そのことが顕示された最初の事例だということです。ですから、核の非軍事的利用の問題においても、常に広島が参照されなければならない。

二〇一一年以降、この問題は福島において、コンテクストを変えつつ、再び露呈しました。広島の場合は、世界戦争というコンテクストですが、福島の場合は、核技術によって大国同士の戦争が不可能になった後で、核を基盤とした産業経済システムが編成されたという、経済成長のコンテクストです。つまり、核戦争が不可能なために、経済競争を基軸として社会が組織化されたことの果てに起きたのが、福島第一原発事故だということです。そもそも、核技術とは基本的に事故ですからね。原子核の分裂・融合という事故を人為的に生じさせるのが核技術であり、しかもその事故が原理的には制御できないことに問題があるのです。

いま、福島で起きているのは、核惨事によって生存が脅かされるという事態です。しかし日本政府は、以前の年間一ミリシーベルトという被曝限度量を反故にして、二〇ミリシーベルトまで居住が可能であるという何の根拠もない基準を住民に押しつけ、帰還政策を推し進めています。それを拒否して避難を続けようとする人間に対しては、援助を打ち切ろうとすらしているわけです。信じがたいくらい酷い話です。チェルノブイリ事故のときは、半径数十キロ圏内からは住民を強制疎開させました。ソ連でさえそうしたのです。ところが日本政府はその真逆の政策を進めて、放射能が見えないから住めるはずだと、惨事をなかったことのようにしています。

こうした状況のなかで広島のことを考えるなら、六〇年前後までの住民の健康状況や死亡状況などを洗い直す必要があります。「黒い雨」が降るなか、焼け野原に人が戻ってきて始まった広島の「復興」は、いわば完全な被曝生活であったわけです。それが人間にどのような影響を与えたのか、いまこそ振り返られなければなりません。しかし実際に起きているのは、被爆の現実を無視して大都市に「復興」した広島の歴史が、核の問題を忘却する一つの要因になっているという事態です。それがいまの福島でも繰り返されようとしている。忘却することで、元気になれるという論法です。

「復興」と「忘却」

東　実はいま、仲間たちと「忘却」をテーマとした広島の論集をつくっています。おっしゃるとおり、「復興」と「忘却」はたいへんに大きな問題です。

私の連れ合いは、広島市中心部の再開発地区である基町で訪問看護師をやっているのですが、高齢化が極端に進行した地域なんですね。被爆や移民だけではなく、これまでさまざまな経験をしてきた老人たちが暮らしているのですが、なかには認知症の果てに被爆経験を語り出す人もいます。いまなお、非常に重要なことが起きているわけです。

西谷　沖縄でも同じような状況がありますね。

東　最近になってようやくＰＴＳＤなどが問題化されてきましたが、放射能被害だけでなく、被爆による精神障害の問題も深刻だと言われています。しかし、広島では十分に調査がされていません。それが、原爆投下後七〇年を過ぎた高齢化社会のなかで、より深刻な事態を引き起こしているのではないか。

被爆者を取り上げるマスコミは、だいたい地区の包括支援センターや訪問看護ステーションにやってきて、「話のできる被爆者を紹介してくれ」という言いかたをします。しかし実際には、被爆者の大半は話もできず、なかには基町アパートのような集合住宅のなかで、遺体の引き取り手もないような孤独死を迎える人も数多くいます。しかし、そこからほとんど離れていない平和記念公園では、オバマへの熱烈な歓迎が起きているという、たいへんな光と影のコントラストが生まれている。

ですから、私も「復興」という言葉には引っかからざるを得ません。昨年も平和学会などで復興をテーマに話をしてきましたが、考えれば考えるほど日本語は不思議な言葉ですよね。友人で『原子力都市』（二〇一〇年）などの著者がある矢部史郎さんは「復興という呪術」という説明をしていて、うまいことを言うと感じましたが。英語だと reconstruction ですかね。

西谷 reconstruction や restration でしょうか。

東 rehabilitation も使いますよね。とにかく、それほど理念的な意味を持っていない中性的な言葉です。しかし、その言葉に後藤新平が「復興」という、ルネサンスを思わせるような訳語を当てた。そのことが、後の日本人を拘束し続けてきたように思います。広島でもそうでしたし、福島でも起こりつつある。いまでは時候の挨拶として、「一日でも早い復興をお祈り申し上げます」と使われる始末ですが、そもそも復興とは人がやることであって、祈ることではないような気がするわけです。しかし広島では、「復興」は「平和」とともに大きな意味を持ち、ほとんど疑似宗教的な言葉になっているという気がします。

西谷 疑似宗教的に響くのは、何が再び興るのかが曖昧だからでしょう。そこでは、人々の生活が回復するとか、ダメージが取り戻されるわけではなく、土建業的で経済的な「復興」がその代わりになる。

たとえば、津波を受けた街に対して、いままで通り海岸沿いに駅があると脆弱だから、巨大な高台をつくって移転し、そこにショッピングモールも併設する、といったプランが「復興」として提示されるわけです。

東　ナオミ・クラインが言っているような「惨事便乗型資本主義」は、この「復興」という言葉のなかに初めからビルトインされていますよね。その問題を背負ってしまったのが、広島の歴史でもあるのです。

そこではさまざまに屈折した事態が生まれています。たとえば、広島で若い人が原爆や被爆の問題に取り組もうとすれば、経験した人間でないのに何が言えるのか、という問いの前で必ず立ち竦むわけです。そこはある程度の蛮勇をふるって突破しないといけない問題なのですが、とにかく若い人ほど囚われてしまう。しかし、同じ若い人たちが、東北の震災に対しては、広島の復興を伝えなければいけないと主張をしている。復興という言葉が出てきたとたんに、自分たちも当事者になれてしまうわけです。

西谷　ほんとうに広島の「復興」を福島に伝えたいならば、放射能による健康障害について伝えるべきでしょうね。

もともと広島は日露戦争の大本営が置かれた、まさに軍都だったわけですが、そうした歴史を欠落させたまま、被爆地という性格だけを与えられ、「平和都市」として再建されることが「復興」になった。その復興の過程は――被爆直後の市街には、まさに三・一一によって津波に流された三陸海岸の街と同様の光景が広がっていたはずです――「直ちに影響はない」とされる放射線被害のなかにあった。そして被曝の現実は、「復興」の達成によって最終的に隠蔽されてしまう。この隠蔽する構造こそが、日本における「復興」のモデルになってしまったかのようです。

「テロとの戦争」と核投下の同質性

西谷　先ほど触れた「テロとの戦争」というレジームですが、これも実は広島に関わっていないわけではない。それについて補足しておきます。

「テロとの戦争」の画期的な点は、国家間戦争のような国際法の原則が必要ないことにあります。相手が国家ではなく私人、それも犯罪者であると考えるため、国家間では当然とされる法的抑制をすべて取り払った戦争が遂行されるということです。しかし、実はこれは新しい状況ではない。対ゲリラ戦争がそうですが、核兵器で相手を存在の場所ごと潰すのも同じことで、巨大な暴力が問答無用で敵の存在を抹殺するという構造を持っています。ですから、広島の人たちは「テロとの戦争」に対しても、本来であれば徹底して反対する根拠を持っているのです。広島の人たちは潜在的テロリストの扱いを受けたわけです。しかし、実際には日米同盟強化のなかに絡めとられてしまう。

日本政府は対中脅威論を煽ることで、好戦的な世論を形成し、「テロとの戦争」への足掛かりを築こうとしています。この対談は参議院選挙の選挙活動中に行っているわけですが、尖閣諸島に中国の戦闘機が次々に飛来してくる、あるいは潜水艦が領海を侵犯しているといった情報を、幕僚長がわざわざ発表しています。その原因がアメリカ・インド・日本による合同演習にあることは明確なのですが、そこは伏されたまま、対中脅威がさまざまなかたちで繰り返されています。しかし、中国の脅威があるから軍事化すべしというのは完全に国家間戦争の図式に乗っていますが、それは現在では基本的に不可能な戦争なのです。だから、自衛隊を増強してオスプレイまで購入していますが、それが活用されるのは中東やアフリカで展開される「テロとの戦争」以外にない。つまり、原爆を落とされた日本が、今度はそうした地域の人間に対して、同様の巨大な暴力の片棒を担ぐことになる。そう考えると、広島の人たちのオバマ歓迎ムードは、非常に倒錯しているように思えるのです。

東　既に、広島は、いわゆる「紛争後」国などに対しての支援などで、ある種、復興のショールームとでも言いたくなるような機能を果たしてもいます。「こんなふうに復興できますよ!」というのが、あの白いビルが建ち並ぶ広島の街の意味です。これらは平和構築ともセットになっていますし、防衛省から米軍の「トモダチ作戦」の連携役をつとめた中央即応集団ともつながっています。そういう意味では、オバマ来広のお膳立てはとっくにできあがっていた。もちろん、日米軍事一体化、軍需=復興経済という枠組みに、ヒロシマをアメリカが利用するというかたちで、ですが。オバマの核軍縮が原発ビジネスと結びついていることにも似てますね。同時に温暖化対策に原発がいいなんてことが喧伝されているなかで、東北震災の直前まで、広島からも岩国からも近い祝島の人たちは、圧倒的な絶望のなかでたかっていた。東京はもちろん広島でもそんなことは忘れられているだけではなく、当時でもそんなに興味すら持つ人はいなかった。核軍縮に欠けては困る、原発ビジネスがゆらいできたわけですから、日米が軍需産業に走るのもむべなるかな、です。ヒロシマはまたも騙されアリバイに利用された、と。

さて、歓迎ムードのなかで、被爆者はオバマに謝罪を求めていないということが、アンケートの結果として伝えられました。この結果の捉えかたについては、いろいろな視点がありうると思いますが、私自身にも近い立場をとる人たちが、いや、被爆者は謝罪を求めているのだという言いかたをしたことには、危惧を覚えています。つまり代理表象的な行動を、活動家や思想家たちがしてしまうと、逆に足をすくわれかねないということです。

被爆者たちは謝罪を求めているのか。この問題が解決できないのは、広島の平和運動が、自分たちの思想を語ることなく、被爆者をいかに代弁するかという思想としてあり続けてきたことに起因します。実際の被爆者のなかには、たしかに謝罪についてはこだわらないというか、謝ってもらってもどうなるものでもないという感情を持つ人もたくさんいます。そうした状況を前にして、広島の平和運動は、自分たちの言葉を明確にしてこなかったという問題です。

西谷さんがおっしゃったように、「テロとの戦争」に対して広島は独自の立場からNOを突きつけることができますし、それは徹底的にたたかわれるべきです。しかし、そうした戦いにおいて足場になるべき思想が脆弱であるために、「核なき世界」という言葉が何を示すのか、はっきりとしてこないのです。たとえば核廃絶という言葉ひとつを取ってみても、核兵器を政治的・軍事的に凍結する条約を指すのか、あるいは物質的に無化することなのか、イメージが共有できていない。さらに言えば、次の戦争は核戦争だという、核と戦争を直結させる冷戦時代のイメージがいまだに残っています。だから、核なき世界は、自動的に戦争なき世界なのだという短絡になってしまう。冷戦終結後の戦争イメージに、広島の平和運動は追いつけていないのです。その遅れの弊害が、いまになって深刻なかたちで表面化しているのだと思います。

オバマの演説について、ある友人が「文学的レトリック」だと言っていましたが、私は逆に極めて政治的なレトリックだと感じました。文化そのものが政治であるという意味での政治的レトリック。政治は、政治家の言葉のなかにあるだけではありませんし、あれはむしろどこかでみたアメリカ映画かなんかのデジャヴュとして、懐かしく感動的な映像として、日米共犯あるいは日米軍事同盟大本営作成としてつくられた映像の力が大きいんです。言葉のほうも、文学っぽいから政治的にプロパガンダとして機能しやすい。いや、というか、ちょっと冗談に近いですよね。Chim↑Pomが「ピカッ」という飛行機雲を描いただけであれだけ怒った広島の人たちが、ヘリとかオスプレイを引き連れて、「死が空から降ってきた」とぬけぬけと語るアメリカ大統領を絶賛するのですから。オバマ自体が新たな原爆と言ってもいい。それ自体が倒錯です。しかし、この倒錯は広島だけのことなのか、あるいは日本全体が倒錯してしまっているのか。

西谷　広島に特殊ではありませんが、独自なトポスであることは住民の意識に染みついている。その独自性が、ともすれば他との関連を忘却させてしまうのでしょう。しかし、広島が日本という国のなかでどのような位置を占めているのか、その日本国が国内統治のために何をしようとしているのか、さらには海外に向けて何をもくろんでいるのか、そのなかで広島をどう利用しようとしているのか。こうした関係性のなかで、広島を自ら相対化しなければ、自分たちの存在が何を意味するのかも、やがて見えなくなってしまうでしょう。

しかし一方で、広島だけが特殊ではないこともたしかです。話が飛ぶようですが、ここで私は世界遺産のことを考えてしまいます。七〇年代にＵＮＥＳＣＯが世界遺産の登録を開始したのは、開発や破壊の進行から人類の遺産を守るべきだといった高尚な理念からではありません。それは、最後の産業化の可能性が観光に見出されたということなのです。つまり、ものをつくって売ることにも限界が見えてきたが、かといって金融ゲームをエスカレートしていても破滅が免れない。では何が産業化できるかということで、最後の希望として観光産業が注目された。観光資源をつくって、その周りにホテルを建てていこうということですね。世界遺産とは、そうした資源づくりのために用意されたのです。そして、地元の人々の祭祀や生活と深く結びついてきた場所が、観光資源として市場化されていく。たとえば沖縄の斎場御嶽は地元の人々にとって非常に大事な場所としてありましたが、観光客にとっては一つの名所でしかない。そうした場所で繰り広げられる祭りも、共同体の暮らしを守るために必要な行事だったのが、市場化によって「村おこし」の材料になって、盛り上げるためにアルバイトが募集されるようにもなる。こうしたことは、いま日本中で起こっていますよね。

そう考えると、いまの広島は全体が完全に観光の街になっている。街のなかで、何かが生まれてくるような混沌とした部分には蓋をして、ひたすら見栄えよく、観光客に害毒を与えないようにすることだけが目標とされている。そして生活基盤の観光化が、「復興」において重要なファクターになっている。これはいまの街づくりの典型例でしょう。

ですから、オバマへの歓迎も、そうした観光化の一環として考えることもできる。ドロドロした政治的な絡みはあるでしょうが、それも含めて、今年の盆踊りは盛り上げよう、といった感覚で受けとめられている。

東　広島の観光化を如実に示すのは、八月六日夜の灯籠流しです。私の家は中心部にありましたから、以前から灯籠流しに町内会で参加してたのですが、かつてはごくごく身内のものという感覚でした。それがここ一〇年くらいに急速な勢いで観光化が進んだんですね。個人的には、このそのあたりから広島の街に「闇」がなくなったように感じています。

西谷　闇のなかから幽霊が出たり、血が流れたりというのは、観光のためには許されないですからね（笑）。

東　私自身は灯籠流しをやったことがなかったので、噂は聞いていただけだったのですが。ここ二年ほど、八月六日に平和公園に行く用事があって、その様子を見に行ったら、見事なまでの観光行事になっていました。普通の灯籠を流すだけでなく、バカでかい灯籠のイルミネーションが公園のなかに据えてあるのです。ある種のリゾートがつくられているんですね。広島は、宮島と平和公園という世界遺産のセットがあるということで、日本で最も人気のある観光スポットになっています。季節を問わず観光客は多いですね。

観光化と貧困

西谷　六月二三日、イギリスが国民投票によってＥＵ離脱を決定しました。この決定の是非はここでは問いません。私が指摘したいのは、このような重大な政治的選択が、政治ではなく、経済的な問題としてしか語られなくなっているということです。イギリスに求められることは、離脱を法的に瑕疵なく進めること、そしてＥＵ諸国との新たな関係を編みなおすことです。そうした交渉をまとめることができれば、イギリスの選択は国民の意思として尊重されるべきでしょう。ところが、実際に報道されることは、ユーロ・ポンド・ドルが軒並み下落し、つられて株価も大きく値を下げ、同時に円高が急激に進んだということだけ。そして、こうした経済的効果をもって、イギリスのＥＵ離脱は間違いであったとされるわけです。当の離脱賛成票を投じた人たちが、そのために青くなっている。では、株が上がればこの選択は成功だったのか。

このような受け止めかたは、最近になってさまざまな現象のなかで繰り返されています。何かの政治的意志が表明されたとたんに、ニュースの解説者が言う言葉は、「この結果は、やがて市場が判断するでしょう」というものです。しかし、イギリスの離脱によって株が落ちたのは、投機筋やファンドが市場から一気に金を引き上げたからにすぎません。そうして株価を下落させたところで、また買いに走るわけですね。この売りと買いの繰り返しで儲ける、投機筋やファンドにとってはそれが目的であって、別に政治的判断の是非や世界経済の行く末について考えを持っているわけでない。大きな出来事が起きると、反射的に市場を動かしているだけです。しかし、こうした市場の動向で、政治的な意志決定はその是非を判断されることになってしまった。

つまり、本来的に盲目である金融市場によって、政治的意志が無価値とされているわけです。このような経済システムのもとでは、政府は何もできません。せいぜい市場に媚びるだけです。それがますます金融権力の力を巨大なものにしていく。もはやあらゆる国民の政治的意志は金融権力の恣意のもとにまったくないがしろにされつつある。そのことを示したのが、今回のイギリスの国民投票だったと思います。

このような状況のなかで、旧来の左派はいよいよその立脚点を失いつつあります。いまのフランスがそうですが、ＥＵの統一経済体制と、「テロとの戦争」に対する強権的な秩序維持のために、一国の政治的判断の幅はほとんどなくなってしまっている。つまり、巨大な金融権力と結びついた政治体制を守るために「テロとの戦争」が駆動していて、それがナショナルな政治的意志を押しつぶしている。フランスでは社会党政権も欧州の経済官僚の使い走りのような役割をさせられています。一方では、ＥＵの周辺から、こうした秩序に挑戦する新たな市民運動も始まっています。スペインのポデモスやイタリアの五つ星運動などですね。左翼／右翼の崩壊の後に出てきた、地域からポリティクスを取り戻そうとする運動だと言えます。

さて、大きなコンテクストに話が傾いてしまいましたが、こうした状況と、今日の話題である広島とは、どのように結びつくのか。グローバルな金融権力と、テロとの戦争を進める強権的国家という両輪の秩序のなかに、まさに観光を資源とすることで吸収されていく。そのように見えるのですが。

東　たしかに、観光にとって有益かどうかが、地域においても重要な判断基準になっています。観光都市にふさわしくない、そのイメージの外側にいるような人物は、テロリストにはされていませんが、変な人として扱われます。

西谷　そうなると、住んでいる人はみんな「いい人」になってしまう。

東　そうなんですよね。平和運動を始めた若い人が、まずは平和記念公園とか中心街を掃除しはじめる。これは割と目につく光景です（笑）。また沖縄では、NHKドラマ『ちゅらさん』（二〇〇一年）の放送以降に、みんなが「いい人たち」という扱いをヤマトから来た人間にされるようになったという話を聞きます。それまでは昔は「ヤマトは帰れ！」と怒っていた人たちが、「いい人」扱いをうけるようになった。NHKドラマを通して観光的なイメージができあがっていくにつれ、それにそぐわない部分は切り落とされるようになったということです。ですから、広島も沖縄に似てきたのかもしれません。

西谷　問題は、観光化が進められる地域というのは、逆に言えば他に売るものがないということです。もちろん金融資本も集まらない。新自由主義のなかで、一番脆弱で抵抗力がない部分として、徹底的に奪われ続けるのです。つまり「いい人たち」の裏には、いま大変な貧困が広がっている。沖縄の大学生のなかには、授業料が払えず、大学を辞めて性産業で働かざるを得ない学生もいるといった話を最近聞きました。もちろんこうした貧困はいまや日本中に広まっていますが、特に沖縄は酷い状況に置かれているようです。

東　安里英子さんからうかがったのですが、学費を払うためにバイトに追われ、食事もできない、大学生ですらそうだ、もう大学のなかに共同台所をつくることを本気で考えるべきだ、という話でした。

西谷　こうした貧困に象徴されるように、社会が成立するためのメカニズムが、いまや各地でボロボロに崩れかけています。そして、その崩壊を何とか糊塗しようとして、派手な政治的イベントが誘致されるようになる。

広島では、一昨年夏の大雨により安佐北区と安佐南区で大規模な土砂災害が発生しました。その原因は、無理な宅地開発のために、本来であれば家が建てられないような山沿いの地域に、無理やり土を積んで造成してしまったことにあるでしょう。こうした開発優先の都市計画のために、立ち直れないほどの被害を受ける住民が生まれる。そしてその被害を覆い隠すために、また大きなイベントが企画されるということです。

東　あの土砂災害から二年が経つことを、広島のローカル・メディアは相次いで報道しています。まだ二〇〇〇人が家に帰れず避難生活を続けていることが伝えられる一方で、『中国新聞』だけは「復興の祈り」という見出しを掲げていました。ここでも「復興」が登場して、同じ文法が繰り返されているのです。広島という都市圏のなかで、新興住宅街の一角で起きた災害の復旧にこれほど時間がかかることは信じがたいですし、端的に言って政治の無作為なのですが、国際的な政治イベントの繰り返しによって誤魔化されていく。その仕上げとして、今回のオバマ訪問があったということです。

西谷　そもそも、このような土地を広島市が宅地に認定したことで、開発が可能になったわけですよね。そこに家を買ってしまった人は、市と開発業者が結託した詐欺に騙されたようなものです。いったん家が流されてしまえば、ローンもありますから、非常に厳しい状況に置かれる。非常に小さい規模ではありますが、ここでも福島が繰り返されているような気がします。

二重の犠牲

東　広島のことを考えるとき、私たちは常に犠牲者の規模ではなく、その一人ひとりの固有性に目を向けようとしてきました。それは絶対に必要な態度だと思うのですが、一方で、少し違うことも考え始めています。というのは、二〇一一年の五月、八月、九月と続けて東北の被災地を訪れ、くまなく歩いて回りました。どこを回っても、これだけ大きかった街が破壊されうるのか、それが自然の力かと思わされる景色ばかりでした。しかし、それでも亡くなった方々は二万人なんですね。このような規模の議論をすることは、もちろん問題をはらみますし、誤解も招くので、勤めて言わないようにはしているのですが。それでも、自然の力によって亡くなった方々が二万人であるのに比べて、仙台と同規模である広島という街の、たった半径数キロの範囲で、一瞬にして一〇万人が殺された。つまり、人間は、震災によってあれほど巨大だと痛感した自然の力と比べても、まったくけた違いの力をつくり出し、使ってしまったわけです。その意味を改めて考えなければならないことに、東北を回りながら気づかされました。

おそらく、私は東北に行ったことで初めて、原爆投下当初に世界の人々が受けた衝撃を実感することができました。そして、私の祖母はこんなところで生きたのかと、そのことの意味について改めて考えさせられたのです。

西谷　おっしゃる通り、核技術は実は人間がとても扱えないようなしろものです。そして、広島でも福島でも、その脅威は痛感できたはずなのに、実際にはあまりにも理解されていない。その意味で、広島の人たちは二重の犠牲を強いられているとも言えます。原爆の被害者になったということが一つ目。さらには、核がどれだけ恐ろしいものか、自らの犠牲にたった経験が共有されることなく忘れ去られ消し去られ、そして新たな犠牲が生み出されていくということが二つ目です。

核技術は人間の生存環境の破滅を招きます。染色体が放射線によってずたずたに切られることがもたらす障害は、全容がまったくわからないほど広範な領域に及びます。生きものと放射線は本来的に共在不可能なのです。生命の歴史を見ても、大気圏に放射線がある間は、生きものは登場できませんでした。放射線がある限り生きものは棄損されるし、再生能力がなくなるのです。

だから核技術を手にし続けるのは、人類の自殺の道以外の何ものでもない。人類の話というのは、私たち一人一人にとっては現実性が薄いかもしれない。考えられることの範疇を超えてしまっているのかもしれない。それでも速やかに核を手放さなければ、私たちに未来はないということは明らかでしょう。

東　手放したとして、現に大量に保有していますからね。その管理だけでも手に置えない。

西谷　未来がない話になってしまったね。

折り重ねられた歴史から

――こうした状況を乗り越えるような動きは、広島のなかで起きているのでしょうか。

東　オバマの訪問で明らかになった絶望的な状況は無視できませんし、広島で暮らしていていると、心が病みそうになることもたくさんあります。しかし同時に、広島という街が、実は何層にも折り重なって存在しているという感覚もあるのです。いまだ言葉に表されていない歴史や、地下で起こりつつある蠢きがそこにはある。もしかすると、それは他の都市にはない要素かもしれません。そして、他の都市にはいないような人たちが住んでいるということもたしかです。きわめてローカルではありますが、濃厚な何かが凝集している。こうした動きが、これから広島の外の動きや視線と出会うことで、新たなものが生まれる可能性は高いと感じています。

オバマが来るようなわけのわからない状況がありつつも、だからこそ何かが生まれつつある感じがする。まだはっきりと評価できるものではありませんし、強烈な動きが生まれているわけでもありません。しかしながら、これまで日本語で思考する人間たちが広島について考えてこなかった、その時間の取り戻しが、これからようやく始まるのではないかと期待しています。絶望的な状況のなかでも希望を持っておきたいですね。

西谷　三・一一によって、ある意味では広島像も更新されたと思うのです。それまでは戦争、原爆、平和都市というコンテクストに納められていたものが、原発事故をきっかけに、核や人間の技術・産業システム全体への問いのなかに置かれるようになった。たんに「復興」をした街ではなく、現在の世界がかかえる問題の中核に光を投げかける存在となった。いわゆる「平和利用」の幻想が崩れることになったわけです。

そして、人間の生存を共同的に維持していこうと考えるのであれば、地域という基準は不可欠なものとなります。国家や世界といったレヴェルではなく、地域でしか人間の具体的な生存は維持できない。それを考えるとき、近代の科学技術によって抹消されてしまった特別な地域から、どのような生存が展開されてきたのかということは、まさに喫緊の問いとして再浮上してきたと言えるのではないでしょうか。

東　以前に広島平和研究所の共同研究に参加して、「空白の一〇年」と言われる四五〜五五年までに焦点を当てた聞き取りを行ったことがあります。五五年体制が確立し、原水禁や被団協の活動が本格化するまでの期間、広島の人々が何を考え、どう生きてきたのかを集めてまわったわけです。この調査で見えてきたのは、政治化される以前の広島の姿でした。被爆者が当事者として立ち上がり、権利を要求して反核運動に入っていくまでの期間、どのように生き抜いてきたのか。それは今の私たちにとっても、大きな示唆を与えるものだと思います。

最後に、私自身がこれからやってみたいことをお話ししておきます。

これまで広島を語るうえで、公式の歴史から排除されてきた領域があります。それは在日コリアンや被差別部落の戦後史ですね。被差別部落に関しては、広島では新聞報道でも地名が発表されません。それだけ隠されている。しかし、その土地のなかではいろいろな記録があって、非常に興味深いことに、地域民主主義という概念が提唱されているのです。この地域民主主義の歴史について、もっと掘り下げてみたいと考えています。私はそろそろ広島にかかわる活動はやめて、元の気楽な音楽評論家稼業に戻りたいのですが（笑）、そのまえに、広島の地域のなかで繰り広げられてきた民主主義の実践について、歴史のなかから掘り起こしてみたいのです。実際に起きていたけど存在しないことにされた歴史と実践について拾い集め、同時にそれらが正しく伝えられていれば広島の歴史自体が変わったであろうことも考えてみたいと思っています。広島が陥ってしまった失敗を発信することが、いま広島に求められていることではないでしょうか。

「公害」の時代を生きて

×宮本憲一

宮本憲一（みやもと・けんいち）
一九三〇年生まれ。大阪市立大学、滋賀大学名誉教授。経済学。著書に『社会資本論』（有斐閣）、『日本の都市問題』（筑摩書房）、『「公害」の同時代史』（平凡社）、『維持可能な社会に向かって』（岩波書店）、『戦後日本公害史論』（岩波書店）など。

出発点から

西谷　私は経済畑でもないし、宇沢さんと昔からお付き合いがあったわけでもないのですが、リーマンショックの後たまたまご縁があって、神保町で焼酎を飲みながら「先生一回講演に来てくださいよ」とお願いして（笑）、最後に一度東京外国語大学で大きな講演会をやらせていただきました（二〇〇九年）。宇沢さんはいろいろな活動を通して、知的な世界でも、あるいは現実の政治社会的な領域でも、戦後日本の知識人のある軌跡を刻むようなお仕事をされたと思います。

アカデミズムの領域では、日本の戦後エリートの一つの典型と言いますか、理系で頭角を現し、人々の貧しさの不幸を何とかしようと経済学に転じてアメリカに行き、そこで最先端の計量経済の領域で業績を上げた。しかし当時のアメリカに失望して批判的なスタンスをもって日本に帰ってくる。そして転換期にあった日本の現実とも直面しながら、アカデミズムの王道でもずっとやってこられた。業績は世界的にも知られているし、アメリカ計量経済学会の会長もやられている。しかも、世界的に著名で人気のあったヨハネ・パウロ二世の諮問を受けるなど国際的にも活躍される一方、日本の戦後社会の発展が残した典型的な問題である成田空港問題の解決や、世界的な環境問題の方向づけにも尽力された。その意味では、左翼・右翼といったイデオロギー的対立を超えたところで、知識人の果たすべき社会的役割を担う一つの範を示してきたと言ってもよいと思います。

宇沢さんが学者としてやられたこと、主張されたことというのは、一九七〇年代からのいわゆる「社会的共通資本」に基づく経済社会の再編成というようなことです。それは晩年の内橋克人さんとの対談で総括されていますが、この対談本『始まっている未来――新しい経済学は可能か』（二〇〇九年）が作られたのはちょうどリーマンショックの後でした。日本では初めて本格的な政権交代が起こり、民主党政権が成立していましたが、この政権は宇沢さんたちの考え方を取り入れながら、日本の経済社会の舵を取っていこうという政策を打ち出して、それで選挙に勝ちました。ところが、これが「旧体制」のさまざまな抵抗に合い、そこに東北の大地震と福島第一の原発事故が起こり、民主党政権がぐずぐずと崩壊して、その挙句に今の安倍政権ができてしまいました。そしてこの安倍政権は、民主党がマニフェストとして掲げたこととまったく逆のことをやって、宇沢さんたちが「始まっている未来」として示した方向と可能性のすべてを押し潰すような路線を突き進んでいます。一言で言えば、アメリカへの倒錯した隷従を背景に、日本の「社会的共通資本」のすべてを解体して市場に流し込み「私物化」させようとする方向です。その無残なやり方がまかり通っているときに宇沢さんは亡くなられた。大変残念な符合になってしまいました。

『現代思想』で宮本さんとお話をさせていただける機会を得ましたが、宇沢さんはこのようなかたちで日本の戦後をずっと生きられたわけです。その宇沢さんがアメリカに行って、理論経済学で当時最先端の業績を上げておられたちょうどその頃、宮本さんは日本の戦後社会史のなかでおそらくいちばん重要な転換点をなすような「公害」の問題を提起しておられた。そしてその後の日本社会の流れを大きく変えるようなお仕事を、それ以来半世紀にわたって一貫して続けてこられた。ところが、現在の政府・東電の福島第一原発事故への対応に見られるように、ここでもやはり「公害」脱却の歴史がなかったかのような事態が展開されています。宮本さんのお仕事はつい最近『戦後日本公害史論』（二〇一四年）であらためてまとめられましたが、それは宇沢さんのお仕事とも大いに呼応するものですし、実際にお二人は同伴されることも多かったと思います。今日、宮本さんのお話を伺うに際して、私としては宇沢さんの生きた時代のもう一つの層、もう一つの学問のあり方や知の生き方、それを浮かび上がらせることになればと思っています。それによって、宇沢さんのお仕事の同時代的な連関も浮かび上がってくるのではないかと思います。そういうわけで、むしろ宮本さんご自身のお話を伺いたいと思ってきました。

一九六四年に出された『恐るべき公害』というのは衝撃的な本です。この問題は、経済学のなかでは新古典派に取り込まれていって、廃棄物の処理コストをどれだけ経済に内部化していくかというような話にされていきます。しかし、宮本さんは経済学を軸にしながら、この問題を社会形成や政治プロセスの形成まで視野に入れた考察に広げていかれた。そして、経済学という学問のあり方に本格的な変更を提起されたのではないかと思います。

〝同時代〟というふうに言ったとき、このようにして宮本さんのお仕事が始まり展開されていくということを念頭に置きながら、まずは宇沢さんとの関係をお伺いしておきたいと思います。どんなふうに出会い、どんなふうに交差していって、お互いのお仕事をどういうふうに見ておられたのか、そのあたりのことをお伺いできればと思います。

宮本　宇沢さんと私は、ディシプリンが違うところから出発したのですね。宇沢さんは数理経済学を土台にして、ケインズ経済学も入れた新古典派の理論のなかで大きな成果を上げられていた。その転機になったのは、ベトナム反戦運動だと思います。反戦運動に学生と一緒に加わったわけです。もともとの正義漢だったと思うのですが、そのころからやはり一つの思想の転換があったと思うのですね。

宇沢さんが最初に私たちと接触があったのは、一九七〇年の国際社会科学評議会の東京シンポジウムです。これは国際的な社会科学の連合体で、その頃都留重人さんが環境破壊特別委員会の委員長だったのです。その二年後に行われる国連人間環境会議の前段として、これを主宰するスウェーデンの外務大臣に依頼され、七〇年に東京で国際シンポジウムを開いたというわけですね。これは恐らく社会科学が総合的に環境問題を討論した最初の国際会議だったと思います。これを主宰したのは、一九六三年にできた公害研究委員会で、そこが事務局を担ったのですが、その席に各国の第一線の社会科学者を呼んで宇沢さんもその一人として報告をしたのです。その後、宇沢さんは公害研究委員会にも入られて、私たちと以後ずっと一緒に調査に行ったり、仕事を一緒にしたりしました。

戦後経済の議論――『社会資本論』

宮本　私は理論的には宇沢さんとは違い、マルクス経済学を土台として政治経済学を研究してきた。そのディシプリンをもとにしながら研究をしていたのですが、最初に私が総合的な体系として書いたのが、『社会資本論』です。これは一九六七年に有斐閣から出版しました。高度成長していくための推進力として、社会資本を整備するというのが経済政策の基本にあったのです。しかしこれまで、市場経済の外にある社会資本の問題を解明した本がなかった。

私はマルクスの『資本論』から出発したのですが、『資本論』ではどうしても社会資本は解けない問題でした。マルクスは天才で、『資本論』を書く前に、『経済学批判要綱』というものを書いています。このなかで社会資本にあたる資産に触れていました。この『要綱』は厖大なもので、後にエンゲルスがそのなかから抜粋して、『資本論』の第二巻、第三巻としてつくっていきますが、その部分を落としてしまったのです。『経済学批判要綱』を読んでいると、資本の運動だけでなく、その背後に共同社会的条件というのがある。例えば、道路だとか港湾だとか、あるいは学校だとか。そういう共同社会が構成される基本的な要件がなければ、資本主義も社会主義の経済も動かないと考えていたのです。きれいな整理はできていないのですが、資本の運動とは異なる共同社会の枠組みが存在しないと経済社会は維持できないとしているのです。私はそれが「社会資本」だと思い理論をつくりました。

共同社会的な条件を構成する資産は生産手段そのものではありませんが、生産のための共通の基盤になるのです。例えば、みんなが使う交通手段としての道路がなければ、資本自身の生産や広く経済が動くことはない。あるいは集合住宅、公園、上下水道や学校教育といった生活の基盤になるものが存在しなければ、市民、特に都市労働者の生活は維持できない。これらは初期投資が大きく、懐妊期間が長いので、必ずしも利潤が上がらないものだから、民間資本‐企業は積極的に取り組まない。しかしこの基盤がなければ、実は経済は構成できず、社会は維持できないのです。にもかかわらず、経済学がそれらをまともに取り扱わなかった。しかし、日本の経験としては、空襲で都市や産業が破壊されてしまって、都市や産業を再建して経済が軌道に乗っていく過程では、どうしても生産と生活の基盤になるものがないと経済社会そのものが生まれない。社会資本の理論が必要でした。

西谷　戦後の再建期には現実的課題だった議論ですね。

宮本　それで社会資本論を体系的に構成するのは苦労したのです。そういう問題を解くためにはマルクスの理論を土台にしますが、後で宇沢さんが中心となる制度経済学のジョン・M・クラーク、ウイリアム・カップ、アルバート・ハーシュマンやジョン・ガルブレイスだとか、新古典派から見ると外側にある制度学派経済学者の文献などを読み、社会資本論と社会的費用論というのを構成したのですね。これが宇沢さんに相当に影響を与えた。宇沢さんはそのことを「二十一世紀『新しい経済学』の可能性」

などの論文で書いています。
西谷　宮本さんの『社会資本論』は、立教の図書館では倉庫に入っていました（笑）！　この本は基本文献として読めるようにしておかないといけないですね。
宮本　オンデマンドだったら読めるようになってますよ（笑）。

人間社会のために、自然のために

宮本　このように違うディシプリンから出発したのですが、その後公害問題・社会的費用の問題で一緒に仕事をしていく過程で、彼が『社会的共通資本』（二〇〇〇年）という本を出すのです。宇沢さんの社会的共通資本論は、やはり社会を構成する土台になるものを考えていて、これは市場制度だけでは扱い得ないものです。私的所有にまかせてはいけない。だからこそ、コモンズであったりするのだけれど。現実には私的所有にもなるのですが、公共性のあるものです。
　この基本的なものとして、宇沢さんは三つの構成要素を挙げています。一つは、私の言っていた社会資本です。社会資本は生産基盤や生活基盤になり、私的資本ではなく、主として公共性を持った基盤的なものです。それから二つ目は制度ですが、これは私の体系とは少し違います。制度のなかには教育、福祉医療など、どちらかというとハードなものでなくソフトで、サービス的なものを入れています。制度論ははっきりしないところもあるけれど、恐らく行政も入れたのだと思います。それから三つ目は自然です。彼によれば社会的共通資本は自然環境を念頭に置いてつくったと言っています。大気、森林、水、河川、海洋、土壌などの自然環境の多くは多様な面で外部性を持ち、何らかの意味で社会的に管理されるべきものである。しかし、現実には私有化されたり、市場で自由に取引の対象となると極めて不安定な社会がそこから生み出される。公害はその表れとしている。

この三つの構成要素が社会的共通資本ですが、現代社会においては、これらが計画的に形成されるどころではなく、むしろ今の市場制度のもとで侵害されています。そこからいろいろな社会問題が起こってくるので、それをどういうふうに制御するかということになる。これらは資本主義社会ではうまく構成できないので、きちんと人間社会が継続できるように、あるいは社会的共通資本を構成できるようにするためにはどのような社会がいいかを考えようとしたのです。

西谷 それが宇沢さんの「社会的共通資本」の考え方ですね。

宮本 私は宇沢さんとは違ったコースと内容ですが、これまでの経済学では外部性とされているが、これなくしては人間の社会が構成できない、社会資本、都市（自治体）、国家、環境の四つの分野を「共同社会的条件」として、政治経済学の体系をつくってきました。『社会資本論』の後、『都市経済論』（一九八〇年）、『現代資本主義と国家』（一九八一年）そして、『環境経済学』（一九八九年）を書きました。

私は、宇沢さんとは少し中身が違って、「共同社会的条件」と言っています。わかりやすく説明すれば、資本主義や社会主義や封建制というのは、四つの要素から構成される共同社会（システム）という容器のなかで動いているのです。この容器は、歴史貫通的なもので体制を超えた人間社会共通の条件、枠組みである。例えば、自然的社会的環境がなければ人間社会は成立しない。資本主義や社会主義という枠組みを超えて、歴史貫通的な容器と言ってよい。このコップのなかで資本主義という中身が動いている。「容器」と言うとハードに聞こえるけれど、「自治」のようなソフトな条件も入っている。これらをきちんとつくり、維持しなければ、人間社会は構成できない。これらは公共性があり、私的所有あるいは特定集団の占有や独占にはなじまない。
この容器は、現在中身である市場制度や資本主義制度というものが成立するためにあるのだけれど、現代社会ではこの容器が破壊されつつあるのです。戦争や貧困や公害・環境破壊です。そういう政治経済学を体系的に構成しようというので、社会資本・都市・国家・環境というのを支台にして、その理論をつくってきたのです。

西谷　宮本さんの言われる「容器の経済学」ですね。

「資本」を考える

宮本　宇沢さんと私の理論は似ているのです。お互いに批判はしていたのですが（笑）。例えば、「資本」という言葉をあまり簡単に使ってもらったら困るだとか。つまり、自然を資本にしてしまったら困る。資本は利潤追求を目的としており、剰余が蓄積されていくから資本になるのだ、と私が言いました。宇沢さんは、いいやそんなことはないと言う。羊を飼っていても資本になりうる、と。もう少し広げて考えてもいいのだ、と反論していました。

これは環境経済学の分野で私を評価してくれた議論ですが、社会主義の持っている政府の欠陥論です。これは日本の場合も同じ官僚主義という欠陥があるのですが、資本＝市場の欠陥論だけで公害の問題を解くのではなく、政府の欠陥もある。最高の市場制度である資本主義と、集権的な計画経済をつくった社会主義とその両方に欠陥があることから中間システム論を主張した。この両体制を超える問題を解かなければならないとしたことを宇沢さんは気に入ったらしく、私が政府の欠陥と市場の欠陥を超えるシステムを提唱したと『環境経済学』の書評を書いてくれています。

西谷　考え方の枠組みとして宇沢さんのほうがより「経済学的」なのですね。自然などは人間が資源化して資産として使えるわけで、自然もキャピタルというかたちに翻訳し、そこで考えてみる。だから「社会的共通資本」になるわけだけれども、一方、宮本さんの場合は、最初に言われたように「政治経済学」というとき、いわゆる経済というのが独立した領域で、キャピタルを動かすというふうに考えて済むものではなくて、それは必ず別の領域と結びついている。あるいは経済という領域を成り立たせる「容器」があるだろうということになっている。自然は自然として存在し、そのままでは人間のキャピタルではないだろうけれども、それをキャピタル化する容器があるという考え方ですね。

「容器」の説明は誤解を招くかもしれませんが、要するに経済システムを一つの器にするさまざまな、つまり複合的な仕組みがあるということ。これをきちんと見ていくというのが先ほど言われたことかと思います。そこには制度的なものもあるし、行政の仕組みもあるし、農村とか都市とかの生活形態も入ってくる。

宮本　資本の問題について言ったのは、環境経済学自身に問題があるからです。自然を人間が使う場合、「資源」となるのですね。自然と資源の関係性ですが、自然のなかには資源があるわけです。例えば川があって川の水を使って飲用水をつくる。その場合は商品になり、自然から資源を抜くということになる。しかし、資源にならないものが自然のなかには多くあって、それを保全することが大切なものなのです。市場制度のもとでは、どうしても資源としてしか自然を見ないわけです。それで間違うわけです。経済学者は環境論に関して、資源論から入り、自然を資源として扱う。ところが、自然を資源としてだけ扱うと、自然破壊が起こるわけです。それが今の環境経済学者に対する一つの問題提起です。

経済学者は自然を扱うときに、「希少資源」だなんて言っている。
西谷　そうするとまさに経済学の十八番の「希少性」の話で、もはや財の流通サイクルしか視野に入りませんからね。

環境権の誕生

宮本　宇沢さんとは理論的に非常に接近性があったので、一緒に仕事をするようになっても親近感が非常にありました。方法論が違い、理論も違うほうから入ってきているにもかかわらず、だいたい同じような結論になるというのが気に入っていましたね。

　宇沢さんは、先ほど言いましたように、最初に私たちのグループに入るのが一九七〇年の国際シンポジウムです。これは非常に重要な意味のあるシンポジウムでした。最後に東京決議として、「環境権」というのを提示したのです。それは、この後における環境運動や環境科学の一つのシンボルになったと思います。いかにして環境を享受する権利を人権として我々が持つか、と。

　ただ、これには危ないところもあります。例えば、公明党なんかはすぐ、環境権を憲法改正に入れろ、と言うのだけれど、憲法改正する必要はない。私はそうではなく環境基本法で謳うべきだと思っています。今の日本国憲法は、憲法一三条と二五条という非常に優れた条文があって、これで十分環境権が保障できますからね。環境権を明示するのは憲法でなくてもいいと思います。公明党は憲法に入れたがっているけれど、そうすると憲法全体をいじらなければならないことになりますからね。私はそれには反対です。ドイツはまだ草案ですが、環境法典で、行政不作為の追求権として、環境権を認めようとしています。フランスも同じような状況です。

この会議で初めて謳われた環境権は、その後自然を保護する権利を、人間ではなく自然そのものに権利があるのだという訴訟が出たくらい非常に広がったのです。事例としては、奄美のクロウサギの訴訟があります。これは自然にも権利があるという非常に面白いかたちで展開するのです。この東京シンポジウム以後人格権と環境権というのが公害裁判で公害被害者から主張され論争になっています。二〇一三年五月二一日の福井の原発差し止め裁判では人格権を公法・司法を通じて最高の権利であることを判決で謳っています。それがこのシンポジウムで提供されたのですね。この時に初めてW・レオンチェフ、K・ウィリアム・カップやジョセフ・L・サックスなど、非常に優れた人たちが集まったこともあって、経済成長理論を再検討しなければならない、ということになった。社会的費用をできるだけ内部化するということですが、内部化できないものもあるということをここでは議論したのです。

『自動車の社会的費用』と環境行政

宮本　当時、その三年前に美濃部亮吉さんが都知事となり、いわゆる革新自治体ができた。そこで、公害問題や環境問題について研究する「公害研究所」をつくって、戒能通孝さんを所長にしたのですが、その都政に宇沢さんが顧問的に入っていく。都留さんもそうです。そこで最初に、市民交通白書というものをつくるのです。これが一九七〇年です。つまり、自動車社会をやめようと提唱したものでした。市民が安全に生活するためには、公共交通機関を軸にして、交通体系をつくらなければならない。例えば、道路は歩道を完備して、余ったら自動車を交通させる、と。人間が交通する手段を確保するのが都市交通の基本だとしたのです。それは、その後の宇沢さんの『自動車の社会的費用』に反映していくのですが、恐らくこの交通白書をつくるためには都留さんや宇沢さんの考え方が入ったのだと思います。

一九七〇年にアメリカの上院が大気浄化法を改正するという革命的な案を出すのです。これは「マスキー法」と呼ばれていますが、上院議員のマスキーが自動車の排ガスを一〇分の一にするという当時としては革命的と言われた提案をする。これにはアメリカの自動車業界が直ちに反論して、費用便益分析をやったのですが、そうすると十数万人の失業者が出る、と言う。それで反対だというのです。この反対の趣旨は、すぐに日本にも入ってきました。アメリカのNAS（アメリカ科学アカデミー）の成果をそのまま日本に適用しただけなのですが、日本興業銀行がまったく同じように、マスキー法の適用に反対するのです。二酸化窒素をこれまでの一〇分の一にするのは、燃費の問題など非常に難しい問題があったものですから反対したのです。これが宇沢さんにとってみれば非常に大きな刺激になったのだと思います。

宇沢さんは一九七四年に『自動車の社会的費用』を出しました。つまり、単に大気汚染だけでなく、交通事故だとかあるいは騒音だとかあらゆるものを含めて人間の健康や安全を考えた場合に、今の自動車の交通をこのまま認めるわけにはいかないと言った。

この社会的費用を最初に明確な定義をしたのは、先ほどのカップです。これは先の『社会資本論』で紹介したのですが、カップは二つ定義を持っていて、宇沢さんはこの第二定義を使ったのだと思います。つまり、カップ第一定義は大気汚染で健康被害など直接の被害がどのくらい出るか、自動車事故でどのくらいの死者・負傷者が出るかなど直接の被害を上げている。一方、第二定義は社会の安心・安定という福祉を維持する水準、「ソーシャル・ミニマム」と言っていますが、この「ソーシャル・ミニマム」

に達する——つまり社会的損害がなく、社会の安全が維持されるような、社会的福祉の水準を決めて、そこに到達するということです——まで現状を改善する費用を「社会的費用」と呼ぶのです。

西谷　自動車のことで言うと、例えば交通事故だとかいろいろなことで問題が起こるというのが最初のコストだとすると、道路をつくったり、ガソリンスタンドをつくったり、あるいは石油を輸入するためのいろいろな航路を拓いたりする、あるいは前後しますが、騒音や煤煙に対する対策で遮音や浄化装置が要る、そういう費用というのが第二定義のほうに入るのですか。

宮本　そうですね。そういう自動車被害をなくし、福祉水準が守れる理想的な都市と言いますか、都市のあり方やみんなが静穏で安全な生活を営める、そのために必要な道路や都市施設をつくり直すとすれば一体どのくらいお金がかかるのか。

東京都の交通白書を出すときに、いろいろな実態調査が行われたに違いないのですね。そのときのデータを使ったと後に宇沢さんは言っていますが、自動車の社会的費用は一台に付き一二〇〇万円だと。それで、毎年二〇〇万円ずつ自動車が負担すれば、自動車は交通してもよろしい。しかし負担しないのなら、自動車は交通するな、と言う。当時、自動車こそ現代経済の中心で、最も波及効果も乗数効果も大きい企業なのに、その自動車を批判するとは何事だという空気のなかで、この爆弾的な新書が出たのは大きな意味があったと思いますね。つまり、都市とは何か、人間社会の生活とは何かを考えるものでした。その頃は自動車に乗るというのは富裕の象徴でしたね。

西谷　誰もが車を持てるとか、ドライブをするとか、それが豊かさや社会の発展の指標でしたからね。だからこの本は今読んでもインパクトがあります。今でも、自動車が普及するのは文句なくよいことだというのが、ある意味では経済的要請からつくられた通念だというのに気付くのはなかなか大変です。

ただ、現在の地方の生活などがあまりに自動車頼みになっていて、街の構造も何もかも壊して、用もないのに道路だけが幅を利かしているといった様子を見ると、何でこんなになってしまったのかと残念に思いますが。

宮本　そういう豊かな生活の象徴である自動車が実はそうではないのだ、と。人間の社会にとってみれば、苦痛だとかあるいは苦悩を起こすもとにもなっている。そして都市自身が汚くなる。そういういろいろなことを含めてこの本を出されたのです。

社会的費用論の成果

宮本　今言ったように、自動車会社は、マスキー法に猛烈な反対をしている時期だった。どうしたらいいかと考えていると幸い東京都は自動車を規制する方針を後押ししていた。宇沢さんの『自動車の社会的費用』を現実化するための白書などを出しているわけですからね。宇沢さんの本が出た九月に東京都が中心になって動きが起こる。この中心となったのは柴田徳衛さんです。柴田さんは、公害研究委員会の創設メンバーであり、東京都の企画調整局長を務めており、元東京都立大学教授で、都市論の大家です。日本における戦後の都市学の先駆けをつくった人ですね。

柴田さんが中心になって、「七大都市調査団」をつくったのです。当時の政令指定都市の市長の指示のもとに専門家を集めて調査団をつくった。その調査団は、このままでは自動車のために道路をつくることになると指摘しました。道路をつくるとまた自動車が増える。都市交通が無秩序になり、公害や交通渋滞が起こる。この機会に少なくとも、大気汚染についてはマスキー法の日本版を適用させたいということで集まったのです。このメンバーには、宇沢さんや華山謙さん、西村肇さん田尻宗明さんなど、当時における環境研究の主力が集まって、自動車会社を諮問した。これは初めて企業に技術的な諮問をしたので、非常に面白い経過をたどったのです。この諮問会議でトヨタと日産はマスキー法の適用基準を満たすことはできないと言う。一方、ホンダ、三菱、東洋工業はやれると言う。このように企業によってまったくの違いが出てきました。それで、この調査団はトヨタ・日産の態度に対して抗議したのです。この二社が大気汚染を防止するために本当に研究しているとは思えない、と。この結果を公表すると、世論がトヨタ・日産はおかしいのではないかと怒った。それで、西村さんが東洋工業、ホンダ、三菱の技術を調べてみて、マスキー法の基準を満たすことは可能であるという論文を書くのです。それで環境庁も下がれなくなった。もともとは自動車会社の圧力があったので、マスキー法の適用を延ばすという態度をとっていたのですが、世論はそれを許さない。七大都市調査団は、環境庁の顧問を呼んで、なぜできないと言っているのかと詰問した。環境庁も、マスキー法を適用ができるのではないかと言わざるをえなくなったのです。この時期は、七〇年代の公害裁判ですべて原告が勝訴しており、全体として当時の道路公害反対運動などを受けて世論が高揚していた時期です。結局環境庁も同じように業者を諮問した。結果としてトヨタ・日産も慌てて自主開発をやる。なぜこれまでできなかったのかと言えば、調査団の報告によると、トヨタ・日産は、どうせ技術開発はアメリカがいずれやるに違いないと考えていた。それを日本に取り入れればいいのだ、と。大きなお金をかけて、自主開発する必要はないということです。ところが、ホンダや三菱、東洋工業はこのチャンスを掴んでトヨタ・日産を追い抜いてやろうと思っていた。だから自主開発をやっていたのです。片一方はアメリカの技術に依存して、片一方は自主開発をやったという違いが非常にはっきり出てきた。華山謙さんは、二大自動車会社の広告宣伝費よりも研究費が少ないのに対して、ホンダなどは大きな研究費を使っているという論文を出して、牽制しました。それでだんだん追いつめられてきたのでしょうね。技術開発をやるとなるとトヨタ・日産の技術力は高いから、我々も驚いたのですが、七六年の八月には、自動車メーカー九社は環境庁の諮問に応じて、七八年までには達成します、と言った。こうして日本の自動車会社は世界で初めて、マスキー法の基準を達成したことになる。

その時のことをホンダの社長が書いています。この時のおかげで自動車の自主的な開発が可能になってきて、単に汚染物を少なくしただけでなく、全体の技術力が上がって世界最高の車をつくれるようになったのだ、と。日産の社長は、災い転じて福をなすと言っています（笑）。これは宇沢さんの社会的費用論の現実的成果です。これは画期的な技術開発が環境や人権という至上命題を断行した時に不可能を可能にし、しかもそれが産業を発展させるという貴重な経験でした。この問題のいきさつと評価は私の『戦後日本公害史論』に書いていますが、当時の環境庁の自動車公害課長・柏原孝が失踪事件を起こすなど、奇々怪々なこともありました。

西谷　やっぱりそれくらい影響力があったわけですか。

宮本　みんなが自動車に乗ると一台当たり年二〇〇万円の社会的費用がかかると、経済的利益だけを考えていた常識に水をかけ、批判した結果で、同時に自動車公害に悩む被害者を助け、道路公害反対の世論を喚起したわけだから、単に理論的な成果というだけでない、一つの大きな社会的貢献だったと思います。

西谷　そういう経験があるのだから、ぜひエネルギー問題にも生かしたいものですね。現在も続く福島第一の原発事故対応のことでは、いつも「公害」のことを思い起こします。

イリイチとの関わり

西谷　その頃、フランスでイヴァン・イリイチが病院や学校をとりあげて「逆生産性」ということを言います。要するに、文明がいろいろな仕組みをつくり出すと、一定程度までは有効に働くけれど、ある時から自家中毒の状況に入ってしまう。例えば、病院ができて医療体制が完備していくと、今度は医原病と言って、病院や医学がつくり出す病気のほうがはるかに多くなっていく。健康を守るはずのものが逆に病気のもとになると。

自動車にしても、たしかに有効な移動手段だが、それに社会が依存するようになると、今度は自動車で三〇キロ行くのに何時間もかかるようになり、歩いて行ったほうが早くなる（笑）。それを、データを集めて証明するわけですね。いかに自動車が非効率で、人間的な生活の調和や自立性を毀損していくかという議論をやっていましたね。

宮本　イリイチは、メキシコの地震があった直後に、我々の公害研究委員会にぜひ会いたいという要望があったのでお招きしました。帰国寸前で、質疑には四五分くらいしか時間がなかったのですが、彼はどうしても一つだけ意見が聞きたいと言う。都留さんや宇沢さん、私も会場にいました。それで、イリイチが何を言ったかというと、日本はなぜ溜め込みの便所をやめたのか、ということでした（笑）。何で下水道にしてしまったのか、その理由を聞きたいと言うのですね。我々のほうは意外な質問でどきっとしたのです。下水道は一つの近代化の象徴なわけですからね。

イリイチが言うには、メキシコの地震のときに一番困ったのは、地震で下水道がやられてしまって伝染病が大変流行ったことだそうです。むしろ、郊外にあった貧困者の住宅は屎尿溜め込み便所で、その地域は無事であった、と。完全循環方式から言うと、溜め込んだ屎尿を肥料にするという日本の江戸期以来の都市と農村を共生する方式が理想的で、その理想を何で簡単にやめてしまったのか聞きたいと言われました。それで困ってしまってね（笑）。確かに、そう言われれば、地震でもし下水道が破壊されたら大変です。それは確かに阪神淡路大震災の時に経験したのですね。下水道が駄目になったところは雪隠詰めになってどうしようもなかった。しかし今では都市では溜め込み方式の便所の中身を持って行って処理して肥料にする方式がほとんどなくなってしまっています。

これは確かに考えさせられる質問でした。下水道をつくると公共事業の補助金が出る。生活基盤の社会資本では最も大きな補助金です。それを獲得すれば政治家には大きな功績になる。そうすると、全然必要のない農村部で下水道がつくられるようになる。しかし、農村部などの広い土地で、点々と住宅があるところに下水道をつくるにはものすごくお金がかかり、下水道をつくったことで農村部の上流の水が汚れるような問題も出てきた。今は技術が発達して、それほど河川が汚れるとは言われないけれど。とはいえ、もっと簡単な簡易浄化槽もあるわけですね。

農村部地方財政の赤字の大きな原因は下水道会計なのです。例えば、沖縄の離島なんかでも赤字になっている最大の原因は下水道をつくってしまったことです。そういう意味では、確かに完全循環方式に合うような、もっと別な方式を近代化のなかで編み出さなければいけない。イリイチの言う通り、画一的になぜ国土の隅々まで下水道をつくる必要があったのかということです。確かにこれまでの溜め込み式便所は臭くて非衛生的だったという問題はあるのですが、それは今ではかなり簡単に技術的に解決できるのです。

私は長野県の山荘をつくったときに溜め込み方式でやってみたのですが、全然臭くなく、水をほとんど使わない衛生的方式ができています。屎尿を二年くらい溜め込んだら処理に来てくれるのですね。それで結構うまくいく。それなのに、農村部で厖大な投資と、毎日大量の水とエネルギーを使って、長いパイプと下水処理場をつくるのは、イリイチの言う通り近代の技術と画一的な補助金制度が持っている欠陥であるというところがあると思います。

四日市の経験

宮本　公害研究委員会は一九六三年にできました。少し前に話を戻すのですが、私は六一年に初めて四日市公害が発生しているということを自治労の地方自治研究集会で聞きました。このころは今とは違って自治体の労働組合が民主的で活発だった時代で、教研集会と対抗して地方自治研究集会というのをやっていて、「地方自治を住民の手に」という目標を掲げていた。初期は非常に活発で、松下圭一さんなど学際的な専門家が助言者として入って活動していました。

そのとき、三重県の県職労と四日市市職労が、秘密にされていた四日市の公害を暴露したのです。そもそも労働組合は公害問題ではマイナスの働きをすることがあったのですが、ここでは非常にプラスな働きでした。当時、三重県と四日市は、科学者の研究者グループに委託した調査結果を秘密にしていたのです。それを暴露した。私がその後三重県に行って、そのデータがほしいと言っても見せないくらい公害を秘密にしていた。それで衝撃が走ったのです。当時四日市につくっていたのは東洋における最新鋭最大の石油コンビナートで、これは公害を出す北九州の工業地帯とは違っていると考えられていました。石炭のコンビナートと違って公害は出さないという神話があった。青空と太陽の工業都市なのだと、東大の都市工学のグループがそんな標語をつくったほどです。そこで深刻な水汚染が起こっていて、魚が臭くて売れないだとか、多数の大気汚染患者が出ているということが報告されました。それで驚いて、調査に行ったのがその後の公害研究の始まりなのです。

西谷　全く同じようなことが繰り返されていますね。

宮本　当時の政府は高度成長のために社会資本充実政策を進め、地域開発をどんどん進めていました。その最先端が四日市型開発だったのです。「四日市モデル」と言って、石油コンビナートのような重化学工業を中心に全国に新産業都市をつくろうとしていた。一〇〇万都市と名付けていたけれど、全国に二一の新産業都市をつくる。それが全部四日市型のような重化学工業地帯を目標としていた。しかしそのモデル地域で深刻な公害問題が起こっているというのでは、このような地域開発が進むと全国に公害を広げていくことになる。そこで四日市に調査に行くと、大きな衝撃を受けました。一番被害を受けるのは子どもと老人です。公害の原則ですが、生物的弱者から始まっていました。それから、第一コンビナートで既に被害が深刻な状態だったのに、続けて対策を取らずに第二コンビナートがもうできあがり始め、さらに被害者が絶望して自殺するような状況になっているのに第三コンビナートをつくっている。第二コンビナートをつくったところは白砂青松の素敵な海岸で、その景観を享受していた市営住宅があったのだけれど、その前面の景観を壊して工場用地にした。その市営住宅はまともに公害の被害を受けているわけです。

これが水俣問題と違うところで、四日市はその当時の最先端の技術で経済成長政策のモデルでした。つまり進行形なのです。水俣のチッソは電気化学で古い工程なので、その時期には原因のアセトアルデヒドの生産は減退し、一九六八年にはストップします。しかし四日市は一九六〇年から発展し、拡大していくのです。まさに高度成長の申し子ですから、進行形の公害です。四日市を見て公害問題は今まで経済学者が扱っていないことがわかりました。被害者の中心の病気になった子どもや老人は、生産や営業とは関係のない人たちです。つまり成長政策の目標のGNP（国民総生産）と関係がないので、その被害は評価されない。反対にその被害者たちの医療費や医薬品が増えていくとGNPが増える。白砂青松の海岸というのは国富統計では全然評価されていない。そこを埋めて工業用地ができると、国富が一挙に増える。平方メートルあたり何万円という価格で工場に売却され、国富が増えることになります。

今までは、マルクス経済学や近代経済学を問わず、国民所得論のなかの対象に公害の被害は入っていない。逆に開発が進むと国富やGNPが増える。ですから放っておけば、これまでの経済の論理のなかでこの問題は解決がつかないどころか、環境破壊はとめどもなく進むことになる。これは大変な問題だと思いました。今まで通りの経済学では大変な間違いをする。しかも原因企業は公害の責任を全く認めていない、政府と自治体は開発の経済効果を高らかに謳い、被害救済をせずに全国にこのような経済発展を進めているのです。この不正義な状況に対する怒りと、これまでの経済学に対する理論的な挑戦の必要が、公害についての本を書こうという気になったきっかけです。

「公害」の問題化

西谷　それが『恐るべき公害』ですね。

宮本　まず『世界』から論文を頼まれたのですが、四日市公害だけの解析では駄目だと思ったので、北九州や大阪、東京などの既成工業地域を調べました。それでいずれの地域も恐るべき状況だというのがわかり、公害は全国にしのびよっていくと思いました。ようやく陳情が出ているのだけれど、まったく行政が動いていない。北九州地域はあまりにも公害が酷いものだから福岡県公害防止条例ができていました。しかし経済界は、今は経済成長が第一でそれには従わないという声明を出す。また、九州大学が最初に八幡市に観測器を据えたのですが、たちまち壊されてしまう。誰が壊したのかわからないのだけれど、故意なのは明らかなのです。そのくらい、企業も公害に対して安全の問題を考えていなかったし、行政も動かないという状況でした。

こういう状況を見て、「しのびよる公害——その政治経済学」(『世界』一九六二年一二月号)という論文を書きました。これは社会科学者が書いた最初の戦後の公害論だと言われました。これを読んだ都留重人さんから相談があると言われて会ってみたら、経済学者が資源や環境をもっとまともに扱わないと駄目だと思っていたから、この機会に公害や環境破壊を研究しようではないかと言われました。それで六三年に学際的な公害研究委員会をつくったという経緯になります。これはこの分野で国際的にも最も早い研究組織であったと思います。

この同じ年の六三年には、岩波書店から新書をつくってくれという話が出ていました。私は——都留さんの言葉で言うと学際的なのですが——、公害論は総合科学の問題であると考えました。公害は経済が確かに原因である。市場経済の制度で、企業が利益追求だけを考え、消費者がまた利便だけを考えて動けば、公害が発生する。しかし実際には公害の対策は技術の問題であり、被害者の健康は医学、特に公衆衛生の問題ということにもなる。そうすると経済学だけでは解けない問題なので、自然科学の分野の研究者と共同でしたいと考えました。その頃、科学のなかで公害問題に唯一取り組んでいた分野は公衆衛生です。公衆衛生院の鈴木武夫先生のところに行って、一緒にやりませんかと言ったら、鈴木さんは私より優れた人がいると言う。それで京都大学の衛生工学の庄司光さんを紹介してもらいました。

西谷 そこらあたりのエピソードをつい最近読み直しました（笑）。

宮本 恐るべき研究者庄司光先生の紹介は何度も書いていますので、もうやめておきましょう（笑）。

庄司さんと書いたのが『恐るべき公害』（一九六四年）です。最初、題名をどうするかで随分悩んだのです。「公害」という言葉はこの時期の国語の辞典になかったので、どうしたら公害という現象に市民が気が付くかというので編集者と相談しました。実際に世論が注目するには理論だけでは駄目だと。内容に興味を持たせる前段が必要ということで、事実で押すというのが一番重要だと思った。それでまずは新聞の記事を取り上げてみようと思いまして、四大紙をすべて調べてみたのですが、外国の事情は述べてあるが、事実の記事が少ない。それで思い切って地方紙にしようと思い立ち、各県一紙ずつ選びました。その頃国会図書館にしか地方紙は揃っていなかったのですが、柴田さんのところの都立大学の学生を動員して、こちらが規定した公害の記事を整理したのが、「公害日記」です。これを地図に落としたら、地図がまっ黒になるくらいでした。これを本の冒頭に掲げたのです。まずこれを見れば「あっ！大変な問題だ」とみんながわかってくれました。この本は四一万部売れましたね。

西谷 当時は今よりはるかに本が情報源だったということもありますが、凄いですよね、この手の本がそれだけ読まれているというのは。私はその頃は小学生くらいで、当時はその本を知らなかったのですが、地元が近いこともあって四日市のことは知っていました。私が大学生になる頃には、「公害」という言葉はずっと広まっていましたね。「公害」という言葉に込めた意味というのはどういうことなのでしょう。

宮本　一言で言えば、「公衆衛生の害悪」です。とはいえ社会的災害一般を公害と呼ぶ人もいました。例えば薬品公害だとか食品公害など、公害と付けることが流行りました。私たちはそうではなく、環境が破壊され汚染されたことで起こる生命・健康に対する害悪、あるいは公衆衛生に対する害悪を「公害」と呼ぶと定義しています。ですから、環境破壊・環境汚染というのを前提としています。その後法律上・条例上もそうなっていったと思います。

高度成長の終焉と公害の行きつく先

宮本　『自動車の社会的費用』を実際の対策として実現していった頃が、実は日本の公害行政の頂点です。というのも、世界的に公害先進国と呼ばれるほど、深刻な公害が起こった原因は、高度成長にあったのです。急激な産業構造の変化や都市化のなかで公害が起こる。このシステム公害を自治体の革新的な行政と公害裁判で克服したのです。

その後高度成長が終焉します。一九七三年に石油ショックが起こる。一ドル＝三六〇円の円安で輸出をどんどん伸ばしていったのですが、七一年にドルの兌換が停止されて為替相場が自由化する。それらが相まって、高度成長が終わるわけですね。七五年には初めてマイナス成長となります。それまではGNPは年率一〇パーセントで成長していたから日本の奇跡と呼ばれていたくらいに高度成長してきた。この年に世界的な不況と同時に、日本も高度成長が終わるわけです。

すると、財界はてきめんに環境政策を転換するという方向に動いていきます。それと同時に産業構造の転換をし、技術開発をするということもやっていきます。その不況圧力のもとで、当時止まっていた高速道路計画が再始動する。例えば、三つの四国架橋もみんな止めていたのですね。というのも、アセスメントをすると環境基準をオーバーするものですから。しかしこの不況対策で、公共事業を展開しなければならないというとき、従来の世界一厳しいと言われている環境基準は足枷になる。まず一番問題になっていた、二酸化窒素の環境基準を緩めてしまいます。しかも、三倍も緩和する。一日平均で〇・〇二ppmだったのを、〇・〇四ないし〇・〇六ppmに緩和する。〇・〇六ppmにするとストップしていた四国架橋の工事は再開された。〇・〇四ppmは理論的には正しいとは言いませんが、まだ是認できる基準でした。しかし〇・〇六ppmというのは怪しい数字なのです。この基準に一番引っかかっていたのが四国架橋なのでした。それが緩和されたことで直ちに手をつける。それから、鉄鋼と石油、化学の三つの産業が、以前の環境基準を守るためには非常に大きなお金をかけなければならなかった。この緩和によって恐らく四〇〇〇億円くらい、それらの産業は公害防止投資を節約できる。結局環境基準緩和は景気回復策だったのです。それにとどまらず、次々と環境政策が後退を始める。水俣病の判断基準が改定されます。イタイイタイ病についても、「幻のイタイイタイ病だ」という攻撃が始まるのですね。結局、公害行政は自動車の規制をやったのが頂点で、そこからガタガタと後退してくるものですから、我々としてはどうしても対抗策を取らなければならないと考えました。

それで七九年に環境政策の後退を阻止し、さらに発展させる目的で「日本環境会議」をつくります。これは研究者と弁護士を中心に組織され、それ以後の環境研究者の社会活動は日本環境会議の活動に代表されます。このなかで宇沢さんは随分活躍しました。例えば、八三年に日本環境会議は水俣会議をやって、「水俣宣言」を出します。水俣問題には非常に難しい問題がいろいろあった。当時、チッソが既に破産に近い状態になっていました。また、四肢末梢という水俣病患者に共通する、環境汚染に特有の病状が出ていたのですが、政府はそれを認めず、もう一つあるいは二つの症状が重複していないと患者だと認めないという認定基準をつくった。つまり、患者切り捨てが起こっていました。私たちは労働災害としての有機水銀中毒と、環境災害としての水俣病は違うと主張しています。それなのに有機水銀中毒による労働災害の典型のハンターラッセル症候群という、四肢末梢だけでなく、視野狭窄だとか運動機能の麻痺だとかの組み合わせで判定する。そんな重症の労災患者と環境災害の被害者は違います。それをはっきりさせることを含め、水俣病の対策のために、現地の調査をしなければならないのです。それで水俣宣言を出す前に、事前調査をやるということで宇沢さんも主力になりました。

チッソの経営状態を調べていると、宇沢さんから提案が出ました。救済の責任に子会社も入れろ、ということでした。子会社は実際石油化学で儲けていた。一方、チッソは電気化学という古いかたちでした。チッソ本体だけでなく、その両方を入れて賠償するための責任を持たせるべきだという提案を宇沢さんがします。これは非常に意味のある提案だったと思います。

彼はその後も水俣には何回も足を入れています。原田正純さんと一緒にです。その後、原田さんを非常に尊敬していて、原田さんを何とかして学士院の会員にしたいなんて言っていたけれど、なかなかそうはいかなかった。熊本大学は原田さんをずっと助教授のままにし、教授にはしない。原田さんがいなかったら患者の救済はうまくいかなかったと思いますね。被害者にとっては神様的な存在だったのではないかと思います。

胎児性水俣病は、原田さんだけが発見したのではないが、実際の掘り起しを考えると原田さんが見つけたと言ってもいいと思います。それまでの医学の常識を破る問題が出ていました。普通は胎児が子宮にいる時には、毒物は胎盤で吸収などはされず、その逆で排出できると考えられていた。そうではなくてむしろ体内で濃縮することがはっきりしてきました。母親が水俣病でなくても、子どもが水俣病になるという非常に悲劇的なことが起こった。そういうところでも、宇沢さんは現場に行くということをやっていましたね。

沖縄と基地問題

宮本　それから沖縄のこともありますね。一九八八年三月に、沖縄集会を日本環境会議で企画しました。都留さんが沖縄の基地公害について非常に明快な定義をしていました。米国の沖縄基地は公害輸出である、と。つまり米国はダブルスタンダードをとっていて、自国では騒音の問題にしても、有害廃棄物の問題にしても、きちんと調査をして対策をとっているのに、沖縄では放置している。そして、数十万人の人が騒音で悩むようなことをしているので、公害輸出だと。それだけではなく沖縄の問題というのは、日本政府が米軍基地を保持するために、高率の補助金政策で、沖縄の経済を維持するという沖縄振興政策をとっている。そのことが沖縄の自立を阻んでいるだけでなく、沖縄の環境を破壊してしまった。今までに九兆円を超す公共事業建設をしている。日本の本土の公共事業の補助率は平均で五〇パーセントなのですが、沖縄は一〇〇パーセント出している。最近減ったと言っても、八〇パーセントくらいです。ですから、高率の公共事業に依存するかたちで沖縄経済をつくってしまったのです。それがあちこちで海を汚染し、沖縄の自然を破壊してきたわけです。その典型が石垣の飛行場です。青サンゴのある石垣島の東海岸白保地区は、素晴らしい海の宝庫だったのですが、そこを飛行場建設のために埋めてしまう計画でした。日本環境会議はそれを絶対に許せないということで、沖縄で集会を開いたわけです。しかし漁民のなかには補償金をもらっている人もいた。彼らは集会を予定していた会場を先に占拠して、私たちを入れさせないのです。市長も背後でこれを黙認していました。無理に会場に入れば血を流すことになる。こちらには腕力はない。やるか！という気にはなったけれど、もうこれはやめとこう、と（笑）。他のところで集会を開き、石垣市長のところに抗議に行きました。

西谷　宇沢さんはラグビーでしょう（笑）。

宮本　宇沢さんは例によって、スポーツ服を着て絶対に車に乗らないで会場まで走ってくるわけです。そういえば、水俣調査の時も現地の人が私たちを待っていたのですが、宇沢さんが先に走って行っていたのです。現地の人は宇沢さんが〝東大の先生〟だとはわからないわけですね（笑）。焼酎みたいなものを飲んだ、汚い格好をしたのが座っている。私たちも着き、宇沢さんは「もう来ているはずだけど」と言ったら、「そんな人はおりませんよ」と言われた（笑）。石垣市長も「先生、本当に東大の教授ですか！」と驚く（笑）。あれは笑ってしまいました。

宇沢さんの一番いいところは被害者の立場に立つというところです。我々と本当に同感して一緒に被害者救済の仕事をしました。宇沢さんの持っている正義感ですね。沖縄の問題での宇沢さんの関与はそれが始まりで、宇井純さんも企画してやってくれました。そういう付き合いがあって、沖縄の問題は日本環境会議のなかで非常に重視してやっていました。

私たちは今「普天間・辺野古問題を考える会」をつくっていますが、最初の声明を出したのは、二〇一一年だと思います。

西谷　実は私が宇沢さんと初めてお会いしたのは、あの声明の準備会でのことなのです。前からもちろんお仕事は存じ上げていましたが。宮本さんに直接お会いしたのもそうでしたね。

これは他の話ともずっと繋がると思いますが、宮本さんの研究グループが中心になってまとめられた『沖縄論――平和・環境・自治の島へ』（二〇一〇年）は、私には驚きでした。私ももちろん妙な縁から沖縄のことにいろいろ関わるようになりました。沖縄というと、人文系の人間の関わり方としては、基本的には戦争体験とか基地問題を通じてでしょう。それと、もう一つは文化人類学というか宗教的というか、祭祀や習俗のことなどですね。私も、それをみんな現代の思想的問題にひっくるめるかたちで、仲里効さんと組んで『沖縄／暴力論』（二〇〇八年）とか『〈復帰〉四〇年の沖縄と日本――自立の鉱脈を掘る』（二〇一二年）とかをまとめてきました。ところが、宮本さんが中心になってまとめた『沖縄論』は、経済・社会・政治すべて含めて、地域の「自立」という観点から、沖縄のことを総合的に論じておられます。そういう蓄積がもう何十年もあるのだということを、お恥ずかしいことながら私はこの本で知りました。

オートノミーとは何か

西谷 これは宮本さんのお仕事全体とも繋がり、宇沢さんの水俣への関わりや沖縄への関わりのあり方とはまたちょっと違っている点だと思いますが、とくに「地域」ということとそこでの「自治」ということ、それは今非常に重要な問題設定で、世界的にも大事なテーマになっています。それで宮本さんのお仕事を見直しているわけですね。

私たちは「自治」という言葉を、憲法でも地方自治を定めているように、いわゆる中央とは区別された地域行政のようなかたちでしか受けとめてこなかった。だから「自治」というと、県や市の行政などを思い浮かべるのですが、地方自治というのは実は「地域のオートノミー」なんですね。つまり自分で自律的に治めること、「地域的自立」です。学問でも、地域の共同体形成の課題として都市論などがありますが、「社会資本」というのも地域を基盤にして考える必要がある。すべて地域のオートノミーの問題として立てられるわけです。

現在のグローバル化した世界で、国民国家の主権が相互に制約されたり、委託したりせざるをえない状況になっている。また、グローバル経済のメカニズムからして、それぞれの国家主権というのは絶対的ではありえない状況になってきている。それでないと、グローバル秩序が成り立たないけれど、そのためにまた世界中いたるところで問題が生じてきます。いや、すでに生じて、各所で荒廃を生み出していますが、その荒廃のさなかにあっても、何が人びとを生かす基盤になるかというと、実はこの「地域のオートノミー」なのではないか。「地域」というのは、単に行政的な区分でもなければ、統治の組織だけでもない。生活条件や自然まで含めてある「地域」です。人びとは地域のなかに生きる、地域からさまざまな活動が生きる。そういうことだと思います。

今、宮本さんの本を読んでいると、「環境と自治」とか「地方自治」という言葉がよく出てきますが、そこで問われている「自治」が実は「地域のオートノミー」であるということ。「自治」と言うときに、その地域を基盤にしてさまざまな活動がどう組み合わさって展開するのかということの相互関連のなかで、オートノミーということが言われています。これは今いろいろなことを考えるときのベースになると思います。

日本の現状に照らせば、地域の独自性が、地理的、歴史的、文化的、政治的な意味合いで、強く出てきているのが沖縄ですよね。宮本さんのお仕事のなかで、『沖縄論』や『沖縄 21世紀の挑戦』(二〇〇〇年）だとかは、何かの延長とか応用でやっているように見えて、実はそこに生の課題が集約されている。そのことにやっと最近気が付きました。

宮本　そう言われると大変嬉しいです。日本の場合、地方自治は分権なのです。つまり、中央政府が権力を移譲する、あるいは自治体が一定の自治権を持つということです。これを団体自治とも言います。しかし本当の自治は住民自治なのです。

日本の場合、なかなか難しいのですが、マックス・ウェーバーの研究によるとヨーロッパの場合はまさに自治体が都市になる。住民の自治が主体となって都市ができあがっていく。その基盤はオートノミーなのです。個人が基本的な人権を持って、自由に集まって、そこで連帯をするのが自治の本質です。基本的な人権が確立しなければ自治にならないと思います。

私は沖縄と関係したのは、復帰前後です。初めから沖縄問題をやろうと思っていたのではないのですが、一九六八年に屋良朝苗政権が成立します。これは今の「オール沖縄」の最初の動きだと思います。あれが初めての首席選挙ですからね。それがどういう意味を持っているか調べたいと思い、最初は軽い気持ちでしたが、沖縄に惹かれていきました。

この時期、本土復帰が問題となっていた。私は、沖縄に基地があるというのが、どういうかたちになっているのか、ルポを書くくらいのつもりで行ったのではないかと思います。しかし、地方自治を研究しているというので、ビザの許可が初めは下りなかった。財政学者の友人久場政彦さんと、屋良さんが保証人になってくれてやっとビザが下りました。その後七一年のときに都留さんと一緒に沖縄に行こうとしたら、都留さんは非米活動委員会で諮問された経験があるものだからビザがなかなか下りない。三時を過ぎると日本円をドルに変えられない。向こうにはお金を持っていけない時刻にやっと都留さんの許可が下りるというくらいの嫌がらせがありました。そのぐらい当時は入域が厳しかったのです。

六八年に初めてビザが下りたときに、これは絶好のチャンスだと思いました。しかし、実際に行って衝撃を受けましたね。「軍政下の自治体」という文章を『世界』に書きました。結局軍政のもとで自治はありえない。これはいろいろなところに書いたことですが、軍用道路一号線（現在の国道五八号線）というのは幹線道路で、飛行機が発着できるように交通安全の施設が何もない。渡るのも命がけです。さすがに復帰直前になってくると、みんなが交通安全施設をつくれと要求するので、歩道橋をつくります。しかし戦車が通れるように歩道橋をつくったので、老人は上がれないようなすごい背の高いものでした。

調査をしてみてわかったのは、本土の同じ人口の県と比べて、社会資本の整備率が六〇パーセントくらいということです。基本的なものができあがっておらず、植民地以下だなという感じです。結局米軍は基地であればいいと思っていたから、産業を興すという思考はなく、消費経済の社会にしようとする。生産をする産業を興す気が全然なかった。その政策がいまだに祟っていますね。

私には戦前の植民地台湾の経験があり、沖縄が差別されていたのと似た状況を経験しています。戦前、本土の府県で大学・高校、高等専門学校がないところはありません。台湾と朝鮮には大学もあれば、高等学校、そして高等専門学校が全部ありました。高等工業学校や高等商業学校が全部揃っている。そのような高等教育機関をつくって、専門家を養成していた。一方、戦前の沖縄には師範学校しかない。師範学校は中等学校でしたからね。戦争中に専門学校に格上げしますが、それは専門家を養うところではない。戦前の沖縄にこの高等専門学校のような高等教育機関がなかったために戦後の技術者・経営者のような専門家の蓄積がない。

人材の養成がなく、経済の仕組みそのものを米軍が基地経済にし、産業の弱小な消費経済にしてしまったとなると、復帰してからでもなかなか産業が自立できないのは当たり前です。植民地以下にするという非常に酷いやり方だったと思います。基地沖縄の現実に最初に衝撃を受けて、どうしても沖縄の人たちの自立という問題を考え、琉球王国が本土に併合されてからの歴史的な差別を本当になくさなければならないと思いました。同じ人間として沖縄の実情に納得がいかない。以後屋良さんとも随分交流がありましたね。

一番先にまず自治がないということと、日本政府の沖縄政策に非常に疑問を持ちました。基地の問題だけでなかった。下河辺敦さんという日本の戦後の地域開発をほとんど計画した人がいます。この人は沖縄問題を重視していたのですが、彼が出した案を見てびっくりしました。結局沖縄振興政策の中心が石油コンビナートでした。それから都市化です。沖縄の文化だとか産業だとかを十分に調査をして、沖縄の人たちがつくった案ではない。日本の高度成長のプランをそのまま持って行った。こんなことをやったら大変だと思いました。まず公害が起こる。せっかくきれいな海なのに。

西谷　そこに全部下水道を引くだとか……（苦笑）。

宮本　それで屋良さんなどに警告した。沖縄県が自主的に振興政策として自立の政策をつくらなければならない。沖縄内部の研究者も久場政彦さんなどは同様の意見でした。そこで屋良さんは建議書を出したのです。これは平和と自治と福祉を中心にした建議書です。これを持って行ったら、受け取られませんでした。国会で法律を決めた後で受け取ろうと、ものすごく失礼なことをされました。

沖縄の人たちが復帰するとき、基地は減ると思っていましたね。なくならないにしても、減ると。しかしほとんどそのまま残った。都留さんと私たちは自立のための一つの象徴として、沖縄に鉄道をつくろうとしました。また沖縄が完全な自治権を持つような「特別都道府県制」を提案しました。

国鉄の連中がまともにどこに駅を置くとか考えた。それがまた基地のなかを走っていく案でした（笑）。沖縄には昔軌道があったのです。サトウキビを運ぶことと関連して、沖縄軽便鉄道があったのですね。ですから、鉄道がなかったわけではない。しかし全く問題にされませんでしたね。

私の第四高等学校の同級生が当時建設省高速道路課長で、七〇年に沖縄でばったり会いました。後に彼は国務大臣になりますが、その時「おい宮本、お前は鉄道と言っているけれど、もう駄目だ」と言う。政府は高速道路計画を完璧につくってあるから、もう遅いと言うのです。道路優先で交通体系をつくるのが日本の政策になっているから、ジタバタしても駄目だというわけです。

西谷　沖縄の場合は、戦後米軍の占領統治の段階で、アメリカ流の自動車社会にすればいいということになる。それで道路だけになった。戦前は糸満まで鉄道があったのですよね。今でも本当に縦断の鉄道があればと思います。例えば、宜野湾で一〇万人集会を開くと言ったら、みんな電車で来られるはずです。それがみんな車で来なくてはならないから、今はバスでピストン輸送ですね。

沖縄の自治に向けて

宮本　沖縄開発について何もこちらの考えを押し付けるというのではないのです。私は復帰前に大宜味村に行ったときに、ものすごい衝撃を受け、同時に感動しました。大宜味村の村長根路銘安昌さんは独創的な地域経営者でした。その村には基地がなかったのですね。基地がない状況のもと、補助金も少ないし、どうやって自立するかを彼は考えました。それで沖縄にとって一番いいのは柑橘類ではないかと。ところが台風が吹くので、みんな倒れてしまう。ですから、背の低い柑橘類をつくったらどうかと考えたのですが、そこから先がすごいのです。村民のなかの若い連中を口説いて、九州大学に派遣して勉強させる。それで背の低い蜜柑畑をつくります。つくる原則として、村長は「補助金を出したらいけない」と言う。金を貸すし、村有地も貸す。しかし絶対に補助金は出さない。残念ながら、ミカンは後にウルミバエという害虫のために本土への移出はうまくいきませんでした。他方、ここには野生の柑橘類であるシークヮーサーがあります。シークヮーサーを商業化するのは彼が初めてやったのです。さらに地下水が豊富なので鰻やニジマスを養殖したのです。これは当時成功しました。

また、琉球大学の理学部にいた学生田場白文が、焼物をやってみたいということで、登り窯をつくりたいと言ってきた。しかし登り窯をつくる場所なんてなかなかない。それを聞いて、根路銘さんは「村の土地を貸すから、登り窯をつくれ」と言った。これも全然補助金は出さず、自立してやらせた。

実は、私の内発的発展論はそこから来ています（笑）。これだ！と思いましたね。基地がないほうが基地に依存しないでやれる。さらに重要な事業は平良敏子さんの仕事を維持したことです。平良さんは芭蕉布をつくって人間国宝になっています。断絶しかけていた芭蕉布の技術を伝承したいと彼女が言いました。それで大宜味村のなかに技術をみんなが学ぶ場所をつくった。これも機場をつくったので、生産補助金は出していません。これは素晴らしいですね。根路銘さんはもう相当いいお年ですが、まだ生きていらっしゃるのではないでしょうか。

西谷　きっと生きていますよ（笑）。

宮本　この間の県知事選では、大宜味村は圧倒的に翁長氏に投票しています。しかし、根路銘さんの後がいけません。大宜味村に学べ！と言っていたのですが。復帰してから政府は村にダムをつくることになった。それで公共事業の莫大な資金がはいったのです。私の編集で二〇〇〇年に出した『沖縄　21世紀の挑戦』という沖縄問題の本があるのですが、その調査をするために九〇年代に行ったら、当時の村長は私のところは公共事業で潤っていますと言って、根路銘さんの事業の継承については全く触れませんでした。

西谷　もうシャブの味を知ってしまうと。

宮本　もうがっかりしてしまいましてね。ただ、焼物をやっていた田場さんはまだ健在で、遊びに行って、作品を購入しました。平良さんの機場も動いていて、作品を見せてもらい、敏子さんと旧知を楽しみました。当時基幹的にやったものはきちんと残っているのですが、村の者が公共事業に依存するようになってしまったのを見て、がっかりしましたね。沖縄の駄目になっていく歴史をそのまま見たようでしたね。しかし、時期が来ればこの根路銘さんのまいた種は実を結ぶでしょう。

西谷　宇沢さんは最後に沖縄のことをやるという意気込みでしたね。その後にＴＰＰも出てきてしまいますが。

宮本　二〇一一年に声明を出すときに、宇沢さんに話をしたら、自分は最後の仕事を、沖縄のこの自立の問題にしたいと言っていました。基地をなくしたい、と。声明を出した後で、宇沢さんと二人で内閣に行って、普天間の基地は国外へ、辺野古の基地建設反対という声明文を担当の審議官に渡しました。宇沢さんは、目が悪くなっていたし、声明文を持って行くときも、もう体がよくないのだと言っていたのです。だけれども、沖縄のこの問題はどうしても基地がなくなるまでやらなければならないということを言っていました。最後の自分の思いを懸けたいという気持ちはその時によく伝わった感じがします。それが一緒に歩いた最後ですね。

二人で対談したくてね。ある出版社に予約していたのです。社会的共通資本と共同社会的条件のすりあわせや、環境や沖縄についても議論したいと思っていました。それが非常に心残りです。今度の選挙で翁長知事に次いで沖縄の衆議院議員がオール沖縄の推す候補者になり自民党は敗北しました。真の民主主義国家であるならば日本政府はこれ以上辺野古の基地をつくれないはずです。政府は依然として、基地建設を強行すると言っていますが、不測の事態を招くのでないでしょうか。あの日本の宝と言ってよい海を埋めることは許せないでしょう。環境アセスメントに重大な瑕疵があったと言ってよいでしょう。いろいろな手段を尽くして辺野古を止めたいというのが宇沢さんの意志でもあったし、最後までやり遂げたいです。

西谷　辺野古を止めることが、例えば今度の選挙で自民党が大勝しても、こっちの政治も止めることになる。沖縄に頼ってばかりになってしまうのですが。沖縄が非常に重要ですね。

V

未来はどこにあるか

フクシマ以後、
二〇世紀における人間の生存条件を問う

×西山雄二
渡名喜庸哲

西山雄二（にしやま・ゆうじ）
一九七一年生まれ。首都大学東京人文科学研究科准教授。哲学。著書に『異議申し立てとしての文学』（御茶の水書房）、『哲学への権利』（勁草書房）、共著に『哲学と大学』（未來社）、『人文学と制度』（未來社）、『カタストロフィと人文学』（勁草書房）など。

渡名喜庸哲（となき・ようてつ）
一九八〇年生まれ。慶應義塾大学商学部准教授。哲学。共著に『顔とその彼方』（知泉書館）、『カタストロフからの哲学』（以文社）、『終わりなきデリダ』（法政大学出版局）、訳書にジャック・デリダ『最後のユダヤ人』（未來社）など。

西山　フランスの国際哲学コレージュの定期刊行物『デカルト通り』（RUE DESCARTES）の特集「（フクシマのカタストロフィ以後の）今日の日本思想」にもっとも相応しい日本の思想家として、西谷修さんにお話を伺いたいと思います。

西谷さんはいわば時代の試練につねに晒される思想家として、到来する歴史的課題に対してその都度真摯に応答してきました。その最近の、しかもきわめて重大な課題はフクシマの課題です。二〇一四年に刊行されたフクシマに関する著作『アフター・フクシマ・クロニクル』、『破局のプリズム　再生のヴィジョンのために』をめぐって、今日はお話を伺います。インタヴュアーとして、ジャン＝リュック・ナンシーやジャン＝ピエール・デュピュイの破局論の日本語訳者である渡名喜庸哲さんにも加わってもらいます。

西谷　最初に断わっておきたいのですが、私はもともと日本のアカデミズムのカテゴリーでは仏文学者です。もっとも興味があったのは、二〇世紀のフランスの作家たち、中でもとりわけ哲学と文学の境界を越えて思考の言葉をみずから探求し作り出していく作家たちでした。そうした態度は日本での知識人の言語活動では何を意味するでしょうか。

日本がいわゆる西洋的な思考になじむようになったのは、わずかここ一〇〇年ほどです。とりわけ一九世紀後半の明治時代から近代化が始まり、西洋の思考を同化しようとして日本語の言語構造までつくりかえてきました。多くの非西洋の国々、とくに植民地では、一部の人たちが西洋の言葉にそのまま同化して西洋の支配を受けてきました。そうなると、西洋語を使う人と使わない人の間で差が生まれ、それがのちのちまで続く階層化のもととなります。しかし、日本の場合には、西洋語で書かれたものをほとんど日本語の中に取り込めるような翻訳装置を作り上げました。その膨大な作業のうえにたって、日本語を維持しながら、西洋的なものをそのまま考えるという文化的条件を得たのです。日本語の中に全てが吸収され、世界を語ることができるので、逆にそれが日本的環境に自閉していくという傾向さえ出てきます。戦前の哲学者たちは外国語ができましたが、たとえば仏教思想と結びついた京都学派など、日本語に自閉する傾向がありました。

しかし、われわれは第二次世界大戦後、共時的な条件を西洋と共有するようになった。日本でものを考えるということと、あるいは西洋的なものとの呼応でものを考えるということが、世界の共通の所与の上に立ってできるようになった。それがわれわれの世代です。だから、そういう世代にとって、ヨーロッパの文物、たとえばフランスの思想を勉強するということは、同時に、西洋が世界化した状況での日本の問題を考えることでもあります。そういう条件に自覚的だということ、われわれが立っている足場の歴史的、地理的条件を踏まえているということが、われわれがものを考えるときの出発点です。

こうした状況において、わたしが二〇世紀のフランス思想の中でとりわけ関心を持ったのは、世界戦争を意識し、ある種の歴史の終わりを経験したということに自覚的であった作家たちです。それがハイデガーと同時代のブランショ、バタイユ、レヴィナスであり、作家でいえばデュラスなどです。世界戦争によって西洋的な世界化の運動が成就し、それによって人間の生存条件がいかに変容したのか。西洋的人間の生存条件だけではなく、アジアや日本をも含めて、端的に人間の生存条件がいかに変わったか。単に西洋的な思考の普遍性を前提とするだけでなく、世界のさまざまな要件のつながりの中で、われわれはどのような共時性を持っているのかを意識したうえで、フランスの作家たちが取り組んだ問題から、私は世界の中での問題と日本での問題を考えようとしてきました。

世界戦争の問い、歴史の終わりの問い

西山　「人間の生存条件」の問いが、西谷さんの一連の仕事において、核エネルギーや核惨事の問いにも関わってくるわけですね。西谷さんがフクシマを論じる際、たびたび戦争のメタファーが使われています。冷戦期に核兵器が使用された後の破滅した世界を表す The Day after（その日の後）という表現がありましたが、われわれは The Day after Fukushima（フクシマ以後の日）という思想的課題に直面しているわけです。西谷さんが的確に描写されているように、フクシマの原発事故直後は、「敵の攻撃があったわけではない。これは戦争ではない。しかし、有事である」（『アフター・フクシマ・クロニクル』二七頁）といった状況でした。敵の見えない戦争状態です。核戦争の問いと原発の問題、核の軍事利用と平和利用をどのように考えてきましたか。

西谷　これまでの色々な論文の中で核兵器については論じてきました。けれどもいつも主張しているのは、核の軍事利用と民事利用との間には区別はないということです。両者はともに核エネルギーの開発・利用です。核エネルギーには人類史的な意味があって、核兵器の問題は同時に核エネルギーの問題であるということはずっと考えていました。

日本語では「原子力発電」というが、これは「核発電」である、さらには「核湯沸かし器」である、とはっきり言わなければならない。核エネルギーの原子的次元と人間がこれを利用しようとする生産活動の間にはあまりのギャップがあり、あらゆる問題はそこに由来します。今までのところ原発の問題はあまり表に出てくることなく、むしろ核兵器のほうが問題となっていたから、私は核の問題をむしろ後

者で論じてきました。ただ、核の科学技術的な意味は、医療における先端テクノロジー（たとえば遺伝子の問題）とパラレルに考えるべきだというのは元来の主張で、それらは要するに、人間というステイタスの破壊に関わっているのです。

渡名喜　核兵器の問題にしても原子力の問題にしても、先端医療にしても、多くの論者が言うように、まさしくそれらはテクノロジーの問題としてわれわれの生存の条件をつくっていると言えると思います。原子力の話にしても、核兵器の話にしても、それを統御しようというのが近代人のプロジェクトのひとつであったわけです。しかし、たとえばチェルノブイリのときには、あれは共産主義体制だから政治的な形で統御ができなかったのだということが語られました。それに対し、フクシマの場合には、自由主義、民主主義の技術的に進んだ先進国である日本で起きたということが衝撃的であった、こういう言説はいろいろなところで、とりわけフランスでよく耳にします。このような文脈に置き直してみたとき、同じ核＝原子力を統御しようという近代のプロジェクトがあるなかで、ヒロシマ、ナガサキから数えて、フクシマが特異な意味を有するとすれば、それについてどのようにお考えですか。

西谷　核エネルギーは統御できないというのが、私の基本的な見方です。それを統御できるというふうにして押さえ込んで来たのが、近代のいわゆる人間中心的な考え方、あらゆる開発も制御も人間の可能性のうちにあるという視点です。あるディメンションにおいて、近視眼的な経済プロセスの枠に落とし込むと、一見核エネルギーを統御ができるようにみえるけれども、結局は何も統御してはいないのだということが、大きな事故が起きるたびに明らかになります。チェルノブイリの場合もそうであるし、今回のフクシマの場合もそうです。人間が核エネルギーを引き出せるということが発見されて、それが技術的に開発されました。しかし、人間の技術は放出される核エネルギーを決して統御していません。

「原発事故」という言い方がまずおかしいのであって、そもそも「事故」としてしか核エネルギーは取り出せないのです。人間の経験世界を構成している物質的秩序をまさに壊すのであって、この過程は不可逆的で、その破壊の結果は明らかに統御できていません。このことは、有効利用できるという神話を作るためには必ず隠蔽しなければならず、だから、メディアが巧みに利用され、政策が誘導され、経済の短期的な効率計算が用いられます。あらゆる社会的手段を動員して、核エネルギーが統御できないということを隠蔽しなくてはならない。しかし、フクシマの事故の後ではそうした社会的仕組みがほとんど明らかにされました。

戦争のメタファーと震災

西谷　私は二〇一一年の大震災と原発事故に対して戦争のメタファーをたしかに使いましたが、しかし、多くの人が実際に戦争を想起しました。女川や気仙沼など、東北地方の沿岸部では、街全体が数時間のうちにことごとく破壊されツナミで一掃され、東京大空襲や広島・長崎の原爆投下後と同じような光景をもたらしました。多くの人々が「同じ破壊の風景だ」と、ある「敗北感」とともに戦争を想起したのです。

政治的なレベルで考えてみましょう。「焼け野原」とはただ戦争体験ではなく、敗戦の体験を意味します。日本にとって、二〇一一年のカタストロフィは、二度目の敗戦だと思いました。先の大戦でいちど焼け野原になった日本は再建に取り組み、一九七〇年代に復興が完了します。その頃、世界全体で資本主義が行き詰まりの段階を迎え、それ以降、金融資本主義の段階に入ります。産業構造からいうと、労働者の生産活動によって経済が発展したのですが、今度は、消費者の欲求に応じて商品が供給されることで経済が成り立っていく。この転機がだいたい七〇年代くらいで、日本も金融資本主義化と消費社会化を進めました。飽和した高度成長、すなわち戦後復興の延長を日本は別の仕方で継続したのです。そうした経済活動に見合った過剰なエネルギーの供給源として必要とされたのが原発でした。多くの原発はまさに七〇年代に建設され、高度消費社会を支えてきました。これは、人間社会の近代化あるいは経済化という二〇〇年規模のサイクルです。しかし、一〇〇〇年に一度の津波が生じて、すべてが瓦礫となって流されました。戦後六〇年以上、別のしかたもあったにもかかわらず、やみくもに同じ経済成長路線を続けてきたことの「敗北」です。この敗北は「全面敗戦」と言えます。なぜなら、原発の重大事故まで引き起こしたからです。私が戦争のメタファーを用いたのはこうした意味合いでした。

さて、「焼け野原」のなかで、人々はいかに行動したでしょうか。たとえば、津波で木の枝にひっかかって生き残った人がいます。その人は、まず、他に生存者はいないかと探し、誰かを見つけたら、ポケットのビスケットを分け合ってでも救援を待ちます。「焼け野原」とは、人が何もない剥奪状態でどうやって生きるのか、が露呈する状況です。生きているかぎり、「誰かいないか」ととにかく叫ぶのですが、この呼びかけは他にだれもいなかったら意味をなさない。言葉によって誰かと関係を持つことによって人は生きています。西洋人はロビンソー・クルーソーを考案したけれど、人はひとりでは生きていても意味がないのです。

これはジャン＝リュック・ナンシーから学んだ概念ですが、あらゆる社会が崩壊するときこそ「共に存在すること（être avec）」が露呈するのです。震災時、そうした事例はいくつもありました。たとえば、あるコンビニの社長は、地震の翌日地図を見て災害状況を調べました。関西の工場を稼働させておにぎりを作り、被災地のチェーン店で使えるところを調べ、北陸から山越えで届けて無料配布させました。彼は商業的な関心から動いたわけではなく、「被災者のために今、何ができるか」を考えたのです。これは日本の特殊的な事例ではないでしょう。要するに、経済学の想定する人間のモデル、ホモ・エコノミクス、つまり、孤立し飢えをおそれて自己利益のために合理的に行動するという人間というのは、実はまったく現実にそぐわないのです。もちろん、社会制度が十全に機能する状況と、災害時に人間が生の状態にさらけ出される状況とは異なります。ただ、この災害で敗戦を喫した経済システムがいかなるフィクションの上になりたっていたのか、ということは露呈したはずです。であるならば、われわれはこの「全面敗戦」をふまえた変化へと進まなければならなければならないでしょう。

レジリエンスというキーワード

西山　「共に存在すること」の原光景をめぐって、生存者が何もない状態で他者を探し食糧を分け与える、というイメージは非常に印象的でした。西谷さんが日本語訳されたレヴィナスの『実存から実存者へ』はこの光景と関係します。レヴィナスは、非人称的な存在の地平「イリヤ（il y a）」の状態から糧とともに主体性がたちあがり、他者との人間的関係が結ばれる様を描き出しているからです。

西谷さんは著作でも、「原子力そのものが、人為的で破滅的な「事故」としてしか取り出せない。「危険」は核を扱う技術そのものにある」（同前六一頁）を明言していて、これは根本的な認識です。常軌を逸した物理学的現象を技術で統御して、原発という工学的システムの中で活用しようとする発想には大きな詐術があります。この詐術を補強するかのように、日本ではカタストロフィを前にした「脆弱性」の反対概念として、カタストロフィを物理的・精神的に克服する「レジリエンス（復元力）」というキーワードが新たに注目されています。

渡名喜　レジリエンスにもいくつかの意味があります。「たくましくあれ、柔軟に生きろ」、ということがレジリエンスをキーワードにして言われていますが、もともとは心理学の領域で用いられた言葉でした。もうひとつには、この言葉は工学の分野でのキーワードとして用いられています。カタストロフィが起きた後に復興するということは、トラウマを克服するのにも似て、それを柔軟に許容できるように変容してゆく、ということがレジリエンスの鍵になっていると思います。被害やトラウマを許容できる限りは大丈夫と思うのですが、しかし問題は、カタストロフィの規模が大きくなって、それが爆発的に解放させるエネルギーも増大する時に、それでもまだレジリエンスということが語りうるのか、という点にあると思います。実際、そうしたカタストロフィの影響を被る人々の側に「柔軟であれ」ということが要請されている局面も生じてきています。

西谷　そうした主張を誇張すると「放射能には負けないぞ」という話になります。これは子供たちに押しつけられたキャッチフレーズです。「レジリエンス」という言葉は限定されたコンテクスト、つまり科学的な現象の表現でこそ活きるものなのでしょうが、他のコンテクストに転用してしまうと、とんでもない話になる。アウシュヴィッツを体験してもトラウマを克服できるというとき、「レジリエンス」が用いられたりします。もちろん、せっかく生き残ったら、トラウマを制御できるようにならなければならない。しかし、それは人間の心の問題です。科学的に言えば、ある物質は受けた打撃を吸収する性質、すなわち可塑性を持つのだから、この自己回復の性質をレジリエンスと呼ぶことができる。しかし、人間の心も同じように回復できると考えるのは科学還元主義でしょう。実存的な問題と科学の問題はやはり違います。

復興とグローバリズム

渡名喜　経済および社会システムの領域でも今この言葉が使われています。カナダ人のナオミ・クラインという人が提示した考えにショック・ドクトリンというものがあります。「災害便乗型資本主義」とも言われますが、カタストロフィの機会に乗じて急激な市場改革を遂行するという考え方です。まさに人間のメタファーで言えば治療が必要なときにカンフル剤を打つようにしていっそう大きくなるという、災害をバネにして大きくなるというようなことだと言えますが、こうした展開は震災以降の日本でも確認することができると思います。西谷さんはグローバリズムの現代的な展開ということに関してもこれまで注目して研究なさっていますが、そうした目から見ると、震災以降の動きはどのように映りますか。

西谷　実は災害以前から、漁業は組合の利権構造などがあって古い体質が改善できないと言われ、農業も担い手が高齢化して遠からず稲作もつぶれると言われていました。しかし震災以後、以前とは違う可能性も出てきました。若い人たちが、親世代まで継承されてきたシステムを変えることができないかと模索し、たとえば土地や漁業権を譲り受け、ネットでファンドを募集して産物を販売しています。現在の経済システムおよびコミュニケーション・ツールを活用しながら、ついえていく、あるいは一旦破壊された農業・漁業を復活させつくり変えていく動きがあります。そのとき、ふたつの可能性がありま す。

ひとつは、たとえば宮城県の事例ですが、既存の制度基盤が崩れたあとに、地域産業をもっと自由に商品化、債権化して、海外資本にも取引できるようにする動きがあります（ネオリベラリズム路線）。しかし、そのように地域産業を突然開放して金融市場化しようとすると、収益のための乱獲で数年後には農場や漁場がつぶれてしまいます。そして利益の見込めない事業から資本は引き上げてしまい、あとには荒廃した自然しか残りません。

これに対して、新たなオルタナティブな動きはどう違うのでしょうか。産地と消費地とはある一定規模で利益バランスがとれるため、きわめて地域的な経済が機能します。今の技術的条件の中で、この経済システムの中でどのように生きられるかを考えるときに、あるバランスが自己調整的に生まれてきます。商品の質や収益を考えた適切な規模は地域的に限られてくるので、それをグローバル市場に直結させたり、資本市場に直接組み込んだりすると駄目になってしまいます。このことは経済的復興の問題に関わりますが、巨視的見れば、資本主義的な市場の自己調整ではなく、生存関係がつくりだす限定性が地域的な新たな経済活動にとって非常に重要かつポジティブなのです。

渡名喜　それはいわゆる共生（convivialité）の発想とつながってきますね。

西谷　そう思います。「共に存在すること」が実存的な意味を持つのは、他者の顔とその延長が想定できるような範囲でです。普遍的に「共に存在すること」といっても、それはハイデガーの「ひとが死ぬ」と同じことで、空疎で意味がないものになります。

このことはたとえばネーションやリージョンの位置づけとも関わってきます。グローバル化した世界の中で国家主権がどうなるか、という問題にも関わってきます。二〇世紀の後半までは、国民国家というのが基本のユニットで、それがインターナショナルなシステムを作るという構造でした。しかし、国家やリージョンの意味は世界のグローバル化の中で変わってきている。大きくいえば、ウェストファリア体制の終焉というのはある意味では正しい。ウェストファリア体制によれば、交戦権などにもとづいて主権国家が規定され、その相互承認システムとしてインターナショナルオーダーが構築されますが、そうした枠組みが今崩れつつあります。

たとえば日本が無条件降伏で戦争をしない国家になった。これはウェストファリア体制から見れば奇形です。というのは国家主権は戦争の権利と不可分でしたから。しかし、それを国際秩序が要求し、そのために「戦争をしない」国家が七〇年も存続し、むしろそうであったからこそこれだけの経済発展を成し遂げて、世界の中に位置をとり戻した。その後、冷戦が終わって、国家間関係がしだいに変質し、国家主権を越える制度的制約がどんどん生まれています。ウェストファリア的な主権国家システムは実質的にはそうとう薄れている。これはよい例ではありませんが、たとえばシンガポールのような都市国家がグローバル経済では一番効率が良いということになる。リージョンのオートノミーがどういう意味をもつのか、いかに成り立つか、主権国家の独立とは何かと問いながら、この現状を考えなければなりません。

渡名喜　西谷さんのお話を私なりにまとめると三つの要素があると思います。まず、フランスが原発をあれだけ保持しているのには、国家の主権性の問題が重要です。とりわけアメリカ中心の国際秩序に対する独立を持つためです。日本の原発開発にもそういう側面はあるでしょう。他方で、技術のところを見ると、原発は非常に国際的な資本にからめとられています。その面では、非常にグローバルな秩序のなかに原子力が置かれています。そして、リージョナルな問題があります。日本の原子力発電所は基本的に僻地、過疎地にありますが、かつて高度経済成長時代に地方の労働力が東京に労働力がいって、そのために過疎化したところにこそ原発ができ、地方の産業化を支える。したがって、そこには地方の構造的格差の問題があります。そうすると、一国の主権、インターナショナルな資本、リージョナルな独立性。この三つが絡まってフクシマに凝縮されているのではないか、と思います。

西山　的確な指摘ですね。フクシマの事故がつきつけているのは、そういった国民国家の主権的なエネルギーとしての核の問題をどう考えるか、ということです。国家政策的な核エネルギーは惨事の際に意外に脆弱だった。むしろ、地域分散型のエネルギー供給の方がレジリエンスは高い。ヨーロッパ単位では国を越えて電力を売買していますが、そういったインターナショナルな電力システムも可能です。これまでの主権的なエネルギーたる核の未来を考えるときに、トランスナショナルなエネルギーの共有と地域分散型のエネルギーの活用が、現時点で見えてきたひとつの未来像でしょう。

国家主権と二〇世紀の戦争

西山　西谷さんはピエール・ルジャンドルのドグマ人類学の研究を進めてきました。この場合、ドグマとは社会秩序を規定する〈法〉の無根拠性のことで、ルジャンドルは社会的な規範システムと主体形成の過程を法制史、宗教学、精神分析などを援用しながら分析しています。社会を支える核エネルギーの問いもドグマ人類学の見地から考えることはできるでしょうか。

西谷　それはちょっと違います。物理学が明らかにする物質的ヴィジョンと人間が経験的に捉える現実がありますが、核エネルギーは両者の乖離を明らさまにするものといえます。核技術は、ふつうは絶対に離れない原子構造を無理矢理ひきはがすことでエネルギーを生み出します。そのとき物質は放射性崩壊を起こし、放射線を出し続けます。それが生命体の自己複製機能を阻害する。だから、このエネルギーは原理的に生物と相容れません。その別次元の力が人間の想像界で幻想化され、絶対的な力を体現するようになり、核は神的な力にも、また主権の概念とも結びつきます。それはドグマ人類学を用いずとも理解できることです。

先ほどの国家主権に関わる話に補足しましょう。主権とは要するに国内で住民を殺し、国外で敵を殺すことができるという二重の殺す権利です。この権利をモデルにして考えられる国家間戦争のシステムは、結局、抑止力を中心として組み立てられます。抑止力理論とは、敵の備えを越えるだけの攻撃力を持つということです。クラウゼヴィッツは「戦争に内在する戦争自身の論理」と表現していますが、これがエスカレートすると「絶対戦争」になります。クラウゼヴィッツは「絶対的戦争」と「現実の戦争」を区別しました。現実の戦争は政治の延長です。そこでは政治が目的であり戦争は手段であるから、国家理性にもとづいた政治目的が戦争を規制します。しかし、戦争にはそれ自身の内在的な論理があり、それが抑止力理論につながります。敵が大砲を一〇〇門用意したらこちらは一五〇門。一〇人殺したら一五人殺す。こうして、戦争は現実の目的を忘れてエスカレートしていく。これが絶対的戦争であり、その極みが「核抑止」です。核兵器は最終兵器とも言われます。本来戦争は政治目的のために行われるものであったのだが、全面破壊においては政治目的の主体さえ無化されてしまいます。ヘーゲルにおける主人と奴隷の弁証法でも、死んでしまったら奴隷にもできないので、相手を生かしておかなければ役に立ちません。普通の国家間戦争はそういった論理でなりたっているのですが、核兵器による戦争はそうはいきません。

冷戦時代の一九六〇年代に相互確証破壊（Mutual Assured Destruction）の理論ができましたが、その頭文字はＭＡＤ（狂気）です。当事者たちは分かっていてそう名づけました。敵の先制攻撃をしのいで、こちらが同じだけの反撃をする。そうすれば、こちらがやられても相手も全滅です。これだけの備えをしておけば、敵は先制攻撃できないだろう、というこの論理は非常に合理的で、実際に機能したと考えられていますが、この「ＭＡＤ」の「合理性」を支えているのは、ひとことで言えば「コナトゥス」です。スピノザの「コナトゥス」、「自己保存の原理」とも言われるそれが「善と存在」の原理であり、近代以降の人間的行動の「合理性」を成り立たせる根拠になっています。

しかし、九・一一のテロ事件が起きました。このとき、コナトゥスがない敵が出現したのです。彼らは生き残ろうとしません。そんな奴らは人間ではない。むしろ人類の敵だ、なんとしても根絶しなければならない、と反応して展開されたのが現在の「テロとの戦争」です。その「敵」は「テロリスト」と呼ばれますが、それは「人間」の埒外に置かれた「非 - 人間」のカテゴリー、いっさいの人権も認められず、罰されずに殺すことができる実存範疇なのです。ジョルジョ・アガンベンがローマ法から見出していた「ホモ・サケル」と同じです。アウシュヴィッツ以降、人権をユニバーサルに認めることが規範になっていたのですが、それをもう一度押し退けて、無条件で殺していい、あるいは殺すべき対象として「テロリスト」という概念が作り出されたのです。それ以後、戦争の方向性は、コナトゥスを原理とする世界を守るために、それをもたないと見なされる存在を「人間」の埒外に排除して殲滅させるものとなりました。だからそれ以後、戦果はいつも「テロリストを何人殺害した」と発表されます。もはや戦争は、人殺し以外の何ものでもないことを隠さなくなったのです。この戦争は必然的に国家主権の枠組みからも外れています。核が国家的な主権と結びついているとしたら、既にその枠組みも壊れているのです。

原発労働者の例外状態

西山　人間の例外的な実存状態から連想するのですが、西谷さんは原発労働者のことを考慮しています。原発労働者は、事故が起こったときに、「生きるか死ぬか」の過酷な最前線に送り出される。だが、すでに平時においても、原発労働者は「死なない程度に管理されて」、例外的な労働を強いられる。生死をめぐるこれらの実存的区別は、フーコーやアガンベンが論じた生権力の政治的問い、つまり、人々を「生きさせ、死ぬがままにしておく」ように管理し統治する権力の問いとも関係します。

西谷　原発は隠蔽と嘘、排除なしには成り立たない仕組みである、と述べることが重要です。放射能はどうしたって出るのだからそのことはコントロールできない。そしてプラント自体がどんなに洗練されていても、その稼働を維持するためはメカニカルな作業が必要で、そのための雑巾がけのような作業をするロボットなど作ってはいられません。そんなロボットよりも一〇歳の子供の方が役に立つ。そうした単純作業は生身の人間がやらなければならず、いわゆる「安全な高度技術」の外観に隠されたそうした現実は社会の目から隠されなければなりません。隠されたところで被曝労働をする人手は労働市場の闇で取引されており、今までどれだけ死んでいるかさえわかりません。かれらもいわば「ホモ・サケル」なのです。

フランスの原発労働をめぐるルポルタージュをフランスのテレビ・チャンネル「フランス２」でみたことがあります。日本と比べて、フランスでは、労働者が一応訓練されていて、装備や労働条件もはるかに整備されているようです。しかし、常に危険な被曝労働であることには変わりありません。そういう例外的な存在を生み出すことなしに稼働しえないという点でも、原発はやはり維持できません。

渡名喜 それは日本のNHKのような公営テレビ局の「フランス2」ですから……。他のところでは、問題はかなり指摘されていると思います。とくに、ニジェールのウラン鉱山は深刻な状況ですよね。

西谷 シベリア地方で旧ソ連のもう使われていない原発の近くに核廃棄物の処分場があるようです。そこに誰かが核廃棄物を運び込む、というルポルタージュもありました。廃棄物の廃棄方法の問題も深刻ですが、原発では労働する人間も廃棄物になっていきます。

使い道のない否定性

西山 バタイユは、あらゆる否定性が止揚されるヘーゲルの弁証法に対して、そうした弁証法的運動に回収されない「使い道のない否定性」に着目しました。核廃棄物は本当に「使い道のない否定性」です。大量の核廃棄物を安全に数十万年間も捨てられる場所を探すことなどきわめて困難です。かつて、核廃棄物を再利用して、さらにエネルギーを取り出せるという核リサイクル技術が期待されていましたが、どうやら人類には不可能であるようです。

西谷 核廃棄物という用語自体が不適切です、捨てることができないのだから。逆説的なことに、われわれは捨てようもないものを「廃棄物」と言わざるを得ないのです。廃棄物はまさに「使い道のない否定性」なのに、染色体を断ち切るという「労働」をしてしまう。原発が生み出す放射性物質が、われわれの経済活動の用語で語られる次元からいかに逸脱しているかがわかります。

人々の生活を維持する経済システムでは、たいていの用語がヘーゲル的な論理、つまり労働と生産のタームによるものです。ヘーゲル的な経済システムはどんどん拡大され、さらには全面化していきました。無駄な時間や余暇も純粋な否定性とはみなされず、経済システムに弁証法的に組み込まれていきます。たとえば、アントニオ・グラムシが言っているように、フォード社では結婚を奨励することで一〇年後に自社の工員にも新車が売れるシステムをつくっています。経済システムは全ての人間の活動を覆っているのです。実は核技術はそうしたシステムを完全に越えるファクターを持ちこんでいるのですが、核のエネルギーや廃棄物を扱う際に、従来の生産活動の普通の用語で表現せざるをえず、それが齟齬をきたしている。核に代表されるテクノロジーが人間的秩序のある一線を越えたということの見事な例証です。

ナンシー、およびハイデガーの技術論

渡名喜　西谷さんの友人でもあるジャン＝リュック・ナンシーは、二〇一二年にフクシマについての論考「破局の等価性」を出しました（日本語訳は、『フクシマの後で　破局・技術・民主主義』（二〇一二年）に収録）。ハイデガーの技術論だけでなく、マルクスの一般等価物の考えに基づいて、フクシマの「後」の状況を、複数のカタストロフィの「等価性」として描きました。日本の読者からは、これに対し二つの見方がありました。ひとつは、フクシマの問題が世界的な規模で考えられているということに対する驚き、ないし戸惑いです。もうひとつは、海外で語られるカタカナ語のフクシマというのは、いわゆる現実の福島と乖離しているのではないかというものです。いずれにしても、肝心のナンシーのフクシマ論の中身についてはもっと掘り下げて論じるべきことがいろいろあると思います。ひとつは、フクシマ

が等価性のシステムの中に入っているという場合、そのシステムはどのような姿かを考えねばなりません。もうひとつは等価性のシステムから漏れている〈共通の尺度で測れないもの〉(l'incommensurable)を具体的にどう考えるべきか、ということなどです。これらは検討課題として残されていると思います。

西山 二〇一一年一二月、ナンシーが最初に、フクシマに関するウェブ中継講演を実施したとき、その対話者が西谷さんでした。

西谷 ナンシーの書いていることに直接答えることにはならないのだけれど、実際に福島で——日本全体といってもいいけれど——、哲学的な反省にもとづく議論が社会的な経験に何かをもたらすということはあまりありません。ただ、われわれがこのフクシマの出来事を反省的にどう考えていくか、というときにナンシーの仕事は重要な参照項になります。われわれはさらに違う形で思考し反省し、そうすることでこそ、哲学が意味をもってきます。

私が考えたことは、哲学的にみて、新しいことではありません。ハイデガーが技術について考えたことは物議をかもしてはいるが、われわれの起点になります。従来、技術は人間にとっての道具でした。しかし、ハイデガーはそうした見方を一変させて、人間の運命と技術の運命が不可分であることを示しました。存在の展開は人間を通して現れるのだけれど、その過程に技術も加わっている。ハイデガーは、技術は人間が意のままに扱えるものではないとして、技術と人間の関係を根本的に考え直すきっかけをもたらしました。

人間の世界において技術がいかなる役割を果たしてきたか、という点について、ハイデガーは多くのことを教えてくれました。しかし、彼の立場にしたがうならば、何が起こっても「危険のあるところに救う者もまた育つ」(ヘルダーリン)と救済を待望し、存在の声を聴従するという方向にいくしかありません。技術を含めた存在の展開の中でわれわれが木の葉のように舞っているだけなのであれば、われわれ自身が考えるということにあまり意味がないということになりかねません。ナンシーが強調するように、今、技術は一般的等価性の全面化という形で、たんに世界を変えるだけでなく、その原理に浸透しています。ではそこで、等価性に還元できないものはわれわれにとって何なのか、を見極め、現実の世界に人間として生きるうえで何が要請されているのか、を考えなければならないでしょう。

デュピュイのカタストロフィ論と時間論

西山　震災以後、ジャン＝ピエール・デュピュイの破局論が翻訳され、彼自身何度も来日公演をおこないました。西谷さんはデュピュイの思想にいち早く応答した一人でした。

西谷　私がなぜデュピュイの仕事に関心を寄せるのか。彼はこれまでさまざまな仕事をなしてきたように見えますが、それを一貫したものにしたのは、カタストロフィ論です。科学的知識による論理的合理性によれば、あらゆる事象はあらかじめ予測され、決定されています。しかし、人間の社会はそうした合理的見方に対応できません。科学的理論からすれば、世界の破綻や人類の破滅が明らかで、警告が発せられているにもかかわらず、人々はそういう方向で変革を起こそうとはしないのです。

『ツナミの小形而上学』では、「なぜ不幸の予言は受け入れられないか」という問いからカタストロフィ主義が具体的に検討されました。この予言には未来はまだありません。過去は過去として同定され、われわれの現実の中に統合されているけれど、未来は常に存在してはいません。レヴィナスが『時間と他者』で示したとおり、時間とは、未来とはラディカルな他者なのです。他者をどうやって自分たちの現在の行為のなかに組み込むか、という問いをデュピュイは時間論として洗練させたのだと思います。

カタストロフィ主義として不幸の予言が発せられますが、次の災厄はもっと規模が大きなものです。少なくとも、もっと大きな原発事故は起こりえます。二〇一一年三月、東日本は全滅寸前でしたが、この危機を免れたのは奇跡的であり、次の事故が来ることの蓋然性はこのうえなく高い。それなのに、みんな現実感をもって受け止めようとはしません。原発を統御する政治‐経済システムは手つかずのままであるどころか、前のずさんなシステムが居直ってそのまま復活しています。こういった無反省な状況はどうして起こるのか、そしてこういう事態にどう対処すればよいのか。いかにして「不幸の未来」を現在に組み込んで、社会的な行為のうちに反映させるのか。デュピュイはこういった問題をまじめに考え、さまざまな提言を行っています。

デュピュイの提言がすべて有効だとは思いません。というのは、形而上学的な仕方で時間のあり方を変えても、普通の人がそういう意識を持つ訳ではないし、そのまま社会化されるわけでもないからです。デュピュイはただ、カタストロフィ主義の時間を考えることの要請をはっきりと提示し、われわれを触発します。要するに、われわれと時間との関係を見直さなければならない、ということを考えなければならない。

その一番分かりやすい例がインディアンの時間です。かれらは、大地は七代先の子孫から貸し受けているものだと言います。そのことは、われわれの現在の行為を規制するわけです。インディアンの社会では、いかにして未来へと世界を持続させて、未来に返していくか、が行動の指針となります。そうした時間観からは、われわれが西洋から受け取った「成長」という時間‐世界観とは全く違った発想が得られるのです。

日本に西洋近代の時間の考え方が入ってきたのは明治時代以降で、まだ一五〇年しかたっていません。日本社会の根幹にも、西洋とは異なる時間 - 世界概念があるはずです。どうやって取り戻していけばいいでしょうか。たとえば、われわれは未来を無限の彼方にではなく、もっと現実的に実感していました。「あなたも私から見れば未来だ」というように、たとえば、子供はまさしく未来です。それは子供の本質がまだ実現されていないからというより、これから来る時間の生きた芽だからです。まさに「潜勢態」として、未来がいまここにあるわけです。形而上学的に言えば、一般的等価性に還元できない時間性をどう考えればいいのか。本当に生々しい他者としか言いようがないような、異質な未来とは、「子供」でしょう。三・一一以降、こうした考え方がますます切迫した課題となっています。

自分たちの未来

西山　デュピュイが主張する「啓蒙カタストロフィ主義」は、結局、「啓蒙」の思考法です。彼は明確な行動プログラムを示すわけではないのですが、破局を迎える未来への認識を変えよう、という点できわめて示唆です。実際、フクシマ事故を受けて、ヨーロッパのいくつかの国では脱原発の政治的決断がなされました。しかし、日本では未来への認識はさほど変わっていません。終末論があるヨーロッパの時間観と日本のそれは根本的に違うからでしょうか。それとも、あけすけに言って、日本人は愚かなのでしょうか。

西谷　デュピュイは「啓蒙カタストロフィ主義」と言っていますが、日本人には終末論の伝統はもともとありません。すなわち、キリスト教的な救済の時間も、啓蒙的な解放の時間もありません。ただ、日本の一部の人たちは、一神教的ナショナリズムの影響を強く受けて国粋主義的な思想を作り出しました。まさにその意味では「反動」なのですが、彼らが「伝統」を自分たちのものと主張したことから、日本近代思想全体の混乱が生じてきます。そのあたりのことはとくに西洋からは分かりにくいでしょう。われわれは世界史的現在を生きているのですが、そこにあるのは西洋から持ち込まれて支配的になっている近代的な時間と、日本に独特な時間の潜在的な可能性です。具体的に、「子供が未来だ」などというのは通俗的な飛躍だと形而上学者に言われてしまうかもしれません。けれども、子供という具体的な存在が持っている「潜在性」に着目し、それを「未来」として捉えてゆくといったことのヒントをデュピュイの仕事が与えてくれたのです。

渡名喜　日本には終末論がないかのように言われることがあります。ただ、日本では経済的成長や進歩といった、「目的」をめざして直線的なかたちで進んで行くという時間概念に基づいた考えはあたりまえに受け入れられているように見えます。この点では、キリスト教的な直線的、進歩的時間観が世俗化した形で受け入れられているとも言えるような気がします。

西谷　たしかにそうですが、経済システムの優位の中で、時間はたいへん近視眼的なものと化しています。企業が利益や業績を計るための目安は、一年や半年あるいはそれ以下で設定されています。世代を越える時間はそうした経済的な視野からは排除されてしまう。その範囲ではだれもがみな切迫した時間を生きているのかもしれません。しかしそれは、短期間で物事を考えなくてはならないという無反省な状況に置かれているだけです。日本で原発が無理やり再稼働されてしまうのはそうした事情によるものでしょう。これは哲学的な問題というよりは、むしろ、社会的な枠組みに時間の議論をどう組み入れていくか、という問題でしょう。ドイツが原発閉鎖の政治的選択をしたのは、メルケル首相が宗教学者、倫理学者、科学者を集めて、現下の経済システムから離れて、長期的な視座から合理的な判断を検討したからです。

子供、先祖、喪

西山　「子供が未来だ」は印象的な定式です。ハンス・ヨナスは産業技術時代の倫理を「未来の世代への責任」と規定しました。震災の後、民俗学者・柳田國男の名著『先祖の話』が参照されました。柳田は一九四五年の戦争末期、連日空襲を受けて、東京の街が破壊されるなかでこの本を書き上げました。数多くの家屋が消失する、家族の成員が無慈悲に亡くなっていく。日本人は家を基盤として死者を弔ってきたのですが、では、こうした破壊の後で死者をいかにして弔えばよいのか。柳田は末尾で、子供の存在に言及しています。生まれ来る子供の中に先祖の魂が若返っているかもしれない以上、われわれは子供を大事にしなければならないという信仰です。先祖が子供として生まれ替わるという世代の団結によって、家の永続を確保し、戦争によって生じた膨大な数の死者を弔わなければならない、と柳田は結んでいます。

西谷　無教会派のキリスト者山形孝夫さんとの共著『三・一一以後　この絶望の国で』(二〇一四年)で記しているのですが、一方では大勢の人がなくなったけれど、問題は亡くなった人ではなく、生き残った人の側にあります。生存者には膨大な喪失が残り、そして、その喪失はうずきます。そうした喪失を、生き残った人はいかに克服していけるのか、共同的にどのように手当てができるのか、というのが課題です。

デュピュイにしろヨナスにしろ、世俗化されたキリスト教的な時間は彼らが引き継いできた伝統の所産です。彼らの時間観を問い直しながら私に浮かんできたのは「世」という日本語です。ピエール・ルジャンドルが編纂した『諸概念の世界一周』（*Tour du monde des concepts*, Fayard, 2014）に寄せた文章のなかで、私はこの日本語に言及しました。日本人は société を「社会」と訳しますが、われわれの日常感覚からすると「世の中」ということになりますが、それではなぜいけなかったのでしょうか。同じようでありながら、基本的に違うからです。中国語では「人間（じんかん）」という言葉がありますが、これは「世の中」のことです。「世」とは人がたくさんいるということを意味しますが、ただこれは空間的な概念にとどまりません。世継ぎ、代々（よよ）、神世（神話時代）、この世、あの世といった表現もあります。つまり、「世」というのは、たくさんの人がいるという意味であると同時に、縦のつながりをも含んでいます。西洋なら société と言うところを、日本語では自然には「世」というわけですが、そこには、親と子といった、継ぎ目としての時間的なつながりも含意されています。また、生きている人どうしの関係だけではなくて、「この世」「あの世」と言われるように、生と死を越えたつながりも指し示されます。こうした言葉に具現化されている時間を考えてみることで、考察の材料を色々と探すことができます。「言葉の自然な働き」とカール・レーヴィットが強調していますが、そこから考えるということですね。

渡名喜　フランス語でいうところの génération に少し似ていますね。この語には、一つの時代を共にする人々、世代という意味に加えて、そうした人々の再生産という意味が込められている。ただし、日本語のほうが、「彼岸」を指して「あの世」と言うので、意味の広がりはより大きいですね。

日米関係――自発的隷従

西山　核惨事に関して言うと、日本は一九四五年のヒロシマ、ナガサキの原爆投下、一九五四年の第五福竜丸の被爆、そして、二〇一一年のフクシマの原発事故を経験しています。これらの事例において、アメリカは被爆状況を観察し、核戦略に役立てるべくデータをとっています。西谷さんは、アメリカからみて日本は「核文明のモルモット」だと大胆に明言しています。アメリカとの従属的関係について言えば、現在も沖縄に残存する米軍基地問題も外せない論点です。

渡名喜　今日の対談の中でもいくつか出てきた、戦後の問題が継続しているという話にも関連しますが、沖縄では「まだ戦後は終わっていない」。そして、それと並行して、日本政府はアメリカに従属するかのようにしての軍備拡張をフクシマ以降進めています。このことについて何かお考えのことがありましたらお願いします。

西谷　日米関係の議論において私が注目したのは、エティエンヌ・ド・ラ・ボエシの『自発的隷従』です。日本人がアメリカに「自発的に隷従」していると言いたいわけではありません。二〇世紀になって全体主義の問題がでてきたとき、なぜラ・ボエシが注目されたのか。彼は革命の思想家でもなんでもありません。彼が注目されたのは、近代の契約社会の観念が登場する以前に、いかなる仕組みにおいて人間の権力関係が成立するのかを明らかにしているからです。マフィアから国家まで、権力関係がどう組織され維持されるのかという仕組みを彼は示したのです。彼の考察にもとづいて、第二次世界大戦後のヒエラルキー的な世界秩序を考えることもできるのです。

日本の場合、戦前の支配層が敗戦時にアメリカにとりいって、自分たちの地位の保全を図り、戦後の日本の統治権を確保しました。この支配層に付き従う連中がまた同じようなことをする。「自発的隷従」というのは、簡単にいえば、親分に「お役に立ちます」と媚びへつらって、支配者に「使って」もらい、その権力のおこぼれを享受するという関係です。日本の支配層はこうして、国民をアメリカに差し出すことで、アメリカに認めてもらって日本の統治権を維持し続けたのです。それが日本の統治層です。戦前にはその位置に天皇がいましたが、天皇はあらゆる責任を免除されていました。支配層は自分たちのやることは天皇の命令なのだといって、民衆を統治することができます。天皇制の問題は無責任な統治体制を可能にする点にあるのであって、天皇がいること自体の問題ではありません。

戦後、アメリカは沖縄の領有に固執し、日本はアメリカの統治を受け入れました。沖縄はフクシマと違って産業システムの犠牲ではなく、国家的な犠牲です。一九七二年、沖縄は日本に復帰しましたが、その間、沖縄の人たちは、自分たちを守る主権の庇護を受けていませんでした。アメリカに軍事占領されていたため、彼らの人権は不十分で、その法的根拠がなかったのです。日本国憲法のもとに属することで、アメリカの軍事占領から解放されるという願いから、沖縄は日本に復帰した。基地のくびきからのがれたかったのです。しかし、その後も基地の問題はうやむやにされました。失望は広がりましたが、沖縄にとって「復帰」とは基地がなくなることだ、と主張を続けています。日本政府は日米安保体制の維持と日本軍の将来的な創設のことを考えて、中国との緊張関係を口実にして、沖縄に基地を置き続けようとしてきました。沖縄からのもっとも大きな反発の契機となったのは、学校教科書から集団自決の記述が消されることでした。第二次世界大戦末、アメリカ軍が沖縄に上陸するなか、味方の日本軍によって、多数の沖縄住民が集団自決に追い込まれました。その歴史記述を消すことは戦後の沖縄のアイデンティティの出発点を否定することです。それまでは基地容認派だった人びとも絶対許せないと非難し、沖縄の基地反対運動はますます拡大しました。

いま沖縄はみずからの独自性とアイデンティティを主張し、オートノミーを追求しています。平和主義、基本的人権、国民主権（オートノミー）、それが日本国憲法の三つの柱ですが、この三つを求めているのは、いまの日本では沖縄しかない。沖縄が日本国憲法を一番要求しているが、政府はこれを無視するという倒錯状態があります。

絶望の国、再生のヴィジョン

西山　フクシマ以後に刊行された西谷さんの本のタイトルでは、「絶望の国」、「再生のヴィジョン」という表現が用いられています。フクシマ以後、日本の「絶望」と「希望」についてどうお考えでしょうか。

西谷　「絶望」についていえば、日本は三・一一の試練に耐えられず、まさにレジリエンスを喪失していました。二〇〇九年に自民党から民主党へと、はじめて本格的な政権交代が起こり、日本の戦後政治に変化が起こることが期待されましたが、その後に震災が起こりました。震災という「敗戦」をもたらした張本人はじつは自民党なのですが、今の安倍政権は全ての失敗を民主党に帰すことに成功しました。かなりの世論は彼についていき、自民党がやってきたことは半分水に流されました。アベノミクスと呼ばれる経済成長路線がこうした流れをつくっています。

たしかに、日本は災厄に遭遇しました。その打撃のダメージは広く共有されたのですが、その一般的な不安とある種の無力感を「強さ」の幻想に逃げることで補おうとしました。下世話なところでは、「とにかく景気をよくしてくれ」という願望です。また、傷ついた被害者である自分たちを脅かす外部の敵（北朝鮮や中国）というものを想定し、それに対抗するためには強がる人間についていく、といった状況があります。原発事故の後、ほとんどの問題の根が曝露されたにもかかわらず、誰もいっさい責任はとらず、むしろ国外に悪いやつらがいる、という目くらましに多くの人が乗せられたのです。その挙句、戦争に備えるしかない、という雰囲気にさえなっています。

それでも、若い世代の人たちはそうは思っていないらしい。若者たちはむしろこれはひどいではないかと思っている。今、政府は教育もコントロールしようとしています。小中学校では自分たちの都合のよいことを教え、高等学校では自由に考える余地さえなくし、高等教育を専門学校化しようとしています。しかし若者たちは安倍首相の顔を見るのも嫌だと言います。ここ一～二年、いかなる組織の支援も、いかなる政治的な経験もない学生たちが声を挙げて運動しはじめました。それがどうなるかはまだ分からないけれど、少なくとも日本に「未来」があるとすれば、こういうところにしかないと思います。この「未来」を何としてでもサポートしたい。まだ実現していないけれど、そうした未来は常に希望です。

戦後の日本社会は非常に脆かったが、その流れを止める一番の力を感じさせるのは若い人たちです。こちらも絶望などしていられない。二〇一一年に震災が起こり、今年二〇一五年は戦後七〇年目なのですが、沖縄は日本政府に屈しないし、若い人たちは運動を始めている――これが希望なのです。

初出一覧

1

戦争の現在を問う

河出書房新社『戦争思想 2015』(河出書房新社編集部編、2015 年)

「非戦」のための地政学

『現代思想』2017 年 9 月号

(特集*いまなぜ地政学か——新しい世界地図の描き方)

いま、「非戦」を掲げる——戦後 70 年　反転された「平和と安全」

『世界』2015 年 9 月号

(特集*戦後 70 年——「戦」の「後」でありつづけるために)

「非戦争化」する戦争

『現代思想』2014 年 11 月号

(特集*戦争の正体——虐殺のポリティカルエコノミー)

2

「アメリカの世紀」の終わり

『現代思想』2017 年 1 月号(特集*トランプ以後の世界)

罠はどこに仕掛けられたか

『現代思想』2015 年 3 月臨時増刊号

(総特集*シャルリ・エブド襲撃/イスラム国人質事件の衝撃)

3

現代の思考は何を忘れているのか ——「合理性」は間尺に合わない

『図書新聞』第 3149 号(2014 年 3 月 8 日)

われわれは「破局」を見た

——経済にとっても、経済の濁流は勝利の瞬間ではなく、終わりの瞬間である

『図書新聞』第 3104 号(2013 年 3 月 30 日)

4

広島は「復興」したのか——〈平和都市〉再考

『現代思想』2016 年 8 月号

(特集*〈広島〉の思想——いくつもの戦後史)

「公害」の時代を生きて

『現代思想』2015 年 3 月臨時増刊号

(総特集*宇沢弘文——人間のための経済)

5

Osamu Nishitani « Penser la condition existentielle de l'humanité au XXe siècle », in *Rue Descartes,* « Philosopher au Japon aujourd'hui, après Fukushima », dirigé par Yuji Nishiyama, N° 88, 2016.

西谷修（にしたに・おさむ）

1950年愛知県生まれ。東京大学法学部卒業。東京都立大学フランス文学科修士課程修了。哲学／フランス思想。明治学院大学文学部教授、東京外国語大学大学院総合文化研究科教授を経て立教大学大学院文学研究科特任教授。著書に『不死のワンダーランド』（青土社／講談社学術文庫）、『戦争論』（岩波書店／講談社学術文庫）、『夜の鼓動にふれる――戦争論講義』（東京大学出版会／ちくま学芸文庫）、『世界史の臨界』（岩波書店）、『アフター・フクシマ・クロニクル』（ぷねうま舎）、『アメリカ　異形の制度空間』（講談社選書メチエ）など多数。

いま、「非戦」を掲げる

西谷修対談集

2017年12月25日　第1刷印刷
2018年 1 月10日　第1刷発行

著　者　　西谷 修

発行者　　清水一人
発行所　　青土社
東京都千代田区神田神保町 1-29　市瀬ビル　〒101-0051
電話　03-3291-9831（編集）　03-3294-7829（営業）
振替　00190-7-192955

印刷・製本　シナノ印刷
装　幀　　菊地信義

ISBN978-4-7917-7033-5